LA GÉNÉRALE

BONAPARTE

SOUS PRESSE :

L'IMPÉRATRICE JOSÉPHINE

1 vol. in-18 . . . . 3 fr. 50

SOUVERAINES ET GRANDES DAMES

LA GÉNÉRALE BONAPARTE

PAR

JOSEPH TURQUAN

L'Histoire et non la Légende.

PARIS
A LA LIBRAIRIE ILLUSTRÉE
8, RUE SAINT-JOSEPH, 8

On ne trouvera pas dans cet ouvrage la Joséphine de la légende napoléonienne ; on la trouvera telle qu'elle fut.

Si Napoléon ne perd que peu de chose à être montré ce qu'il a été, c'est-à-dire un homme, avec ses faiblesses et avec ses grandeurs[1] *et non pas un être quasi surnaturel, comme le faisait la légende, il n'en est pas tout à fait de même pour sa compagne. Mais la vérité sur Joséphine contribuant à faire connaître la vérité sur Napoléon, il est nécessaire de la dire.*

Aussi bien l'histoire n'est pas une bonne et indulgente personne qui puisse se permettre d'effacer ce qu'il y a de fâcheux dans la vie des personnages dont elle est chargée de conserver la mémoire. Elle n'est pas une mère de famille qui oublie, dans son

1. « Les petits mérites seuls peuvent aimer le mensonge, qui leur est favorable; plus la vérité tout entière sera connue, plus Napoléon sera grand. » (STENDHAL, *Vie de Napoléon*, préface.)

amour pour ses enfants, leurs fredaines passées. Elle doit tout enregistrer, le bien comme le mal, moins pour le châtiment ou la glorification des gens du passé que pour l'enseignement des générations de l'avenir. Tel est le rôle de l'histoire, ou plutôt de l'historien. Il ne lui est pas permis de rabaisser ce rôle à ses propres préférences, de le prostituer à son intérêt personnel ou à celui d'un parti.

Mais il arrive souvent que « l'homme se pipe », comme a dit Montaigne, c'est-à-dire qu'il devient dupe de lui-même, qu'il se forge des sophismes pour justifier à ses propres yeux, plus ou moins consciemment, des préjugés qu'il prend pour des convictions et dont ensuite il ne veut plus démordre. J'ai fait mon possible, dans cette étude sur la compagne de Napoléon, pour me dégager de toute idée préconçue ; j'ai voulu simplement être vrai : un portrait ne doit-il pas avant tout être ressemblant ?

Mais cette volonté de tout dire, le bien comme le mal, admissible à la rigueur dans la biographie d'un homme, peut-elle être admise quand il s'agit de la vie d'une femme ? — Pourquoi pas ? On connaît les faiblesses de plusieurs souveraines qui n'ont pas été des saintes ; pourquoi dissimuler aussi soigneusement qu'on l'a fait celles de la générale Bonaparte, de Joséphine, qui, elle non plus, n'a pas été une sainte ? — Mais l'histoire a sa pudeur, dira-t-on avec Lamartine. — Que peut-on répondre à cela, si ce n'est qu'il est regrettable que certaines femmes n'aient pas la leur ?

— Mais l'honneur d'une femme... — Eh ! que n'y a-t-elle songé elle-même? Faut-il en avoir plus de souci qu'elle ? — Mais cette femme était la femme du héros de l'Italie, la femme de l'Empereur ! — C'est justement pour cela que ses fautes sont moins excusables. L'histoire ne peut être indulgente ; elle doit tout retracer, le bon et le mauvais, avec une entière impartialité.

Il ne semble pas que les biographes de l'Impératrice Joséphine[1] *se soient tenus dans cette entière impartialité, et ils ont moin[illegible]ntré la compagne de Napoléon comme elle a été [illegible]omme il eût é[illegible]préférable qu'elle fût. Ils lui ont donné toutes les qualités et ils savaient pourtant fort bien qu'elle ne les avait pas ; ils n'ont pas, ou presque pas parlé de ses défaillances, et elle en eut de plus d'une sorte ; on ne peut cependant croire qu'ils les aient ignorées. Mais c'était comme un parti pris pour tout le monde de garder à Joséphine le secret de ses faiblesses et de montrer une excessive indulgence pour des actes qui eussent déshonoré toute autre mémoire que la sienne. N'est-il pas impatientant, pour ceux qui savent la vérité, d'entendre répéter comme histoire un ramassis de choses fausses et convenues qui travestissent complètement la physionomie de la première femme de Napoléon ? de ne rencontrer partout qu'une Joséphine due à l'imagination et à l'indulgence voulue de cer-*

1. M. Joseph Aubenas, M. Imbert de Saint-Amand.

tains romanciers de l'histoire et de quelques écrivains moutonniers, qu'une Joséphine frelatée, accommodée à la Berquin ou à la Bouilly, la Joséphine officielle d'un parti politique, d'un besoin dynastique ou d'une convenance mondaine?

Le temps n'est-il pas venu de la remettre au point?

J'en présente ici une autre, moins présentable assurément, mais plus exacte. Elle dément et déjoue sur plus d'un point celle qui avait cours jusqu'à présent. Je le regrette, mais à qui la faute? L'histoire a, comme la vie, ses réalités : elles ne sont pas toujours belles, mais est-ce une raison pour les travestir?

J'ai laissé autant que possible, dans ce livre, la parole aux faits, aux témoins; j'ai recueilli et comparé les documents épars dans les Souvenirs *et* Mémoires *des contemporains; et si, après ce travail consciencieux, le portrait n'est pas plus beau, la faute en sera peut-être moins au peintre qu'au modèle. En tout cas, il sera vrai.*

C'est sans doute son seul mérite.

LA

GÉNÉRALE BONAPARTE

LIVRE PREMIER

LA CITOYENNE BONAPARTE

CHAPITRE PREMIER

Etat moral de Paris après le 9 Thermidor. — Un bal chez Barras : la veuve Beauharnais. — Une soirée chez la citoyenne Tallien : le général Bonaparte. — La citoyenne Beauharnais à Croissy. — Ses rapports avec Barras. — Elle fait la connaissance du général Bonaparte. — Prompte intimité de leurs relations. — Joséphine veut se faire épouser par le général Bonaparte. — Une lettre de Bonaparte. — Temps des fiançailles. — Le commandement de l'armée d'Italie n'est pas le prix du mariage avec la veuve Beauharnais. — Témoignage de Carnot. — Fausseté d'une légende. — Mme Letizia Bonaparte s'oppose au mariage de son fils. — La vérité sur l'épisode du notaire Raguideau et sur d'autres légendes.

Depuis le 9 Thermidor, la sécurité renaissant presque subitement, une extraordinaire réaction de plaisir s'empare de toute la population parisienne. Ce n'est plus de la fièvre, c'est du délire ; ce n'est plus du délire, c'est de la folie ; et cela, du haut en bas de l'échelle sociale. Partout des bals et des fêtes : bals publics à cinq sols, à vingt sols, à cinq livres ! bals particuliers chez les fournisseurs de l'armée enrichis des misères du soldat, chez les accapareurs de blé que la famine engraisse, chez les gens de bourse et d'agio que la ruine générale a rendus opulents ; bals de deuil chez ceux qui pleurent leurs parents guillotinés ; bals de joie chez les enrichis de la politique et du gouvernement : c'est bien, comme l'a dit l'acteur Dazincourt, la Régence de la Terreur. On danse officiellement au Luxembourg, chez Barras. Bals bizarres, où se heurte dans des contre-danses échevelées avec force entrechats et jetés-battus, une société étrange, pêle-mêle de grandes dames déchues, de « veuves d'émigrés vivants », de Français et d'étrangers, pêle-mêle où il y a de tout, même des honnêtes gens ! Mme Tallien, qui fut jadis Mme de Fontenay et sera plus tard princesse de Chimay, « une de ces femmes dont les charmes sont des puissances » ; Mme Tallien, que tout le monde peut voir, quand il fait beau, « arriver au Ranelagh habillée en Diane, le buste demi-nu, chaussée de cothurnes et vêtue, si l'on peut employer ce mot, d'une tunique qui ne dépassait pas le genou [1] », Mme Tallien circule dans les salons, escortée du jeune et voluptueux Directeur. Celui-ci, fier d'être un des plus beaux hommes de Paris au moins autant que d'avoir pour maîtresse la femme qu'on en dit la plus belle, passe nonchalamment son bras autour de la taille de celle qu'on appelait encore récemment Notre-Dame-de-Thermidor. Celle ci, s'appuyant amoureusement, avec la grâce d'une chatte, contre le superbe habit bleu tout doré du ci-devant vicomte de Barras, reçoit

1. Duc de Broglie, *Souvenirs*, t. I, p. 23.

en souveraine les hommages de son peuple d'invités. La promenade finie, la foule s'émiette en petits groupes : les financiers continuent, avec force gestes, leurs sales spéculations commencées sur le Perron [1], tandis que la jeunesse dorée « dans le cortège du jabot et des culottes à rosettes de Fréron [2] », s'efforçant d'imiter l'inimitable citoyen Trénis, ce Vestris des salons qui fait de la *danse sociale*, enlève dans ses bras robustes et presse sur ses cuisses nerveuses, au son des harpes et des violons, une nuée de danseuses enivrées de grande lumière, de désirs vagues et de carnaval. Tous, hommes et femmes, dupeurs et dupés, voleurs et volés, directeurs et dirigés, dansent, s'ébattent, s'amusent, ripaillent comme à la tâche. C'est bien là le temple du plaisir ; c'est aussi le temple du goût, mais du goût du jour, du mauvais goût. Si Fréron donne le ton aux dévots de la mode, la citoyenne Tallien le donne à ses dévotes, à ses grandes-prêtresses. Là naissent à la lumière, parmi les tourbillons de la danse et aux grondements d'un orchestre endiablé, entre un morceau de Glück et un chant de Garat, cet incroyable des incroyables, dont la figure un peu « singesse » paraît à peine au milieu de quatre aunes de mousseline formant sa cravate, d'un fouillis de boucles blondes formant sa chevelure et d'un fouillis d'imbéciles formant son escorte ; là naissent à la lumière ces bizarres costumes spartiates et romains, ces spencers venus d'Angleterre,

1. On appelait *le Perron*, l'escalier aux marches de pierres usées et disjointes qui était à l'extrémité de la rue Vivienne et sur lequel se tenaient tous ceux qui vivaient de la Bourse, de la banque, du change et en général de l'agio.

2. DE GONCOURT, *la Société française sous le Directoire*, p. 297.

ces perruques venant de l'échafaud[1] et ces femmes venant on ne sait d'où, qui portent des robes à la Diane, des robes à la Vestale, des tuniques à la Minerve, des redingotes à la Galathée, au milieu d'un débordement de mythologie, d'œillades provocantes et d'entrechats licencieux.

Mais il est des femmes qui ne dansent pas. Voyez ce groupe : quelles jolies têtes ! que de sourires, que de grâce française sous ces coiffures et ces vêtements à la grecque ! Voici la citoyenne Hainguerlot, voilà la citoyenne Hamelin, et la citoyenne Mailly de Château-Renault, et la citoyenne de Navailles, et la citoyenne de Staël ; voilà aussi la toute jeune et toute belle citoyenne Saint-Fargeau, la *Fille de la Nation*. Toutes ces déclassées forment une classe à part dans le salon du Directeur, un déclassé lui aussi. Et cette brune, dans ce coin, cette brune dont la chevelure a des reflets fauves et l'œil des langueurs divines, qui est-elle ? Quel est son mari ?... Son mari ? Il y a longtemps qu'il est oublié ; il n'y a pas si longtemps pourtant que le général de Beauharnais a été dévoré par la guillotine. Sa veuve n'est pas triste ?... Pourquoi le serait-elle ? Une séparation judiciaire ne lui a-t-elle pas fait faire l'apprentissage de la séparation définitive ?... Mais pourquoi remuer ainsi la cendre du passé et des cœurs ? Il faut oublier et oublier vite ces tristes souvenirs ! Tout le monde n'en fait-il pas autant ? La vie est-elle faite d'autre chose que d'oubli ? N'y a-t-il pas dans Paris le *bal des victimes ?* C'est un besoin, après tant d'angoisses et de douleurs, de se

1. « Des femmes éventées s'empressent d'acheter les cheveux des jeunes blondins guillotinés, et de porter sur leurs têtes une chevelure si chère. » (DE GONCOURT, *la Société française pendant le Directoire*, p. 408).

dire les uns aux autres qu'on est encore de ce monde, et de jouir de la vie le plus qu'on peut. Oui, cette belle brune, c'est la veuve Beauharnais, que la citoyenne Tallien a conduite chez Barras et que les hasards de l'amour, en passant par la couche de Hoche, de Barras et de quelques subalternes, conduiront jusque sur le trône de France. Et ce petit officier, là-bas, étriqué dans un uniforme usé qui semble arriver du champ de bataille et sent encore la poudre, le voyez-vous avec sa peau jaune collée sur les os, ses cheveux aplatis sur les tempes, ses yeux creux d'où jaillissent de temps en temps des lueurs fulgurantes ? Il parle à la maîtresse du maître de la France ; il se fait tout petit, le pauvre, devant cette grande puissance ; il lui a été présenté tout à l'heure. Toujours aimable, mieux encore, toujours accueillante, la citoyenne Tallien, malgré la pauvre mise du besogneux officier, l'engage à une soirée qu'elle donne prochainement. Le jeune homme remercie, salue et se perd modestement dans la foule des invités.

Il n'a garde d'oublier de se rendre à la somptueuse chaumière du Cours-la-Reine, au coin de l'allée des Veuves, aux Champs-Élysées. C'est de là que la belle citoyenne Tallien, dans la majesté de sa beauté et avec cette assurance que donne l'habitude du bonheur, surtout d'un bonheur sans scrupules, fait parler tout Paris de ses robes, de ses voitures, de ses folies et des folies de ses amants. Sans scrupules aussi sont les femmes, ses amies ou ses ennemies, qui forment sa cour. Parvenues du jour, ces femmes de la *Nouvelle France*, hier encore, portaient le tablier ; elles sont *dames* aujourd'hui, ou plutôt elles font la *dame* : mais c'est pitié ! leurs grosses mains, que des gants parviennent bien à recouvrir, mais qu'ils ne peuvent parvenir à dissimuler, trahissent celles que leur langage ne dénoncerait pas comme proches parentes de Mme Angot; elles puent l'enrichi, le fournisseur, l'agioteur autant qu'elles puent le musc, le benjoin ou la bergamote, autant qu'elles puaient hier le poisson ou la chandelle. Elles sont là pourtant, parées, heureuses, et leurs maris, heureux aussi, dit-on, vident leurs poches dans le torrent d'or qui coule à travers les jolis doigts de la beauté à la mode. Pourquoi ces hommes et ces femmes ne seraient-ils pas heureux? La belle citoyenne ne les a-t-elle pas, en passant, payés d'un sourire? Donnant, donnant : quittes.

Il n'y a pas que des grosses mains dans le salon de la Chaumière. Il en est aussi de fines et de blanches ; toute la société du Luxembourg est là ce soir : la citoyenne Lepelletier Saint-Fargeau, la citoyenne de Staël, la citoyenne Beauharnais et quelques autres femmes de l'ancienne noblesse, toutes ivres de danse, folles de grelots, furieuses de plaisirs.

Le général de brigade Buonaparte se faufile au travers des groupes. Plus il y a de gens qui ne les connaissent pas, plus les timides prennent de l'assurance. Le général est encore un timide. Il va cependant d'un air assez délibéré saluer la châtelaine de la Chaumière. Il se tire plus convenablement qu'il ne l'eût pensé de son compliment d'entrée. Il recueille un sourire. Cela l'encourage. Il a une grâce à demander à la belle citoyenne. Quelle? Le pauvre garçon! il lui demande... il a honte d'une requête si misérable!... il lui demande sa protection pour obtenir, sans bourse délier, deux ou trois aunes de drap militaire afin de se faire confectionner un uniforme neuf.

Comme le soldat, le drap vieillit vite sur le champ de bataille. Il n'y a pas droit, à ce drap ; le décret de fructidor an III est formel et le général Bonaparte, en ce moment chef de brigade d'artillerie à la suite, n'est pas en activité de service. Mais la puissance de la maîtresse du directeur Barras est plus forte que celle de la loi. Mme Tallien n'est pas seulement belle, elle est bonne aussi ; elle « avait été frappée du regard du général [1] » ; elle sourit : cela lui va si bien de sourire ! et promet : a-t elle jamais su refuser quelque chose ?

Le bon accueil fait par cette reine de la République et de la beauté donne un peu d'assurance au jeune général. Il ne pense plus à son uniforme râpé, maintenant qu'il sait qu'il en aura bientôt un neuf, — on oublie trop, quand on est au-dessus du besoin, que ces misères de la vie éteignent les plus brillants esprits ; — il laisse libre cours à sa verve et à son imagination. Lui, sombre et taciturne tout à l'heure, le voilà devenu gai et bavard. Il a saisi une main de Mme Tallien, cette main blanche et satinée que ne parviennent pas à durcir les flots d'or qui y coulent sans cesse, et il lui lit tout haut son avenir. Un cercle s'est formé autour du diseur de bonne aventure, car la mode, en ce moment, est d'être superstitieux : tout le monde l'est ; c'est la mode aussi de croire aux devins et aux devineresses... Des rires s'élèvent de ce cercle mis en gaieté par les étincelantes boutades du général au front pâle. Mais examinez la belle

1. STENDHAL, *Vie de Napoléon*, t. I, p. 75. (Notes d'une femme d'esprit sur Napoléon, communiquées à Stendhal). — Barras raconte le fait autrement, mais son animosité contre Bonaparte rend son témoignage suspect. Voir le tome I, p. 284 de ses *Mémoires*.

veuve Beauharnais : elle s'est approchée du cercle : elle écoute le diseur de bonne aventure avec un intérêt qu'elle ne cherche pas à dissimuler ; ses yeux sont fixes et elle semble tout entière aux prédictions de l'augure. S'il voulait bien lui prédire, à elle aussi, son avenir ? Elle le lui demande, mais ce ne sera pas pour ce soir, car voilà le général Bonaparte qui examine à présent la main du général Hoche et lui dit : « Général, vous mourrez dans votre lit[1] ». Une bouffée de rires et de récriminations accueille cette boutade : le devin en profite pour faire sa révérence et se perdre dans la foule.

A cette époque, la veuve Beauharnais n'allait pas encore beaucoup dans le monde, où elle était, du reste, peu connue ; mais elle allait dans les « bals de société », comme la mode était de le faire. Elle allait au bal de l'hôtel Longueville, où Mme Hamelin, créole comme elle, sa rivale en beauté, son émule dans le désir de la faire admirer, était assidue. Elle allait au bal de l'hôtel Thélusson, au bout de la rue Cérutti, en face du boulevard, où la sévère Mme de Damas se rendait aussi, sous prétexte de conduire sa fille, et disait de la belle créole qu' « elle n'aimait pas les gens qui déshonorent leur malheur[2] ». Aimant le plaisir, mais guère plus que les autres femmes de son temps, elle allait, comme tout le monde, à Idalie, à Tivoli et partout où l'on s'amusait. Mais c'est chez Barras que la citoyenne Beauharnais allait de préférence. On s'y amusait tant ! Pour y aller, par exemple, il ne fallait être ni trop scrupuleux, ni trop difficile dans le choix de ses relations[3] ; « ce n'était

1. J.-G. Ouvrard, *Mémoires*, t. I, p. 20.
2. Duchesse d'Abrantès, *Mémoires*, t. I, p. 306.
3. « Barras n'était entouré que des chefs de l'anarchie la

pas la place d'une femme, jeune, surtout, et celles qu'on y trouvaient n'étaient bonnes ni à voir ni à rencontrer[1] ». Mais Barras était une relation agréable et qu'il pouvait être utile de cultiver ; Mme Tallien aussi, de même que toute cette cour d'hommes et de femmes qui la suivaient partout et dont l'occupation presque unique était de faire la fête à outrance ; ce n'étaient pas là des gens dont il fallait faire fi quand on avait quelque chose à demander. « Mme de Beauharnais avait peu de fortune, a dit Mme de Rémusat, et son goût pour la parure et le luxe la rendit dépendante de ceux qui pouvaient l'aider à le satisfaire[2]. » Et puis, avait-elle le droit de se montrer difficile? Aussi était-elle de toutes les fêtes, non seulement par goût pour le plaisir, mais par calcul, on pourrait dire par nécessité, si la nécessité n'était pas avant tout de garder son honneur et sa dignité. Elle aussi donnait parfois des petites fêtes, mais tout intimes. Elle avait loué, en 1794, dès sa sortie de prison, après Thermidor, une maison de campagne à Croissy. Le hasard avait amené dans ce même village M. et Mme de Vergennes, avec leurs deux filles dont l'une devait épouser plus tard le général de Nansouty et l'autre, qui devint Mme de Rémusat, se lia intimement avec Mlle Hortense de Beauharnais, plus jeune qu'elle de quelques années. Un autre hasard conduisit aussi à Croissy M. Étienne Pasquier, ancien conseiller au parlement de Paris, qui devint plus tard préfet de police de Na-

plus crapuleuse, des aristocrates les plus corrompus, de femmes perdues, d'hommes ruinés, de maîtresses et de mignons. La débauche la plus infâme se pratiquait dans sa maison. » (*Mémoires* de La Révellière, t. I, p. 338).

1. *Mémoires d'une inconnue*, p. 112.
2. Mme de Rémusat, *Mémoires*, t. I, p. 146.

poléon ; marié avec sa cousine, sous la Terreur, il avait cherché à la campagne un asile contre les redoutables persécutions de cette époque. La maison de Mme de Beauharnais était contiguë à celle de M. et Mme Pasquier. En 1795, Mme de Beauharnais « n'y venait plus, a dit M. Pasquier, que rarement, une fois par semaine, pour y recevoir Barras, avec la nombreuse société qu'il traînait à sa suite. Dès le matin, nous voyions arriver des paniers de provisions, puis des gendarmes à cheval commençaient à circuler sur la route de Nanterre à Croissy, car le jeune Directeur arrivait le plus souvent à cheval.

« La maison de Mme de Beauharnais avait, comme c'est assez la coutume chez les créoles, un certain luxe d'apparat ; à côté du superflu, les choses les plus nécessaires faisaient défaut. Volailles, gibier, fruits rares encombraient la cuisine (nous étions alors à l'époque de la plus grande disette) et, en même temps, on manquait de casseroles, de verres, d'assiettes qu'on venait emprunter à notre chétif ménage [1] ».

Tout cela naturellement donnait à jaser sur Mme de Beauharnais, et « sa réputation de conduite était fort compromise [2] ».

Le général Bonaparte allait, on l'a vu, aux fêtes du Luxembourg. Était-ce pour s'amuser, comme c'eût été si naturel à un homme de son âge qui, en dehors de la guerre et de son métier n'avait jamais rien vu ? Non, le jeune général n'était pas de ceux qui perdent leur temps à s'amuser. Était-ce pour les yeux veloutés de la veuve Beauharnais ? Non, il l'avait déjà vue, il

1. Chancelier Pasquier, *Mémoires*, t. I, p. 118.
2. Mme de Rémusat, *Mémoires*, t. I, p. 138.

lui avait parlé déjà chez Mme Tallien mais ne la connaissait encore qu'assez peu. C'était pour se montrer, pour ne pas se laisser oublier dans les distributions de grades et de faveurs. Sous Louis XV, et le temps n'en était pas encore si éloigné, c'étaient les favorites qui donnaient les commandements : Soubise et Broglie le savaient bien ; la France malheureusement le savait aussi. Sous Barras, le règne des favorites continue et Mme Tallien est la grande dispensatrice des faveurs et des grâces du gouvernement ; c'est elle qui nomme aux emplois, qui donne le mérite et distribue la gloire. Aussi sa cour est-elle nombreuse et empressée : on y fait assaut de hautes flatteries et de basses adulations, et, comme toujours, les plus vils ne sont ni les moins hardis ni les moins considérés.

Auprès de cette femme, enveloppée du nimbe étincelant de sa beauté et de sa puissance, se tient son amie, la citoyenne Beauharnais. Elle est belle aussi, mais beaucoup moins que la citoyenne Tallien et son assurance est loin d'égaler l'aisance superbe de la souveraine du Luxembourg. Et pourtant on chuchote, ou plutôt on dit, sans que jamais rien n'ait pu être prouvé malgré toutes les apparences qui sont contre elle, que cette amie est une rivale, et qu'elle aussi a été favorisée des bonnes grâces de Barras, qu'elle fut sa maîtresse[1]. Mais ce ne sont que des *on-*

1. Général THIÉBAULT, *Mémoires*, t. II, p. 4. — Plus loin, Thiébault dit encore, à propos du couronnement : « ... Joséphine n'en restait pas moins, pour moi comme pour tant d'autres, l'ancienne maîtresse de Barras. » (T. III, p. 364.) Ces sortes d'allégations sont aussi difficiles à prouver qu'à réfuter. Il est nécessaire cependant de les reproduire ; chacun en croira ce qu'il voudra, d'après l'ensemble de la vie de Joséphine.

N.-B. — *Depuis que ces lignes sont écrites, les Mémoires de Barras ont été publiés et les aveux, pour ne pas dire les van-*

dit et on dit tant de choses! Quoi qu'il en soit, le jeune général Bonaparte, qui a maintenant un uniforme neuf, grâce à la protection de la citoyenne Tallien, et qui, par le choix de Barras d'abord, par son propre mérite ensuite, est devenu depuis deux jours le général *Vendémiaire*, fréquente de plus en plus le salon du Directeur. Il y fait pour tout de bon la connaissance de la veuve Beauharnais. La vigueur qu'il avait montrée en réprimant l'insurrection des sections, venait de le mettre en évidence. Il était le héros du jour. L'accueil qu'il reçut dans les salons de Barras était aussi empressé que flatteur. Les femmes, lasses, à ce qu'il semblait, de recevoir des compliments, se mêlaient de lui en faire. Toutes le voulaient connaître. La citoyenne Beauharnais ne fut pas des dernières, et, comme les choses agréables, principalement quand elles sont dites par une jolie femme, flattent et séduisent toujours un homme, surtout quand il est jeune et que les compliments et les succès du monde n'ont pas encore eu le temps de le blaser, l'intimité ne tarda pas à s'établir entre la créole, qui la cherchait, et le jeune Corse qui se laissa faire.

Et puis, Mme de Beauharnais songeait à se remarier. Elle ne savait pas encore avec qui, mais elle cherchait... Veuve d'un général, un officier général jeune et en vue comme l'était le vainqueur des sections, qui attirait déjà sur lui l'attention du Tout-Paris de l'époque, qui devenait lui-même à la mode, devait naturellement attirer aussi la sienne et obtenir sa pré-

teries du voluptueux Directeur, aussi dénués de délicatesse que remplis d'un orgueil déplacé, ont nettement établi que Mme de Beauharnais fut sa maîtresse.

férence. Du reste, elle était, a-t-elle dit[1], mais cela n'est nullement prouvé, demandée aussi à ce moment par le général Hoche et le vieux M. de Caulaincourt. Le général Bonaparte était presque le seul officier général à Paris; les autres étaient aux armées. Un mariage avec le général Bonaparte lui assurerait un

1. Mme DE RÉMUSAT, *Mémoires*, t. I, p. 141. — Le comte de Montgaillard, dans ses *Souvenirs* (p. 222), prétend que c'est Hoche qui ne voulut pas d'elle, parce que « Joséphine ne cessait de lui demander de l'argent. » Barras dit aussi qu'elle fut la maîtresse de Hoche et que ce jeune général refusa de l'épouser, mais pour d'autres motifs : «... Il avait, dit-il, été dans le cas de reconnaître que Mme Beauharnais n'avait pas même de respect pour le sentiment dont elle paraissait le plus pénétrée, et que la passion qui lui permettait tous les calculs, ne lui interdisait en même temps aucune des distractions de l'infidélité : il en avait acquis souvent la certitude, et notamment d'un de ses aides de camp qui, porteur d'une lettre de lui à Mme Beauharnais, avait été tenté par elle, comme Joseph par Mme Putiphar, et n'y avait point laissé son manteau. Le général Hoche reprochait à Mme Beauharnais, des caprices encore moins distingués; le dirais-je et le croirait-on s'il n'en existait la preuve dans une lettre de la main même du général Hoche : — « Quant à Rose, (Rose, l'un des noms de baptême de Mlle Tascher-Lapagerie, est celui dont elle était appelée parmi nous...) Quant à Rose, écrivait Hoche, qu'elle me laisse désormais tranquille; je la livre à Vanakre, mon palefrenier. » Cet homme, d'une taille colossale et d'une force proportionnée, avait été l'objet d'une attention particulière de Mme Beauharnais, qui lui avait même fait des cadeaux secrets, tels que son portrait dans un médaillon d'or et une chaîne du même métal... Cette rupture de Hoche et les *tutti quanti* étaient alors l'histoire de Paris. » (BARRAS, *Mémoires*, t. II, p. 53-54).

On croira ce qu'on voudra de tout cela, mais la conduite de Mme Bonaparte avec Murat, quand celui-ci vint porter à Paris le traité de Cherasco, puis avec Junot quand elle alla, bien malgré elle, rejoindre son glorieux mari en Italie, puis encore avec le lieutenant Hippolyte Charles, quand elle fut en Italie, permettent fort bien d'ajouter foi à ce que raconte Barras, d'autant mieux qu'alors elle n'était pas mariée.

Quant à Barras, rien ne peut l'excuser de parler comme il le fait d'une femme qu'il aima.

rang, une place officielle à toutes les fêtes de la nouvelle cour qui avait remplacé la cour des Tuileries, où jamais elle n'avait mis les pieds[1]; et, désirait-elle autre chose? n'était-ce pas une revanche d'amour-propre à prendre, dans le nouvel ordre de choses, sur la société que la Révolution avait détruite, et dans laquelle elle n'avait pas été admise? Cette considération, futile en elle-même, ne pouvait-elle être sérieuse pour la plus futile des femmes? D'ailleurs, en y pensant plus à fond, Mme de Beauharnais pouvait aussi invoquer des raisons sérieuses. Mais y pensa-t-elle? Aimant le plaisir et les fêtes comme elle les aimait, il était plus convenable, surtout dans le monde si mêlé où elle allait, qu'elle ne s'y montrât que sous la protection d'un mari; et puis ses enfants, encore jeunes il est vrai, allaient arriver à l'âge auquel la direction d'un père, d'un homme, devenait presque indispensable; saurait-elle, elle, fille de l'ancien régime, diriger son jeune fils au milieu de la société nouvelle qui s'établissait définitivement sur les débris de l'ancienne? C'était, on en conviendra, bien difficile. Aussi, cette fois, les goûts ou plutôt les projets et l'intérêt de Mme de Beauharnais se trouvaient-ils d'accord avec la saine raison. Il n'y avait qu'un obstacle : le général était plus jeune qu'elle. Mais que lui importait? D'abord, elle ne dirait pas son âge; elle ne le

1. « Quoique les Beauharnais fussent des gens bien nés, ils ne pouvaient pas monter dans les carrosses du roi, et *jamais* Joséphine — Mme de Beauharnais — ne fut présentée. Son mari n'était invité aux bals de la Cour, qu'en sa qualité de beau danseur... » (Duchesse D'ABRANTÈS, *Mémoires*, t. II, p. 382). Mme d'Abrantès, dans le cours de ses *Mémoires*, et aussi dans les *Salons de Paris* (t. III, p. 311), revient plusieurs fois sur ce fait, que Mme de Beauharnais n'était pas admise à la cour de Louis XVI. — C'est confirmé dans les *Mémoires* de CONSTANT, t. I, p. 321.

paraissait pas et s'il fallait, au bout du compte, finir par l'avouer, elle ne le ferait que le jour du contrat, ou même seulement de la célébration du mariage — et alors il n'y aurait plus pour elle qu'à redouter l'ennui d'un aveu que certainement elle préférait ne pas faire, mais qui n'aurait pour son projet aucune conséquence fâcheuse. Et puis, à quoi bon dire son âge exact? Elle n'avait qu'à ne pas présenter son acte de baptême. Le moyen d'en faire venir un extrait de la Martinique? Outre l'éloignement, l'île était bloquée par les Anglais. — Bonaparte trop jeune pour elle! Mais n'est-il pas constant que les hommes de vingt-cinq ou de vingt-six ans ont, de toute éternité, préféré la femme de trente ans à celle de dix-huit ou de vingt? Trente ans, elle les avait et même davantage. Eh bien, alors!... Pourquoi ne se ferait-elle pas rechercher en mariage par le jeune officier général? Ah! il n'avait pas de fortune : ceci était un obstacle plus grave, elle le savait bien. Mme Tallien avait pu le lui dire, si elle avait songé à le lui demander; sinon, elle devait s'en douter, car le jeune Corse lui avait bien certainement parlé de sa famille, de ses sept frères et sœurs, et, sans avoir fait l'aveu de sa pauvreté, il est facile de deviner que lorsqu'il y a huit enfants à se partager la fortune d'un gentilhomme corse, ce gentilhomme fût-il un des plus riches de l'île, la part de chacun devait être assez maigre. « Mais bast! pensa sans doute Mme de Beauharnais; le général est en bonne voie; Barras le protège, il me protège également, et par lui, par Mme Tallien, par mes autres amis, je viendrai bien à bout d'obtenir toujours ce que je voudrai. Et s'il est tué à la guerre? Eh bien, j'aurai une pension, et j'en épouserai un autre. »

Ce furent sans doute ces réflexions qui poussèrent Mme de Beauharnais à courtiser le général Bonaparte, puis à se faire courtiser par lui[1].

Il y avait peut-être une autre raison, c'est qu'elle n'était plus de la première jeunesse; il fallait se hâter de trouver un épouseur qui lui donnât une position stable, avant que cette jeunesse déjà ancienne la quittât tout à fait. « Quoiqu'elle eût perdu toute fraicheur, a dit Marmont, elle avait trouvé le moyen de plaire...[2]. »

Mais, il est temps de faire son portrait. Elle est d'une bonne taille moyenne. Son teint est plus mat que blanc; son visage exprime à l'état ordinaire un petit air étonné qui étonne et son nez, petit et un peu en l'air donne un semblant d'animation à cette physionomie que deux yeux bleus assez foncés n'éclairent pas suffisamment. Les cils sont beaux et leurs pointes se relèvent légèrement, ce qui contribue à donner au regard un charme particulier. Ses cheveux ont cette nuance, naturelle ou artificielle que les femmes aiment tant, parce que les hommes la préfèrent et qu'elles appellent châtain doré : des boucles folles se jouent sur le front et font valoir les yeux en leur donnant, malgré une grâce nonchalante dans laquelle se noie la physionomie tout entière, un petit air provocateur. Il ne faut pas parler de la bouche : les dents sont affreuses. Napoléon ne l'a peut-être pas remarqué tout d'abord : en Corse, les femmes ont presque toutes de très vilaines dents

1. « Mon frère Napoléon la remarque davantage, ou plutôt en est remarqué. » (*Mémoires de Lucien Bonaparte*, passage cité dans *Bonaparte et son temps*, par Th. Juno, t. III, p. 120.)

2. Duc de Raguse, *Mémoires*, t. I, p. 183.

quand elles en ont, car, après la vingtième année, bien peu en possèdent. Ce défaut chez Mme de Beauharnais n'a donc pas dû le frapper autant qu'il eût frappé un Parisien, par exemple. D'ailleurs, Mme de Beauharnais, qui ne tient pas à laisser voir ses dents, les dissimule sous un sourire perpétuel à lèvres serrées. Ses bras sont beaux, mais les mains ont les doigts trop carrés du bout et les ongles en sont aplatis. La gorge, plantée trop bas, n'est pas à citer. Son plus grand charme consiste dans sa tournure, qui a les ondoiements souples et particuliers aux femmes créoles, et dans un air de langueur familier aux femmes indifférentes. L'ensemble de sa personne forme, en somme, un tout fort harmonieux et, toute défraîchie que la dit Marmont, elle est encore très désirable.

Une fois ses projets bien arrêtés, avec beaucoup de coquetterie et un peu de savoir-faire elle amena le jeune homme à tout ce qu'elle voulut. Ce n'était pas très difficile et ce qu'elle voulait n'avait rien de bien effrayant pour le général. Bonaparte était encore tout neuf en amour et la belle veuve elle, n'y manquait pas d'une certaine expérience. Comme la plupart des hommes qui épousent des coquettes et qui croient avoir choisi, alors qu'ils n'ont fait que subir, plus ou moins consciemment, un choix imposé, choix où l'amour ne se trouve pas toujours aussi puissant que l'intérêt, Bonaparte n'était que l'homme sur lequel la belle veuve avait jeté son dévolu pour servir à l'exécution de ses projets. Le caractère inflexible du Corse devint un instrument des plus souples entre les bras, entre les mains, si l'on préfère, de la coquette créole. L'affaire allait bon train. La morale, les convenances, par exemple, n'y trouvaient guère leur compte; mais qu'importait à la belle veuve, puisqu'elle y trouvait le sien ?

Élevée dans les principes, ou plutôt le manque de principes dont la cour royale avait à toute époque, et surtout dans les derniers temps de la monarchie, donné le pernicieux exemple, lancée dans la cour, plus corrompue encore, du Directoire, ignorante du devoir, peu embarrassée de scrupules, aimant le plaisir et la dissipation, tout moyen devait lui paraître bon qui la mènerait agréablement à la réussite de ses projets. Elle recevait souvent le général; elle allait fréquemment avec son amie Mme Tallien à des déjeuners somptueux qu'il leur offrait dans son magnifique hôtel de la rue des Capucines[1]. On n'était pas encore bien loin du 13 vendémiaire, et, vingt-trois jours après, Mme de Beauharnais écrivait au jeune général Bonaparte :

« Vous ne venez plus voir une amie qui vous aime; vous l'avez tout à fait délaissée; vous avez bien tort, car elle vous est tendrement attachée.

« Venez demain, septidi, déjeuner avec moi; j'ai besoin de vous voir et de causer avec vous sur vos intérêts.

« Bonsoir, mon ami, je vous embrasse.

« Veuve BEAUHARNAIS.

« Ce 6 brumaire[2]. »

Cette lettre ne démontre-t-elle pas, clair comme le jour, qu'en cette affaire c'est Mme de Beauharnais qui a pris l'offensive? Ne semble-t-elle pas écrite pour

1. BOURRIENNE, *Mémoires*, t. I, p. 82.
2. DE COSTON, *Premières années de Napoléon*, t. I, p. 433.

assurer l'exécution d'un plan auquel la partie adverse ne paraît pas se prêter aussi complaisamment que le souhaiterait la belle veuve?

Et puis, elle est aussi une déclaration en règle. « Vous ne venez plus voir une amie qui vous aime... » A vingt-six ans, quand un jeune homme reçoit un billet aussi aimable d'une jolie femme, le moyen de ne pas prendre feu aussitôt, surtout lorsqu'on est encore aussi novice au jeu de l'amour que l'était le général Bonaparte? D'un autre côté, cette déclaration ne fait que confirmer par écrit, des déclarations antérieures faites de vive voix, — c'est certain. Quand une femme de trente-six ans écrit en ces termes à un jeune homme, et qu'elle dit qu'elle lui est tendrement attachée, c'est qu'elle est toute prête à se donner à lui, si ce n'est déjà fait et qu'elle désire fort que les relations n'en restent pas là. De plus « causer avec vous sur vos intérêts » indique que le général a déjà parlé de ses projets d'avenir, et que Mme de Beauharnais, si elle ne peut le décider à revenir pour elle, invoque, pour être plus sûre de le faire revenir, ses intérêts à lui, l'intérêt de sa carrière : n'est-elle pas au mieux avec Mme Tallien et Barras? n'est-elle pas une protectrice puissante par ses relations? — Au reste, la veuve Beauharnais dit en terminant : « Je vous embrasse, » Et il n'y avait pas bien longtemps que la connaissance était faite : elle avait été vite! Cette lettre prouve donc bien une intimité des plus complètes. Tout involontaire qu'elle fut d'abord, cette conquête est une des plus rapides que fit le général Bonaparte.

Mais Bonaparte était-il aimé, comme la belle veuve se plaisait à le lui écrire? Il est permis d'en douter; il faut même croire le contraire non seulement après la lecture des *Mémoires* de Barras, où selon lui, elle lui dit qu'elle n'a aucun penchant pour son fiancé, mais aussi après lecture de cette autre lettre que Mme de Beauharnais écrivait à une de ses amies et où elle déclare bien nettement qu'elle ne l'aime pas. Elle le prend pour amant parce qu'elle n'ignore pas que c'est la meilleure ou plutôt la plus sûre manière de se procurer un mari; quant à l'aimer, c'est une autre affaire. Lisez plutôt :

« Vous avez vu chez moi le général Bonaparte. Eh bien, c'est lui qui veut servir de père aux orphelins d'Alexandre de Beauharnais, d'époux à sa veuve ! L'aimez-vous? allez-vous me demander. Mais... non. — Vous avez donc pour lui de l'éloignement? — Non, mais je me trouve dans un état de tiédeur qui me déplait et que les dévots trouvent plus fâcheux que tout en fait de religion. »

Mme de Beauharnais, sans être tout à fait décidée à épouser le général Bonaparte, puisqu'elle ne l'aime pas et qu'elle se trouve « dans un état de tiédeur qui lui déplait », ne néglige rien cependant pour arriver à se faire demander en mariage, — dût-elle, en coquette achevée, repousser la demande après avoir tout fait pour la provoquer, si, dans l'intervalle, elle a changé d'avis, — ou d'amant.

Lisez maintenant cette lettre du général Bonaparte, la veuve décidément a su mettre le feu aux poudres :

« Je me réveille plein de toi. Ton portrait et l'enivrante soirée d'hier n'ont point laissé de repos à mes sens. Douce et incomparable Joséphine, quel effet bizarre faites-vous sur mon cœur? Vous fâchez-vous, vous vois-je triste, êtes-vous inquiète? mon âme est brisée de douleur et il n'est point de repos pour votre ami ; mais en est-il donc davantage pour moi, lorsque, me livrant au sentiment profond qui me maîtrise, je puise sur vos lèvres, sur votre cœur, une flamme qui me brûle ! Ah ! c'est cette nuit que je me suis bien aperçu que votre portrait n'est pas vous. Tu pars à midi, je te verrai dans trois heures. En attendant, *mio dolce amor*, un million de baisers, mais ne m'en donne pas, car ils brûlent mon sang [1]. »

Comme tous les jeunes gens de son temps, Bonaparte avait lu Rousseau : cette lettre est du pur Saint-Preux. Elle donne une idée bien nette du degré d'intimité auquel était rapidement arrivé le général Bonaparte dans les bonnes grâces de la veuve Beauharnais. Celle-ci avait atteint son premier but : Bonaparte avait donné tête baissée dans le piège et était devenu amoureux fou ; maintenant elle le tenait, comme l'araignée qui vient de se jeter sur la mouche qu'elle a longtemps guettée et qu'elle enveloppe de ses mille soies invisibles ; elle le tenait à sa discrétion ; elle saura bien se faire épouser quand elle le voudra.

Cependant Mme de Beauharnais semblait prendre plaisir à prolonger le temps de fiançailles, temps de « tiédeur » chez elle, qui ne paraît pas lui être trop désagréable, bien qu'elle dise le contraire, et temps d'exaltation amoureuse chez Bonaparte. Enfin, elle supporte cette situation sans trop de peine et ne sem-

1. Lettre de Napoléon à Joséphine : De Coston, *Premières années de Napoléon*, t. I, p. 436 ; Th. Jung, *Bonaparte et son temps*, t. III, p. 122. — Cette lettre montre que le général Philippe de Ségur est dans l'erreur en disant : « Malgré les mœurs du jour, il ne dut qu'au mariage les plus douces faveurs de cette veuve. » (*Histoire et Mémoires*, t. I, p. 178.)

ble pas en souhaiter la fin. Attendait-elle qu'elle fût demandée par un parti plus avantageux ? Sa lenteur à dire oui peut le laisser croire.

Mais le jeune général, maintenant que son cœur était pris, ne la laissait guère en repos. Sans cesse il la voulait. La belle veuve, quittant ses enfants et sa maison, venait prendre ses repas au même restaurant que le général Bonaparte. « Il me fit remarquer un jour, dit Bourrienne [1], une jeune dame qui était presque en face de lui, et me demanda comment je la trouvais : ma réponse parut lui faire grand plaisir. Il m'entretint alors beaucoup d'elle, de sa famille et de ses qualités aimables ; il me dit que probablement il l'épouserait, étant convaincu que son union avec la jeune veuve ferait son bonheur... »

Il en était évidemment bien convaincu. Aussi, la demanda-t-il en mariage dans le courant du mois de janvier 1796, et une réponse favorable, assez lente à venir cependant, mettait au comble du bonheur ce jeune amoureux, qui ne voyait plus de terme à la félicité qu'il attendait de cette union.

Bourrienne a dit que Bonaparte fit un mariage d'ambition bien plus qu'un mariage d'inclination. « Je compris bien dans sa conversation, dit-il, que ce mariage seconderait utilement son ambition. Son intimité toujours croissante avec celle qu'il aimait le rapprochait des personnages les plus influents à cette époque, et lui facilitait les moyens de faire valoir ses prétentions [2]. » Il est possible que Bonaparte ait dit

1. Bourrienne, *Mémoires*, t. I, p. 100-101.

2. Bourrienne, *Mémoires*, t. I, p. 102. — Lucien Bonaparte le dit aussi, avec acrimonie ; il devait pourtant savoir que ce n'était pas la vérité. Lorsque le Premier Consul lui envoya Cambacérès pour l'engager à rompre son mariage avec Mme Jou-

cela. Les jeunes gens sont fiers de faire voir à leurs amis qu'ils sont aimés, mais ils considèrent comme une faiblesse de dire qu'ils sont amoureux : ils affectent entre eux de traiter aussi légèrement le véritable amour que les amourettes passagères. « Les hommes, a dit Montaigne avec beaucoup de justesse, se font pires qu'ils ne peuvent. » Peut-être, par une sorte de *pose* devant son ancien camarade de Brienne, et pour ne pas avouer son amour, Bonaparte a-t-il, par un sentiment de fausse honte, — il en eut bien pour sa mère, parce qu'elle ne parlait pas correctement le français, — caché son véritable « état d'âme » à son ami, et mis sur le compte de l'ambition le singulier mariage qu'il faisait. Mais c'est là une erreur et beaucoup d'écrivains l'ont faite avec Bourrienne : on va voir pourquoi.

Barras avait voulu faire croire à Mme de Beauharnais qu'il ferait donner au général Bonaparte, si elle l'épousait, le commandement de l'armée d'Italie. Voici quelques lignes d'elle qui le prouvent : ces lignes terminent la lettre qu'on vient de voir, lettre où elle annonce son mariage à une de ses amies et où elle avoue qu'elle n'aime pas son fiancé et se trouve simplement dans un « état de tiédeur qui lui déplait. » Les voici : « Barras assure que si j'épouse le général, il lui fera obtenir le commandement en chef de l'armée d'Italie. Hier, Bonaparte, en me parlant de cette faveur qui fait déjà murmurer ses frères d'armes, quoiqu'elle ne soit pas accordée : « Croient-ils, me disait-il, que j'aie

berthon, il lui répondit : « Quelle absurde prétention ! Oser espérer qu'il pourra me faire abandonner ma femme !... femme qu'on ne m'a pas imposée, à moi, qui ne m'a apporté ni dot, ni commandement d'armée !... (Th. JUNG, *Lucien et ses Mémoires*. t. II, p. 314.)

« besoin de protection pour parvenir ? Ils seront tous « trop heureux que je veuille leur accorder la mienne. « Mon épée est à mes côtés, et avec elle j'irai loin [1]. »

Cette lettre peut prouver que Barras a dit ces choses à Mme de Beauharnais, mais elle ne prouve nullement qu'il lui ait fait obtenir ce commandement. Il a voulu sans doute se donner vis-à-vis d'elle le mérite de cette nomination, lui marquer ainsi son amitié et s'acquitter en même temps envers le jeune officier qui avait pris Toulon sous ses yeux lorsqu'il était commissaire de la Convention à l'armée, et qui lui avait rendu un si grand service le 13 vendémiaire. Mais il promettait là une chose dont il ne disposait pas. Carnot revendique hautement l'honneur d'avoir mis le général Bonaparte à la tête de l'armée d'Italie. Ce ne fut qu'après les brillants succès qui marquèrent son entrée en campagne que Barras s'avisa, pour s'en donner le mérite, de dire à la séquelle de ses courtisans que c'était à lui, à sa sagacité, à sa connaissance des hommes qu'était dû le choix si heureux pour le commandement de cette armée. La preuve? Lisez ces lignes; elles sont de Carnot: « ..... Il n'est point vrai que ce soit Barras qui ait proposé Bonaparte pour le commandement de l'armée d'Italie; c'est moi-même : mais sur cela, on a laissé filer le temps pour savoir comment il réussirait; et ce n'est que parmi les intimes de Barras qu'il se vanta d'avoir été l'auteur de la proposition au Directoire. Si Bonaparte eût échoué, c'est moi qui étais le coupable ; j'avais proposé un jeune homme sans expérience, un intrigant; j'avais évidemment trahi la patrie. Les autres ne se mêlaient point de la

1. Lettre de Joséphine : De Coston, *Premières années de Napoléon*, t. II, p. 347; Th. Jung, *Bonaparte et son temps*, t. III, p. 117.

guerre ; c'était sur moi que devait tomber toute la responsabilité. Bonaparte est triomphant ; alors c'est Barras qui l'a fait nommer, c'est à lui qu'on en a l'obligation ; il est son protecteur, son défenseur contre mes attaques ; moi, je suis jaloux de Bonaparte, je le traverse dans tous ses desseins, je le persécute, je le dénigre, je lui refuse tout secours, je veux évidemment le perdre. Telles sont les ordures dont on remplit, dans le temps, les journaux vendus à Barras [1]. »

Voilà qui est péremptoire. Une autre preuve en est encore donnée par l'honnête La Revellière-Lépeaux qui dit ceci : « L'étude particulière que Bonaparte paraissait avoir faite de l'Italie sous divers rapports, la justesse de ses vues et l'apparence de succès que promettait son plan de campagne, nous déterminèrent unanimement à lui confier le commandement de l'armée d'Italie [2]. » Il est donc vraisemblable en tout ceci, puisque chacun veut s'en donner l'honneur, que Carnot proposa au Directoire de nommer Bonaparte, et que les quatre autres membres, bien disposés d'avance en faveur du jeune général, lui donnèrent leurs voix. Malgré tout, le bruit courut et s'accrédita que Barras seul avait eu le talent de discerner le génie de Bonaparte et le pouvoir d'imposer sa nomination au Directoire ; on lit partout, en effet, que c'est à Barras que Bonaparte dut le commandement de l'armée d'Italie, et le général Thiébault, alors capitaine, qui se rendit à cette armée en même temps que le général

1. *Mémoires historiques et militaires sur Carnot*, rédigés d'après ses manuscrits, sa correspondance inédite et ses écrits, par P.-F. Tissot, Paris, 1824, p. 252. (Réponse de Carnot au rapport de Bailleul).
2. La Revellière-Lépeaux, *Mémoires*, t. II, p. 23.

en chef et qui rapporte dans ses *Mémoires* tous les bruits qui avaient cours à l'état-major, dit que l'on vit « dans cette nomination beaucoup plus de complaisance pour Mme Bonaparte que de sagesse et de sollicitude pour les intérêts de la patrie [1]. » C'est le contraire qui était vrai.

Du reste, la journée du 13 vendémiaire avait mis le général Bonaparte fort en évidence. Les officiers généraux prévoyaient, non sans une certaine jalousie, qu'un commandement important lui serait bientôt donné ; de là ces mots, dans la lettre de Joséphine : « ... cette faveur fait déjà murmurer ses frères d'armes, quoiqu'elle ne soit pas accordée. » Il ne faut pas oublier que, dans l'armée, on n'a jamais aimé les lauriers cueillis dans les luttes sanglantes des discordes civiles, et c'est cette raison, bien plutôt que le jeune âge de Bonaparte, qui faisait murmurer. Hoche, Moreau, Marceau, étaient arrivés plus jeunes que lui au commandement des armées.

Amené par la coquetterie de Mme de Beauharnais au point qu'elle voulait, amoureux pour la première fois de sa vie et amoureux fou comme on l'est toujours cette fois-là, non pas, comme on l'a dit, de la situation de famille et de fortune de Mme de Beauharnais, — situations qui étaient nulles, — mais de la femme, Bonaparte passait près de sa langoureuse fiancée tout le temps que lui laissait son service.

1, THIÉBAULT, *Mémoires*, t. II, p. 5. — Barras, dans ses *Mémoires*, publiés depuis que ces lignes sont écrites, se donne le mérite d'avoir proposé à Carnot, la nomination de Bonaparte au commandement de l'armée d'Italie. Entre l'affirmation de Carnot, malgré le mal que dit de lui La Revellière dans ses *Mémoires*, et celle de Barras, il n'y a pas à hésiter.

Il y a loin, comme on le voit, de cette aventure fort ordinaire d'un jeune homme inexpérimenté du monde et des femmes, se laissant prendre au manège si simple et si connu pourtant d'une coquette émérite, — à ce conte, touchant si l'on veut, et romanesque aussi si l'on veut, imaginé plus tard, après le mariage, et disant que, à la suite du 13 vendémiaire, lors de l'exécution du décret qui défendait aux citoyens de garder des armes chez eux et leur enjoignait de les porter à la municipalité, le jeune Eugène de Beauharnais était allé prier le général Bonaparte de lui faire rendre l'épée de son père, général en chef d'une armée de la République. L'enfant, dit la légende [1], avait reçu le meilleur accueil du général Bonaparte, et, dès le lendemain de cette visite, Mme de Beauharnais allait elle-même remercier le général. Elle le laissa sous le charme de sa grâce créole et de son amabilité parisienne. Le général, de son côté, demanda l'autorisation d'aller quelquefois lui présenter ses hommages, et ainsi aurait commencé leurs relations.

Que faut-il penser de cette légende? Rien, si ce n'est que c'est une légende crée par l'imagination de ceux qui avaient intérêt ou goût à habiller d'une couleur romanesque et en même temps plus conforme aux usages de la bonne compagnie, aux convenances, la simple et vulgaire réalité. Cette légende s'est perpétuée ensuite, à travers les livres, sous l'influence de sentiments divers, grâce au *Mémorial de Saint-Hélène* et aux *Mémoires* du prince

1. Prince Eugène de Beauharnais, *Mémoires*, t. I, p. 32; *Mémorial de Sainte-Hélène*, t. I, p. 407 ; *Histoire du Directoire de la République française*, par le baron de Barante, t. I, p. 182 ; La Valette, *Mémoires*, t. I, p. 171, etc., etc.

Eugène, voilà tout [1]. Sans recourir au témoignage de Barras, qui la dément formellement [2], la lettre de la veuve Beauharnais, et celle de Bonaparte, citées plus haut, détruisent nettement cette légende, et, en fait de visites domiciliaires, l'amie de Barras était à l'abri de toute vexation de ce genre.

Ce qui n'est point une légende et a tout l'air cependant d'en être une, c'est la prédiction si connue faite à Joséphine quand elle était enfant et annonçant qu'elle monterait sur le trône de France. Joséphine l'avait tant répétée, cette histoire, qu'il fallait s'en méfier. La chose cependant était vraie : le général Lamarque en a consigné le récit dans ses *Mémoires*, et comme ce récit donne des détails qu'on ne trouve point chez un autre, qu'il affirme d'une façon irréfutable ce qui, ailleurs, pourrait être pris pour une fantaisie de l'imagination de Joséphine, il faut le mettre ici : aucun biographe, du reste, n'est allé chercher cette prédiction dans les *Mémoires* du héros de Fontarabie et de Capri : « Dans mon enfance, dit le général Lamarque, j'avais connu Joséphine chez une Américaine, Mme de Hostein, avec qui elle avait été élevée; elle était alors la femme d'Alexandre Beauharnais, qui se faisait remarquer à l'Assemblée constituante par ses grâces, son esprit et ses principes patriotiques. Je la revis quelques années après

1. « A cet égard, une preuve de plus nous est donnée par un ami de Joséphine, J.-C. Bailleul, qui dit : « Je n'ai point entendu parler de cette anecdote dans le temps, et le mariage était fait quand on en apprit la nouvelle. » (J.-C. Bailleul, *Études sur les causes de l'élévation de Napoléon*, Paris, 1834, t. I, p. 126; Arthur Lévy, *Napoléon intime*, p. 98. — La préexistence des relations avant ce soi-disant épisode, est encore prouvée par les *Mémoires* d'Ouvrard, t. I, p. 19 et 20.

2. *Mémoires de Barras*, t. I, p. 261 et 358.

lorsque je fus chargé de porter à Paris les drapeaux enlevés aux Espagnols à la bataille de Saint-Martial et à la prise de Fontarabie; elle était sortie la veille de prison, ainsi que la bonne Mme Hostein, et nous dînâmes avec le fameux général Santerre qui, enfermé avec ces dames, avait eu beaucoup de soins et de prévenances pour elles. C'est alors que j'entendis citer (thermidor 1794), pour la première fois, la prédiction que lui avait faite une bohémienne : « qu'elle serait un jour reine de France, mais qu'elle ne mourrait pas reine. — « Robespierre a failli la faire man« quer », disait-elle en riant.

« Joséphine épousa Bonaparte : il commandait en chef l'armée d'Italie; le monde retentissait de son nom, et Mme Hostein, sur son lit de mort, me dit d'une voix affaiblie : « Eh bien ! mon ami, la bohé« mienne s'était trompée de lieu; ce n'est pas reine de « France, c'est reine d'Italie que va être Joséphine. »

« Je rapporte ces détails, ajoute le général Lamarque, parce qu'ils consacrent le plus singulier jeu du hasard qui soit peut-être jamais arrivé sur la terre [1] ».

Quand on réfléchit à ce mariage, on ne peut s'empêcher de trouver que le général Bonaparte ne semblait guère fait pour séduire l'élégante et frivole Mme de Beauharnais. On comprend mieux qu'il s'en laissa séduire. Il était loin, par son caractère concentré en lui-même et ses manières plutôt brusques qu'aisées, d'être ce qu'on appelle dans le monde un jeune homme aimable : ce n'était qu'un homme de cœur doublé d'un homme de génie : genre d'homme fort rare et assez peu recherché dans les salons, tant que la célé-

1. Général Lamarque, *Mémoires*, t. I, p. 405.

brité ne leur a pas tressé des couronnes; oh! alors, on se les arrache, on les fête; mais si la célébrité ne vient pas et si l'ensemble de leurs qualités n'est pas dissimulé avec le même soin que d'autres pourraient mettre à cacher leurs défauts ou à afficher leur sottise, sous ce vernis uniforme et de convention qui tend à rendre aux yeux superficiels l'homme de mérite l'égal d'un imbécile, on ne compte pas, on n'est rien. Le monde regarde peu au fond, pourvu qu'il y ait la forme, et il se préoccupe moins de l'étoffe que de la façon, du mérite que du succès : les moins scrupuleux, les plus intrigants, sont les plus habiles; c'est ce qui permet à tant de sots d'escalader si rapidement les degrés de l'échelle sociale. A l'égard des femmes, les hommes ne considèrent aussi que la surface. Dès qu'un visage leur plait, ne vont-ils pas s'imaginer aussitôt qu'il cache toutes les vertus et toutes les perfections, simplement parce qu'il leur plaît? Ils croient, parce qu'ils se mettent à aimer une femme, que cette femme ne pourra pas ne pas les aimer. Aussi est-il très naturel que Bonaparte ait pris feu pour Mme de Beauharnais; mais ce qui l'est moins, c'est que celle-ci ait consenti à épouser un homme qui ne lui apportait que sa jeunesse, son intelligence et son cœur. Il lui apportait aussi, il est vrai, son grade de général; grade qui lui ouvrait la porte de tous les salons officiels, qui devait la faire inviter à toutes les fêtes, qui, chose plus sérieuse, lui apportait son pain, ce qui la décida.

Cependant, en attendant le jour de son mariage, le général Bonaparte n'avait pas beaucoup de temps à consacrer à sa fiancée : il lui donnait tous les moments que son service lui laissait disponibles. Son bonheur pourtant n'était pas sans quelques nuages.

Sa mère, qu'il n'avait point consultée, — sans doute parce qu'il prévoyait que la sage Mme Letizia lui donnerait des conseils qu'il était résolu à ne pas écouter et qu'il pressentait une opposition qu'il aimait mieux ne pas provoquer, — sa mère n'avait appris son projet de mariage que par ses autres fils, Lucien et Joseph. Elle devina bien que puisque son fils Napoléon ne lui demandait pas son autorisation pour épouser Mme de Beauharnais, c'est que le projet de mariage ou plutôt la fiancée ne lui plairait point [1]. Ce mariage était donc mauvais? Il faudrait donc y renoncer? C'est, du moins, ce que Mme Letizia Bonaparte manda à son fils, en le suppliant de bien réfléchir avant de s'engager définitivement, et même d'en rester là. Joseph et Lucien joignirent leurs instances à celles de leur mère... Mais rien n'y fit. La gracieuse créole avait embobeliné le jeune Bonaparte, qui pensait peut-être que ce qui est léger n'est pas forcément infidèle, et elle l'avait amené à cet état d'exaltation amoureuse où l'homme ne veut rien entendre, rien voir, si ce n'est ce qui peut flatter la passion qui le possède, ou contribuer à l'enivrer pour la divinité qu'il adore [2].

Si la famille du général Bonaparte ne voyait pas

1. « La principale raison et même la seule dont elle convînt avec nous, était qu'elle était trop âgée pour son fils, qu'elle ne lui donnerait pas d'enfants... » (Th. Jung, *Lucien Bonaparte et ses Mémoires*, t. II, p. 365.)

2. On lit dans les *Mémoires de Lucien Bonaparte*, lorsque Napoléon s'oppose au mariage de son frère avec la veuve Jouberthon et veut l'empêcher : « Le Consul reviendra de lui-même (c'est Mme Letizia qui parle) à des sentiments fraternels... Il sait bien qu'il n'a pas le droit d'exiger que tu te maries à son goût, plus qu'il ne s'est marié au tien, « ni même au mien », ajoute la maman. » (T. Jung, *Lucien et ses Mémoires*, t. II, p. 363.)

d'un bon œil l'alliance projetée par le jeune Napoléon, le notaire conseil de Mme de Beauharnais s'y montrait également opposé, s'il faut en croire une autre légende rapportée par Bourrienne et qui eut cours tout comme celle du jeune Eugène de Beauharnais allant réclamer au général Bonaparte le sabre de son père. Voici, au reste, ce que raconte Bourrienne : « Lorsque Bonaparte faisait la cour à Mme de Beauharnais, ni l'un ni l'autre n'avait de voiture, et Bonaparte, qui en était éperdument amoureux, lui donnait souvent le bras pour aller chez ses hommes d'affaires. Un jour, ils allèrent ensemble chez le notaire Raguideau... Mme de Beauharnais, qui avait une grande confiance dans Raguideau, allait précisément chez lui ce jour-là pour lui faire part du parti qu'elle avait pris d'épouser le jeune général d'artillerie, protégé de Barras. Joséphine était entrée seule dans le cabinet du notaire. Bonaparte resta à l'attendre dans l'étude où se tenaient les clercs. La porte du cabinet de Raguideau étant mal fermée, Bonaparte l'entendit très distinctement qui faisait tous ses efforts pour détourner Mme de Beauharnais du mariage qu'elle allait contracter. « Vous avez le plus grand tort, lui disait-« il, vous vous en repentirez, vous faites une folie, « vous allez épouser un homme qui n'a que *la cape et* « *l'épée.* » — « Bonaparte, me dit Joséphine en me racon-« tant ces circonstances antérieures, ne m'a jamais « parlé de cela ; et je ne croyais pas même qu'il eût « entendu ce que me disait Raguideau. Pourrez-vous, « Bourrienne, vous figurer mon étonnement, lorsque « le jour du sacre, dès qu'il fut revêtu du costume im-« périal, il dit : « Que l'on aille chercher Raguideau ; « qu'il vienne sur-le-champ, j'ai à lui parler. Ragui-« deau fut promptement amené devant lui et alors il

« lui dit : « Eh bien ! n'ai-je que la cape et l'épée? [1] »

Méneval, qui remplaça Bourrienne auprès de Napoléon comme secrétaire intime, raconte la chose d'une façon bien plus simple et plus naturelle. Son récit doit être regardé comme la vérité : « Peu de jours avant son mariage avec le général Bonaparte, dit-il, Mme de Beauharnais fit appeler son notaire pour l'entretenir de quelques affaires. Lorsque M. Raguideau se présenta, il fut immédiatement introduit auprès de Mme de Beauharnais, qui était encore couchée. Les personnes qui se trouvaient dans sa chambre sortirent à son arrivée, excepté un jeune homme qui n'attira pas l'attention du notaire et qui alla se placer dans l'embrasure d'une croisée. Après avoir causé de quelques dispositions relatives à son prochain mariage, Mme de Beauharnais voulut savoir ce qu'on en disait. M. Raguideau ne lui cacha pas que ses amis voyaient avec peine son union avec un militaire sans fortune, plus jeune qu'elle, qu'il lui faudrait soutenir au service, et qui pouvait être tué à l'armée et la laisser au dépourvu avec des enfants. Mme de Beauharnais lui demanda si c'était aussi son avis. Il n'hésita pas à répondre affirmativement, ajoutant qu'avec sa fortune (elle avait vingt-cinq mille francs de rente [2], elle pouvait faire un mariage plus avan-

1. BOURRIENNE, *Mémoires*, t. VI, p. 237.

2. Le baron de Méneval, en disant que Mme de Beauharnais apportait à son mari vingt-cinq mille livres de rente, était dans l'erreur. C'est encore là une légende. On s'est plu, après les victoires du général Bonaparte en Italie, à augmenter le chiffre de la fortune de Mme de Beauharnais, comme si cela eût pu diminuer le général Bonaparte, d'avoir épousé une femme sans fortune. La vérité est que Mme de Beauharnais, loin d'avoir des revenus effectifs, ne possédait guère que des dettes : elle était

tageux... Il finit par dire, entraîné par son zèle, que cet officier était, sans nul doute, un homme très recommandable, mais qu'enfin il n'avait que la cape et l'épée.

« Mme de Beauharnais le remercia de ses conseils; elle appela ensuite en riant le jeune homme, qui était resté debout devant la fenêtre, jouant sur les carreaux avec ses doigts, et qui n'avait paru prêter aucune attention à l'entretien qui venait d'avoir lieu. Il n'est pas nécessaire de dire que ce jeune homme était le général Bonaparte. « Général, lui dit Mme de « Beauharnais, avez-vous entendu ce que vient de « dire M. Raguideau? — Oui, répondit-il, il a parlé « comme un honnête homme... J'espère qu'il conti- « nuera à se charger de nos affaires, car il m'a dis- « posé à lui accorder ma confiance. » M. Raguideau, apprenant, par ce qu'il venait d'entendre, quel était ce jeune homme, fut un peu déconcerté. Il n'eut pas, au reste, à se repentir de sa franchise. Napoléon tint les promesses du général Bonaparte. Il le nomma notaire de la liste civile.

« Voilà, poursuit Méneval, l'historiette dans toute sa simplicité; le reste fait honneur à l'imagination de ceux qui l'ont arrangée. Ils disent que le jour de son couronnement, l'empereur, revêtu de ses

pressée de trouver un mari pour la tirer d'une situation embarrassée et précaire.

Le jeune Bonaparte, tout à sa bonne fortune, ne s'aperçut sans doute pas de l'air de misère que les quelques épaves d'une aisance passée, jetaient dans l'habitation de sa maîtresse. Habitué à la simplicité de la maison paternelle et des maisons corses, il ne s'aperçut même pas, bien probablement, que le ménage de Mme de Beauharnais s'en allait à la dérive et ressemblait terriblement à l'intérieur de certaines femmes galantes qui mettent tout ce qu'elles ont sur leur dos. Mais l'amour embellit tout.

ornements impériaux, voulut se donner le plaisir de faire venir M. Raguideau, pour se montrer à lui dans sa pompe impériale et lui dit malignement : « Raguideau, *voici la cape et voici l'épée.* » (Il portait une épée sur la garde de laquelle était monté *le Régent*). Je regrette d'avoir à dire que cette petite vengeance, si spirituellement imaginée, n'est pas venue à l'esprit de l'empereur...[1] »

Nos pères aimaient beaucoup ces légendes; ils en avaient imaginé un grand nombre et ils en avaient toujours quelqu'une à raconter, flattant en même temps l'amour-propre du peuple, son goût pour le merveilleux et la vanité de la famille impériale. Ne se plaisait-on pas à dire que Napoléon était venu au monde sur un tapis où se trouvait figuré César ou Alexandre victorieux, et qu'il fallait voir là un présage de l'avenir réservé à cet enfant qui fut, plus tard, le plus grand capitaine des temps modernes? Mme Letizia Bonaparte détruisit elle-même cette légende en déclarant qu'en Corse l'usage n'est point d'avoir des tapis dans les appartements[2]. N'a-t-on pas raconté aussi que sa naissance avait été annoncée au monde par une comète découverte le 8 août 1769 [3] ? On a dit également que Mme Letizia, se reposant un jour à l'ombre d'un arbre et s'étant endormie, des personnes qui étaient avec elle virent tout à coup plusieurs couronnes de lumière voltiger dans l'atmosphère et disparaître, ce qui fit croire à une manifestation divine en faveur de Mme Letizia Bonaparte[4].

1. Méneval, *Mémoires sur Napoléon et Marie-Louise*, t. I, p. 201.
2. Baron Larrey, *Madame Mère*, t. I, p. 51.
3. *Ibid.*, p. 51.
4. *Ibid.*, p. 85, 86.

Sur l'impératrice Joséphine aussi l'on a brodé plus d'une légende semblable, mais quelle est la légende qui ne pâlirait pas devant sa destinée si extraordinaire?

CHAPITRE II

Mariage de la veuve Beauharnais avec le général Bonaparte. — Hôtel de la rue Chantereine. — Amour de Bonaparte et indifférence de Joséphine. — Départ du général pour la guerre. — Correspondance des deux époux. — Bonaparte prie sa femme de venir le rejoindre en Italie. — Joséphine aime mieux rester s'amuser à Paris. — Elle prétexte une grossesse pour ne point partir. — Tendre sollicitude de Bonaparte pour sa femme en apprenant qu'elle est malade. — Il s'accuse d'égoïsme pour lui avoir demandé de venir le rejoindre. — Joséphine doit avouer qu'elle n'est pas enceinte. — Sa froideur pour son mari. — Fête au Luxembourg pour la réception des drapeaux pris par l'armée d'Italie. — Belle journée pour la citoyenne Bonaparte. — Joséphine se décide à partir. — Scène de larmes. — Épisodes du voyage.

Le mariage était fixé au 9 mars 1796 Il eut lieu à dix heures du soir à la mairie du deuxième arrondissement. Un petit incident comique s'y produisit, qui égaya beaucoup l'assistance. Le maire, habitué sans doute à se coucher de bonne heure, s'était endormi; c'est le général Bonaparte qui le réveilla.

Les actes de l'état civil ne se tenaient pas alors avec une bien rigoureuse exactitude. Mme de Beauharnais en profita pour se rajeunir de quatre ans [1]. Cela dut faire quelque plaisir au général qui, ne voulant pas demeurer en reste d'amabilité, lui fit de son côté la gracieuseté de se vieillir d'une année. Malgré ces concessions réciproques (il en faut toujours faire quand on se marie), les âges ne parvenaient pas encore à s'accorder; mais qu'importent quelques années de plus ou moins quand l'amour est là pour combler les différences d'âge ou autres qui peuvent exister? Les témoins de la jeune femme étaient Barras, son ancien amant, et Tallien, mari de son amie la plus intime; le général Bonaparte avait choisi le jeune capitaine Lemarrois, son aide de camp, celui qui, plus tard, devait s'illustrer par sa belle défense de Magdebourg, et un homme de loi, M. Calmelet, — singulier nom, comme on n'a pu s'empêcher de le remarquer, pour le témoin d'un mariage d'amour!

Aucune des deux familles n'était représentée.

Il n'y eut point de sanction religieuse à ce mariage: Joséphine n'avait pas de religion; elle n'avait que de la superstition.

Depuis le mois de janvier, Mme de Beauharnais avait quitté l'hôtel de la rue de l'Université, où elle vivait

1. A en croire le général Tercier, qui a connu intimement à la Martinique la famille Tascher de la Pagerie et la jeune Joséphine, cette concession aurait été un peu trop modeste. Il dit en effet : « C'est vers ce temps (1778) que partit pour la France le vaisseau le *Fier*, de cinquante canons... emmenant avec lui celle qui devait être un jour impératrice des Français. Elle avait dix-huit ans, quoique l'*Almanach impérial* lui ait toujours donné neuf à dix ans de moins que son âge. Je l'accompagnai, etc. » (*Mémoires politiques et militaires du général Tercier*, p. 21.) D'après le général Tercier, dont le témoignage doit faire autorité, elle aurait donc eu (faut-il le dire?) trente-six ans au moment de son mariage.

avec sa tante, Fanny de Beauharnais[1], et était venue s'installer avec elle au n° 6 de la rue Chantereine, dans le petit hôtel qu'elle venait d'acheter à la femme de Talma, Julie Carreau, qui en était propriétaire; un modeste à-compte avait été donné sur le prix total de l'immeuble. Elle avait envoyé ses enfants, dont la présence était plus qu'inutile en ce moment, à Saint-Germain; Hortense pleura beaucoup, a dit Mme Campan, entre les mains de qui elle avait été remise, lorsqu'elle sut que sa mère allait changer de nom [2].

Le général Bonaparte est au comble du bonheur: la belle veuve qu'il aime, qu'il aime à la folie, qui pour lui est tout, lui appartient et pour toujours! Elle est sa femme!... Il se laisse aller librement,

1. Mme Fanny de Beauharnais, née en 1738, se piquait de littérature et avait un salon de gens de lettres. On rencontrait chez elle Dorat, Bitaubé, Rétif de la Bretonne, etc., et, avant cette époque, elle en avait reçu bien d'autres : « Elle avait la délicatesse et l'habileté de ne point seulement recevoir, mais encore d'accueillir. Elle savait écouter et paraître écouter quand elle n'écoutait pas. Elle avait dit dans sa vie deux ou trois jolis mots et ne les redisait que de loin en loin. » (DE GONCOURT, *la Société française pendant la Révolution*, p. 9.) Si la maîtresse de maison était bonne, sa table ne l'était pas moins et l'on venait peut-être plus pour l'une que pour l'autre. Mais elle s'était donné un travers. Non contente de lire ou d'écouter les productions de ses amis, elle s'était mise elle-même à écrire. Elle a composé quelques romans : *la Fausse inconstance*, *les Amants d'autrefois*, etc., des comédies et des poésies. Plus tard, elle en fit même sur le mari de sa nièce, sur Napoléon! A en croire le poète Lebrun, elle n'aurait pas eu que ce travers; elle en eût un autre que sa nièce Joséphine n'avait pas été longue à lui emprunter. Voici, en effet, ce que Lebrun a dit d'elle :

> *Eglé*, belle et poète, a deux petits travers :
> Elle fait son visage et ne fait pas ses vers.

Les œuvres de Mme Fanny de Beauharnais sont oubliées, mais, grâce à Lebrun, ses ridicules ne le seront jamais.

2. *Correspondance de Mme Campan avec la reine Hortense*, introduction, p. 14.

naïvement, avec l'entière inexpérience de son âge, à lui dire tout son amour, pensant ainsi provoquer le sien : comme si une femme aimait parce qu'elle est aimée ! Sentant vaguement, sans peut-être s'en rendre compte, que le cœur de sa femme ne sonne pas tout à fait du même son que le sien, il s'imagine, le pauvre garçon, que c'est parce qu'il n'aime pas assez fortement, ou du moins parce qu'il ne sait pas exprimer ses sentiments, et son amour redouble.

Il faut le dire, le cœur de Joséphine était loin de battre à l'unisson. Une coquette a naturellement le cœur sec; elle n'a, de l'amour, que les semblants et l'aime moins pour lui-même et pour l'homme, que pour ce qui va généralement avec l'amour et avec l'amant : compliments, cadeaux, adulations, dîners, spectacles, bals et fêtes de toute sorte. N'aimant pas, Mme Bonaparte ne pouvait comprendre l'exaltation du cœur de son jeune mari; et, comme ce qu'on ne peut comprendre devient bien vite ce qu'on ne peut souffrir, elle accueillait avec froideur les tendresses, l'amour de son mari. Etait-ce parce que la mode alors, dans un certain monde, — le grand monde du temps de Louis XV et de Louis XVI — était de ne pas aimer son mari ? Il est permis de le croire, car elle y avait bien répondu, avant le mariage, à cet amour ! Elle l'avait même recherché. Mais maintenant qu'elle avait ce qu'elle voulait, qu'elle était mariée, mariée à un homme qui lui donnait un rang distingué dans le monde, elle voulait jouir de tous les avantages que lui avait apportés son union; quant aux charges... à vrai dire, il n'y en avait qu'une, et c'était le mari !

Elle n'eut cependant pas à se plaindre sous ce rapport deux jours après son mariage, le général Bonaparte partait pour l'Italie et la laissait à Paris, libre d'y mener la vie de plaisirs qu'elle aimait par dessus tout au monde. D'après Barras, Bonaparte aurait poussé la naïveté jusqu'à la confier à ses bons soins.

La « tiédeur » de Joséphine avait subsisté après son mariage; et, comme en amour tiédeur est synonyme de froideur, le général Bonaparte, tout amoureux qu'il était, avait bien été obligé de s'en apercevoir. Ce n'était encore que le soupçon, la crainte de n'être pas aimé comme il aimait lui-même. Peut-être avait-il cru, jusqu'au jour du mariage, que la « tiédeur » de Joséphine, si elle en montrait alors, tenait à de certains scrupules — que Joséphine était bien incapable d'avoir, — et que le mariage devait faire tomber aussitôt; mais il n'en était rien. « Les deux jours qui ont suivi le mariage ont-ils suffi pour jeter dans l'âme de Napoléon ce doute troublant qui ne le quittera plus un instant pendant cette miraculeuse campagne d'Italie[1] ? »

Loin de l'objet aimé, l'amour augmente et s'exalte, du moins chez les hommes, par l'effet même de l'éloignement. Bonaparte n'est pas à l'abri de la loi commune. A peine a-t-il un instant à lui, au relais de Chanceaux, qu'il écrit à sa femme bien-aimée :

« Je t'ai écrit de Châtillon et je t'ai envoyé une procuration pour que tu touches certaines sommes qui me reviennent...

« Chaque instant m'éloigne de toi, adorable amie, et à chaque instant je trouve moins de force pour supporter d'être éloigné de toi. Tu es l'objet perpétuel de ma pensée ; mon imagination s'épuise à chercher ce que tu fais. Si je te vois triste, mon cœur se déchire

1. Arthur Lévy, *Napoléon intime*, p. 112.

et ma douleur s'accroît; si tu es gaie, folâtre avec tes amis, je te reproche d'avoir oublié la douloureuse séparation de trois jours; tu es alors légère, et dès lors tu n'es affectée par aucun sentiment profond.

« Comme tu vois, je ne suis pas facile à me contenter; mais, ma bonne amie, c'est bien autre chose si je crains que ta santé soit altérée ou que tu aies des raisons d'être chagrine, que je ne puis deviner; alors je regrette la vitesse avec laquelle on m'éloigne de mon cœur. Je sens vraiment que ta bonté naturelle n'existe plus pour moi, et que ce n'est que tout assuré qu'il ne t'arrive rien de fâcheux que je puis être content. Si l'on me fait la question si j'ai bien dormi, je sens avant de répondre que j'aurais besoin de recevoir un courrier qui m'assurât que tu as bien reposé. Les maladies, la fureur des hommes, ne m'affectent que par l'idée qu'ils peuvent te frapper, ma bonne amie. Que mon génie, qui m'a toujours garanti au milieu des plus grands dangers, t'environne, te couvre, et je me livre à découvert. Ah ! ne sois pas gaie, mais un peu mélancolique, et surtout que ton âme soit exempte de chagrin, comme ton corps de maladie : tu sais ce que dit là-dessus notre bon Ossian.

« Ecris-moi, ma tendre amie, et bien longuement, et reçois les mille et un baisers de l'amour le plus tendre et le plus vrai. »

Bonaparte, dans la préoccupation de son amour, oublie, à ce qu'il semble, qu'il est maintenant marié, et, par habitude sans doute, il met sur cette lettre comme suscription : *A la citoyenne Beauharnais, rue Chantereine, n° 6, à Paris.*

L'amour de Bonaparte pour sa femme est bien le

véritable amour : « Ah ! ne sois pas gaie, mais un peu mélancolique... » Cette recommandation n'est-elle pas en même temps un reproche ? Ne veut-elle pas dire que Bonaparte a remarqué que sa femme était non pas moins triste, mais plus gaie qu'il n'eût été tout au moins convenable de l'être, au moment du départ de son mari pour la guerre ? et cela, deux jours après le mariage ! Non, Joséphine, alors, n'aimait pas son mari ; elle était contente de le voir partir, non pas dans la pensée qu'il pourrait lui arriver malheur à la guerre ; oh ! non, elle était si bonne ! mais simplement à l'idée que, lui parti, elle serait libre, absolument libre de s'amuser sans contrôle à Paris ; libre d'aller aux fêtes du Luxembourg auprès de son amie, la citoyenne Tallien, sans qu'un mari morose et jaloux y trouve à redire ; libre d'aller aux soupers du joyeux directeur Barras, soit au Luxembourg, soit à Croissy, sans l'autorisation problématique du général ou sans son importune surveillance ; libre d'aller, l'été, au Wauxhaal champêtre de Saint-Germain-en-Laye, aux fêtes de Saint-Cloud, de Sèvres, de Passy, de Mousseaux ; libre d'aller se faire coudoyer dans la foule qui se presse à Tivoli, libre d'aller voir les représentations licencieuses d'Idalie, de rivaliser avec la citoyenne Tallien et avec Mlle Lange, de succès, d'œillades et d'hommages ! Est-ce que tout cela ne vaut pas mieux que l'amour, qu'un amour de collégien, avec accompagnement de lectures d'Ossian ? car, tout général qu'il est, Bonaparte est-il autre chose qu'un collégien, en amour ?

Le pauvre garçon ! est-il assez pris ! Il est arrivé à Nice ; puis le voilà à Port-Maurice, à la tête d'une armée, pas bien belle, à la vérité, manquant de tout, une sorte d'armée de rebut, comme il est, lui, un général dont on se débarrasse en lui donnant le commandement le moins envié. Eh bien ! au lieu de tirer vanité d'un commandement dont, à tout prendre, il a le droit d'être fier; au lieu de jouir de la vie, de sa jeunesse et de son grade, il travaille comme un officier subalterne le pourrait faire pour attirer sur lui l'attention et les faveurs de ses chefs; il travaille jour et nuit, et malgré tant de travaux il trouve encore du temps à donner à son amour, à sa femme qu'il aime à la folie. Il lui adresse des lettres dans lesquelles il verse tout son cœur, toute son âme, et qui brûlent d'un amour pur, ardent, jeune et tendre en même temps que passionné. Il lui écrit : « Mon unique Joséphine, loin de toi il n'est pas de gaieté; loin de toi le monde est un désert où je reste isolé, et sans éprouver la douceur de m'épancher. Tu m'as ôté plus que mon âme; tu es l'unique pensée de ma vie. Si je suis ennuyé du tracas des affaires, si j'en crains l'issue, si les hommes me dégoûtent, si je suis prêt à maudire la vie, je mets la main sur mon cœur; ton portrait y bat, je le regarde, et l'amour est pour moi le bonheur absolu, et tout est riant hors le temps que je me vois absent de mon amie [1]. »

C'est une bien ennuyeuse corvée que de répondre à des lettres d'amour, quand on n'aime pas soi-même. Cependant, la citoyenne Bonaparte le fait, par complaisance; elle est si bonne! Et puis, il y a si peu de temps encore qu'elle est mariée : il faut bien faire quelque chose pour son époux; que serait la vie sans de mutuelles concessions? elle n'est pas une égoïste : elle se sacrifie, elle écrit! Ses lettres mettent le

1. Imbert de Saint-Amand, *la Citoyenne Bonaparte*, p. 7.

bonheur au cœur de celui qui les reçoit. Il ne se fait pas prier, lui, pour y répondre. Reportez-vous, par la pensée, à ce temps où, à peine sorti du collège, vous receviez vos premières lettres de femme ; à cet âge où l'on aime si fortement que l'on se demande comment une femme, cet être divin dont on ne peut penser qu'on soit digne un jour, comment une femme a daigné vous distinguer, a bien voulu condescendre jusqu'à vous écrire! Oh! une lettre de femme! une lettre de la femme aimée! Bonaparte, à vingt-sept ans, n'en avait que vingt. Quelques lignes de sa femme le jettent dans des transports de bonheur qui étonnent celle qui les provoque. Car, comme l'a dit La Rochefoucauld, l'absence éteint les petites passions et accroît les grandes comme un vent violent qui souffle les chandelles et allume les incendies. Jamais observation ne put s'appliquer mieux que celle-là, aux sentiments réciproques de ces deux jeunes époux.

« Par quel art, écrit Bonaparte, as-tu su captiver toutes mes facultés, concentrer en toi mon existence morale? Vivre pour Joséphine! voilà l'histoire de ma vie. J'agis pour arriver près de toi; je me meurs pour t'approcher. Insensé! Je ne m'aperçois pas que je m'en éloigne. Que de pays, que de contrées nous séparent! que de temps avant que tu lises ces caractères, faibles expressions d'une âme émue où tu règnes[1]! »

Un mot aimable de Joséphine suffisait pour jeter son mari dans ces enivrements extatiques. Mais les lettres enflammées de Bonaparte ne réussissaient pas à réchauffer la « tiédeur » de sa femme.

Tout amant croit aux protestations d'amour de la

1. Imbert de Saint-Amand, *la Citoyenne Bonaparte.*

femme qu'il aime. Mais, quand il a des doutes sur cet amour, une fois la protestation d'amour faite ou lue, les doutes renaissent plus lancinants que jamais; on croit que la complaisance a dicté la protestation. Le pauvre Bonaparte en était là : ne trouvant pas dans les rares, froides et courtes épitres de sa femme, les sentiments qui bouillonnaient dans son propre cœur, il n'était pas loin de s'imaginer qu'il était trahi, ou tout au moins indifférent à sa belle et indolente épouse. En amour, indifférence n'est-ce pas trahison? Il doute de son amour, il doute de sa fidélité, il doute de tout, et le bonheur, malgré bien des lettres passionnées, n'habitera plus dans son cœur.

Et cependant la vie militaire devrait lui en donner : il n'a pas été long, ce jeune général, à mettre sa petite armée sur un pied redoutable. Lui, si faible devant une femme, il a su jeter au cœur de ses hommes les sentiments qui font les héros. Lui-même, n'est-ce pas l'amour qui l'illumine et lui souffle ce génie improvisateur des choses, des soldats et des victoires! Montenotte, Millesimo, Mondovi, sont des fruits de son amour pour sa femme, amour vrai, jeune, ardent, infini. L'amour n'est-il pas l'état de lucidité suprême qui permet de lire dans le livre de Dieu? Saint Augustin l'a deviné dans son temps, car il a écrit : « Donnez-moi un homme qui aime, et il comprendra tout! ».

Ces brillants succès, gages de succès plus grands encore ne distraient pas Bonaparte de sa passion. Cette passion l'occupe peut-être plus que jamais. Mais maintenant qu'il est sûr d'une marche victorieuse, prévoyant cependant que la fougue de cette marche n'empêchera pas l'Autriche de faire les sacrifices les plus grands pour ne pas se laisser enlever l'Italie, par conséquent qu'il devra rester encore de longs mois à combattre en Italie, il ne peut se résoudre à passer tout ce temps sans voir sa Joséphine. Elle était son idée fixe. Aussi lui écrivait-il de venir le rejoindre. « Le général Bonaparte, a dit Marmont, quelque occupé qu'il fût de sa grandeur, des intérêts qui lui étaient confiés et de son avenir, avait encore du temps pour se livrer à des sentiments d'une autre nature ; il pensait sans cesse à sa femme. Il la désirait, il l'attendait avec impatience... Il me parlait souvent d'elle et de son amour, avec l'épanchement et l'illusion d'un très jeune homme. Les retards continus qu'elle mettait à son départ le tourmentaient péniblement, et il se laissait aller à des mouvements de jalousie et à une sorte de superstition qui était fort dans sa nature.

« Un jour, la glace du portrait de Joséphine qu'il portait toujours sur lui, se cassa par hasard ; il pâlit d'une manière effrayante : « Marmont, dit-il, ma « femme est bien malade ou infidèle[1]. »

Il y a là, ce semble, en outre de l'inquiétude, cet abandon, cette confiance de la toute jeunesse, qui font dire à un ami — Marmont avait été le camarade de Bonaparte à l'école militaire — sans arrière-pensée, naïvement, les sentiments qui agitent son âme. Mais de quel amour était capable le cœur de Bonaparte !

Quelle femme n'eût été heureuse d'avoir fait naître une telle passion ? Quelle femme n'eût été fière d'être aimée d'un homme dont le génie fixait sur lui les yeux de toute l'Europe, et dont les exploits dépassaient déjà, et il était tout jeune, ceux des plus illustres capitaines dont l'histoire fasse mention ? Elle était pourtant à l'âge où les divines jouissances de la gloire

1. Marmont, *Mémoires*, t. I, p. 188. — Ségur, *Mémoires*, t. I, p. 242.

venant décupler les jouissances plus divines encore de l'amour, peuvent être le p us appréciées et goûtées de la femme; à vingt ans, elle ne le saurait pas! Oh! comme d'autres femmes eussent été heureuses, et de cœur et d'âme, à la place de la citoyenne Bonaparte!

Mais elle? point. Que veut-elle, après tout? Que son mari la laisse tranquillement jouir, à Paris, de la gloire dont il se couvre là-bas, en Italie. Est-ce donc bien difficile, de la laisser tranquille? Et pourquoi le général la persécute-t-il, avec cette singulière idée de la faire venir en Italie? Est-ce qu'une femme doit suivre son mari? Est-ce que c'est la mode? Depuis quand les femmes vont-elles à la guerre? Oh! non, ce serait du plus mauvais goût; l'y obliger, ce serait par trop tyrannique, par trop corse! Et puis, Paris est si agréable! On y est si aimable pour elle! Son mari s'il l'aimait vraiment, ne devait-il pas être heureux de la voir recueillir des hommages qui, en réalité, s'adressent à lui? Oui, à Paris elle entendait la foule, s'entr'ouvrant respectueusement devant elle, la saluer au passage comme une divinité et caresser délicieusement ses oreilles du beau nom de « Notre-Dame-des-Victoires [1]! »

Entendrait-elle ailleurs de pareilles acclamations? Et puis, ces acclamations n'ont de prix qu'à Paris..: Oh! oui, c'était bien là le bonheur; elle n'en désirait pas d'autre. Pourquoi venir la déranger? Si son mari l'aime vraiment, qu'il la laisse donc jouir en paix de son bonheur à Paris!

Le général Bonaparte, en effet, la persécutait, la tourmentait. Et pourquoi? Egoïste, comme tous les hommes, il aimait sa femme et la désirait près de lui.

1. Duchesse D'ABRANTÈS, *Mémoires*, t. II, p. 52.

Quelle tyrannie! Il lui écrivait lettres sur lettres pour l'engager à se mettre en route et venir le rejoindre en Italie. Il l'aimait tant! Ses brillantes victoires, sa gloire, l'admiration enthousiaste de ses troupes, rien ne comptait pour lui si sa femme n'était pas à ses côtés pour en jouir également. Ce héros, ce génie se mettait à ses genoux, pleurait, oui, pleurait comme un enfant, si elle ne prenait pas pitié de son pauvre cœur...

Mais, parler cœur, parler amour, c'était bien perdre son temps auprès de la légère créole qui ne raffolait que de grelots et de carnaval. Son mari ne savait pas encore qu'il lui parlait un langage qu'elle ne comprenait pas, du moins quand c'est lui qui le lui tenait; et, la belle nonchalante, froide et insensible, répondait le moins souvent qu'elle pouvait aux lettres passionnées du jeune et glorieux général en chef de l'armée d'Italie.

On a dit souvent que Bonaparte avait fait une affaire en épousant Mme de Beauharnais. Lequel des deux en avait les bénéfices?

Elles étaient pourtant bien pleines d'amour, les lettres que son mari lui envoyait d'Italie; de sa gloire, il n'en parlait pas, si ce n'était pour la déposer comme un hommage aux pieds de celle qu'il adorait. Comme elle avait su se faire aimer, ou plutôt comme il l'aimait! Et cela naturellement, franchement, exclusivement, comme toute femme doit rêver d'être aimée. L'amour redouble la puissance de toutes nos facultés, excepté toutefois celles d'examen de la personne aimée; c'est le seul point sur lequel on s'aveugle : c'est à l'amour, il faut le répéter, qu'était due, en partie, cette fougue de génie avec laquelle Bonaparte mena si brillamment les campagnes d'Italie.

Fontenelle n'a-t-il pas attribué à l'amour le génie de Corneille? Sans prétendre faire remonter à l'amour le génie du général Bonaparte, il est permis de se faire cette question : si Joséphine avait répondu à l'adoration de son mari, comme toute femme de cœur, ou même simplement d'esprit, l'eût fait à sa place, le héros d'Italie n'aurait-il pas accompli, si c'est possible, de plus grandes choses encore? A moins qu'il ne faille attribuer ces prodiges à l'amour malheureux : il y en a eu plus qu'on ne pense de grandes choses accomplies par désespoir d'amour, et ce que le poète a dit pour les beaux vers :

> Les plus désespérés sont les chants les plus beaux,
> Et j'en sais d'immortels qui sont de purs sanglots!

ne peut-il s'appliquer à tous les chefs-d'œuvre sortis du cerveau ou de la main des hommes?

Il était si grand, cet amour pour Joséphine, que le général Bonaparte qui en a parlé à son aide de camp Marmont, ne peut s'empêcher, en écrivant au directeur Carnot, de lui dire : « Je vous dois des remerciements particuliers pour les attentions que vous voulez bien avoir pour ma femme; elle est patriote sincère, et je l'aime à la folie [1] ».

Et à son frère Joseph, il écrivait, le même jour, sous l'empire des mêmes sentiments de sollicitude, d'inquiétude amoureuse :

« Je suis au désespoir de savoir ma femme malade; ma tête n'y est plus et des pressentiments affreux agitent ma pensée; je te conjure de lui prodiguer tous

1. *Correspondance de Napoléon Ier*, t. I, p. 251, pièce 366. Plaisance, 9 mai 1796.

tes soins... Après ma Joséphine, tu es le seul qui m'inspire encore quelque intérêt; rassure-moi, parle-moi vrai; tu connais mon amour, tu sais comme il est ardent, tu sais que je n'ai jamais aimé, que Joséphine est la première femme que j'adore; sa maladie me met au désespoir... Si elle se porte bien, qu'elle puisse faire le voyage, je désire avec ardeur qu'elle vienne, j'ai besoin de la voir, de la presser contre mon cœur, je l'aime à la fureur et je ne puis rester loin d'elle. Si elle ne m'aimait plus, je n'aurais plus rien à faire sur la terre. Oh! mon bon ami, fais en sorte que mon courrier ne reste que six heures à Paris et qu'il revienne me rendre la vie... Adieu, mon bon ami... [1] »

Le général Bonaparte a toujours cru aux pressentiments : il parle à son frère Joseph des « pressentiments affreux qui agitent sa pensée. » Il va parler maintenant à deux reprises, à sa femme, dans une lettre datée de Tortone, 15 juin 1796, de ses « pressentiments funestes. » Cette lettre est très remarquable et continue de montrer quel amour infini est le sien :

« Ma vie est un cauchemar perpétuel. Un pressentiment funeste m'empêche de respirer. Je ne vis plus, j'ai perdu plus que la vie, plus que le bonheur, plus que le repos; je suis presque sans espoir. Je t'expédie un courrier. Il ne restera que quatre heures à Paris et puis m'apportera ta réponse.

« Écris-moi dix pages : cela seul peut me consoler

1. *A Joseph*, au quartier général à Tortone, le 27 prairial 1796. — Collection Charavay, n° 574. Lettre citée dans *Napoléon intime*, par M. ARTHUR LÉVY, p. 116-117.

un peu. Tu es malade, tu m'aimes, je t'ai affligée, tu es grosse, et je ne te vois pas. J'ai tant de torts envers toi que je ne sais comment les expier. Je t'accuse de rester à Paris, et tu y étais malade. Pardonne-moi, ma bonne amie; l'amour que tu m'as inspiré m'ôte la raison; je ne la retrouverai jamais.

« L'on ne guérit pas de ce mal-là. Mes pressentiments sont si funestes que je me bornerais à te voir, à te presser deux heures sur mon cœur et mourir ensemble. Qui est-ce qui a soin de toi? J'imagine que tu as fait appeler Hortense; j'aime mille fois plus cette aimable enfant depuis que je pense qu'elle peut te consoler un peu. Quant à moi, point de consolation, point de repos, point d'espoir jusqu'à ce que j'aie reçu le courrier que je t'expédie et que, par une longue lettre, tu m'expliques ce que c'est que ta maladie et jusqu'à quel point elle doit être sérieuse. Si elle est dangereuse, je t'en préviens, je pars de suite pour Paris... J'ai été toujours heureux, jamais mon sort n'a résisté à ma volonté, et aujourd'hui je suis frappé dans ce qui me touche uniquement. Sans appétit, sans sommeil, sans intérêt pour l'amitié, pour la gloire, pour la patrie; toi, toi, et le reste du monde n'existe pas plus pour moi que s'il était anéanti. Je tiens à l'honneur, puisque tu y tiens, à la victoire puisque cela te fait plaisir, sans quoi j'aurais tout quitté pour me rendre à tes pieds. Ma bonne amie, aie soin de me dire que tu es convaincue que je t'aime au delà de tout ce qu'il est possible d'imaginer; que tu es persuadée que tous mes instants te sont consacrés, que jamais il ne passe une heure sans penser à toi : que jamais il ne m'est venu dans l'idée de penser à une autre femme; qu'elles sont toutes à mes yeux sans grâce, sans beauté et sans esprit ; que toi, toi tout entière, telle que je te vois, que tu es, pouvais me plaire et absorber toutes les facultés de mon âme ; que tu en as touché toute l'étendue ; que mon cœur n'a point de replis que tu ne voies, point de pensées qui ne te soient subordonnées ; que mes forces, mes bras, mon esprit sont tout à toi ; que mon âme est dans ton corps, et que le jour où tu aurais changé, ou le jour où tu cesserais de vivre, serait celui de ma mort ; que la nature, la terre n'est belle à mes yeux que parce que tu l'habites. Si tu ne crois pas tout cela, si ton âme n'en est pas convaincue, pénétrée, tu m'affliges, tu ne m'aimes pas. Il est un fluide magnétique entre les personnes qui s'aiment. Tu sais que jamais je ne pourrais te voir un amant, encore moins t'en souffrir un : lui déchirer le cœur et le voir serait pour moi la même chose ; et puis, si je pouvais porter la main sur ta personne sacrée... Non, je ne l'oserais jamais, mais je sortirais d'une vie où ce qui existe de plus vertueux m'aurait trompé. Je suis sûr et fier de ton amour. Les malheurs sont des épreuves qui nous décèlent mutuellement la force de notre passion. Un enfant adorable comme sa maman va voir le jour dans tes bras. Infortuné, je me contenterais d'une journée ! Mille baisers sur tes yeux, sur tes lèvres. Adorable femme, quel est ton ascendant ! je suis bien malade de ta maladie. J'ai encore une fièvre brûlante ! Ne garde pas plus de six heures le courrier, et qu'il retourne de suite me porter la lettre chérie de ma souveraine[1]. »

Cette lettre, débordante d'amour, d'amour vrai et sincère, est très curieuse, à tous les points de vue.

1. Imbert de Saint-Amand, *la Citoyenne Bonaparte*, p. 48-50.

Comme Bonaparte se fait petit garçon devant celle qu'il adore ! Il s'accuse, le pauvre, de l'avoir affligée en lui demandant de venir le rejoindre en Italie ! Il ne savait pas qu'elle souffrait, qu'elle était grosse ! Il est malade de la savoir souffrante ! Est-il possible d'être plus tendre, plus amoureux de sa femme ? Non. Mais il n'est pas possible non plus, d'être plus insensible, moins désireuse de voir son mari, que ne l'est la citoyenne Bonaparte. C'est pour ajourner un départ auquel elle ne peut se résoudre, — elle s'amuse tant à Paris ! — qu'elle a annoncé à son mari des symptômes de grossesse, — quitte à lui dire plus tard qu'elle s'était trompée. Le mensonge ne lui a jamais coûté, du reste ; elle ment hardiment et c'est une habitude détestable qu'elle conservera toute sa vie : cela lui est si commode de mentir, quand le mensonge peut servir ses projets, dissimuler ses peccadilles ? Oh ! comme elle est femme ! Mais femme vulgaire : la dignité morale est ce qui la préoccupe le moins. La dignité morale ? Qu'est-ce que c'est que que cela ? Personne ne la voit...

Joséphine est agacée d'avoir à répondre à des lettres qu'elle juge absurdes : elle n'en comprend nullement l'exaltation ; n'aimant pas, comment pourrait-elle comprendre le langage de l'amour ? Les femmes, qui savent si bien feindre les sentiments qu'elles n'ont pas, surtout l'amour, se tirent cependant fort bien de ces sortes de situations. Malgré tout le talent que la citoyenne Bonaparte avait pour ne pas dire toujours ce qu'elle pensait et dissimuler ce qu'elle aimait mieux ne pas dire, sa paresse naturelle l'empêchait de répondre régulièrement aux lettres de son mari. Elle s'irritait de cet amour qui, même à distance, ne lui laissait pas de repos, et, comme il n'est rien de plus impatientant que d'être l'objet d'une passion que l'on ne partage pas, et à laquelle le devoir, ou plutôt les convenances vous obligent pourtant à répondre, elle laisse échapper, après avoir lu l'épitre amoureuse du général avec un air détaché qui semblait dire : je m'en moque, ce mot d'impatience, enveloppé dans la forme d'un bon goût indulgent : « Il est drôle, ce Bonaparte![1] »

Pauvre Bonaparte! Comme son amour est compris! Sa femme, par bonté d'âme, veut bien le trouver *drôle!*... Et il est à trois cents lieues d'elle, exposé aux balles, aux boulets, à la fièvre! Il a pris sur son sommeil, après des journées de fatigue accablante, après des marches sous le soleil brûlant de l'Italie, il a pris une heure sur son repos qui doit être si court, pour écrire cette longue lettre à sa femme, lettre qui devrait la transporter de bonheur; eh bien! non, elle trouve *drôle* qu'il lui ait écrit ces choses! En effet, les lettres d'amour, lues de sang-froid, paraissent stupides.

Une passion forte et virile comme celle du général Bonaparte n'était pas faite pour être comprise de sa femme. Un amour sérieux? Fi donc... Est-ce que c'est sérieux, l'amour?... Est-ce que c'est sérieux, le mariage?... Et l'amour dans le mariage... Ah! fi. S'aimer! Mais ce serait horriblement bourgeois... mais ce serait à périr d'ennui! Décidément « il est drôle, ce Bonaparte. » Ce qui chez elle, veut dire qu'il n'est pas drôle.

Ce qu'il faudrait à la nonchalante et superficielle créole, c'est les hommages élégants et plats d'un homme nul, les pauvretés amoureuses d'un homme

1. Arnault, *Souvenirs d'un sexagénaire*, t. II, p. 292.

riche et à la mode, amours de salon enrubannées comme des moutons de Watteau et de Boucher, mais pimentées aussi par un peu de contrebande, comme dans les délicieuses polissonneries de Fragonard ; amours légères qui ne donnent point de soucis, qui ne rident ni le cœur ni le front surtout : elle l'a si pur, le front ! C'est un vrai marbre ! Hélas, oui, tout est de marbre en elle, et le cœur aussi.

Du reste, cette bonne citoyenne Bonaparte ne faisait pas mystère de son indifférence à l'égard de son mari. Un jour Bailleul, invité à dîner par elle, lui parle de son mari, lui demande ce qu'elle en pense : « Je crois Bonaparte un fort brave homme », répond-elle négligemment, comme si elle pensait à autre chose. Et Bailleul, qui a trouvé que cette réponse méritait de ne pas être laissée dans l'oubli, ajoute : « Tout cela n'est ni bien sentimental, ni bien romanesque. Il y a loin de là à la jolie petite histoire de l'enfant (le jeune Eugène allant réclamer auprès du général Bonaparte l'épée de son père)... Le mécontentement qu'elle manifesta au cours de cette conversation explique, d'ailleurs, assez bien comment à des lettres brûlantes d'amour elle ne répondait point, ou répondait deux ou trois lignes indifférentes. [1] »

Il est certain que les lettres d'amour de son mari l'importunaient. Il était drôle, aussi, ce Bonaparte ! Oh ! comme ces hommes sont exigeants ! L'amour... est-ce que cela vaut la peine de se déranger ? Et puis, s'il l'aime réellement, comme il le dit, que ne la laisse-t-il en paix sans l'importuner de missives lui

1. BAILLEUL, *Etude sur les causes de l'élévation de Napoléon Ier*, t. I, p. 138. Paris, 1834. — ARTHUR LÉVY, *Napoléon intime*, p. 113.

répétant toujours la même antienne? Il l'aime : eh! elle ne l'en empêche pas, quoique ce soit de fort mauvais ton de s'aimer dans le mariage, mais, pour Dieu! qu'il ne l'importune donc pas de cet amour! Elle est sa femme : que désire-t-il davantage? Il lui donne de la gloire?... C'est son métier de mari, son métier de soldat : mais qu'il la laisse donc faire en paix, encore une fois, son métier de jolie femme! Quant à l'aller rejoindre en Italie, ah! non; ce serait trop ridicule, cela ne se fait pas; est-ce qu'elle avait suivi M. de Beauharnais, avant la Révolution, dans les différentes garnisons où il avait été envoyé? Aller à la guerre, non, la mode ne le permet pas, et la citoyenne Bonaparte n'est-elle pas avant tout une femme à la mode?

Hélas! elle n'était que cela!... Elle aimait les plaisirs de la vie mondaine; « elle aimait à jouir de cette gloire et des acclamations qui retentissaient sur son passage à chaque nouvelle de l'armée d'Italie[1] » et chaque nouvelle était une victoire; elle aimait les fêtes qui se donnaient alors volontiers à la femme du général victorieux. Mais hélas! les hommages dont on l'entourait lui faisaient complètement oublier celui à qui elle les devait, et, de bonne foi, elle se fût volontiers imaginée qu'elle ne les devait qu'à elle-même. Comment, en effet, croire qu'elle en était redevable à son mari, ce petit homme maigre et pâle, ce galeux[2], et qu'elle n'aimait pas? Depuis quand un homme a-t-il du mérite, quand sa femme ne l'aime

1. Arnault, *Souvenirs d'un sexagénaire*, t. II, p. 292.

2. Au siège de Toulon, Bonaparte maniant un écouvillon manié précédemment par un canonnier qui avait la gale, avait été atteint lui aussi de cette maladie. Il ne put s'en défaire qu'après de longues années.

pas? « Est-il drôle, ce Bonaparte! » Il ne le sait pas encore!

L'armée d'Italie, depuis que le colonel Marmont avait porté à Paris les premiers drapeaux qu'elle avait pris à l'ennemi, avait fait une nouvelle et abondante moisson de drapeaux. Le général Bonaparte envoya ceux-là, comme les autres, au Luxembourg. Il choisit, pour les porter à Paris et les présenter au Directoire, un de ses aides de camp, Junot, chef de bataillon à titre provisoire.

Le dévouement absolu de ce jeune officier supérieur à son général en chef, son courage, ses blessures, lui valaient cette agréable mission.

Le Directoire voulut recevoir avec une grande solennité ces dépouilles opimes, témoignages visibles et éclatants des succès de l'armée d'Italie et de la valeur incomparable de ses soldats. Il avait en même temps la pensée de faire tourner à l'avantage de sa propre puissance la gloire du général Bonaparte et l'éclat de cette fête toute patriotique; il se flattait que le peuple de Paris considérerait comme un hommage de l'armée d'Italie au gouvernement de la France, l'envoi de ces superbes trophées. Aussi la fête fut-elle splendide. Lisez le *Moniteur* du 10 mai 1796 : vous en trouverez la description dans le style ampoulé de l'époque. La remise des vingt-et-un drapeaux au Directoire eut lieu dans la grande salle des fêtes du palais du Luxembourg. Le ministre de la guerre présenta aux Directeurs le colonel Junot (qu'ils venaient de nommer à ce grade à titre définitif). Il y eut échange de discours et de compliments, et le président du Directoire remit à l'aide de camp du général Bonaparte, une épée d'honneur destinée à rappeler éternellement le souvenir de cette belle journée. Pendant ce temps, la musique des régiments de Paris jouait dans la cour d'honneur du palais, et mêlait ses mâles accords aux compliments officiels du brillant entourage des Directeurs.

La citoyenne Bonaparte aimait la représentation et les hommages. Elle n'avait eu garde, et cela se conçoit, de manquer à une fête qui devait attirer sur elle les regards, l'enthousiasme et les applaudissements de la foule. Par sa beauté, réelle alors, rehaussée par l'éclat d'une magnifique journée de printemps et par cet autre éclat incomparable que donne le bonheur et qui peut, pour un temps, remplacer celui de la jeunesse, Mme Bonaparte était, en réalité, la reine de cette fête. Ah ! quelle compensation aux bals de la cour de Louis XVI, auxquels elle n'avait jamais été admise ! Quelle revanche !... Deux autres femmes, citées comme les plus belles de Paris, étaient là aussi : Mme Récamier, jeune femme du riche banquier de la Chaussée-d'Antin, et Mme Tallien; toutes étaient « mises avec cette recherche antique qui constituait l'élégance du temps et avec toute la richesse que pouvait comporter une toilette du milieu de la journée[1]. » La beauté de Mme Bonaparte, qui était plutôt une grâce et un charme particulier, qu'une beauté au sens rigoureux du mot, n'était cependant pas effacée par celle de ses voisines. « Entre ses deux rivales, quoiqu'elle eût moins d'éclat et de fraîcheur qu'elles, grâce à la régularité de ses traits, à l'élégante souplesse de sa taille, à la douce expression de sa physionomie, elle était belle aussi. Je les vois encore toutes les trois, dans la toilette la plus propre à faire valoir leurs divers avantages, et la tête couronnée des

1. Duchesse d'Abrantès, *Mémoires*, t. II, p. 51.

plus belles fleurs, par un des plus beaux jours de mai, entrer dans le salon où le Directoire devait recevoir les drapeaux ; on eût dit les trois mois de printemps réunis pour fêter la victoire [1]. »

La duchesse d'Abrantès aussi reconnait la beauté de Mme Bonaparte en cette solennité, « Elle était, dit-elle, encore charmante dans ce temps-là. » Mais elle ne l'admire pas sans restrictions, et elle ajoute à l'aveu qu'elle vient de faire, un détail qu'un homme n'aurait peut-être pas voulu voir, ou aurait eu la charité de ne pas dire : « Ses dents étaient effroyablement gâtées ; mais lorsque sa bouche était fermée, elle faisait, surtout à quelques pas, l'illusion d'une jeune et jolie femme [2]. » C'est certainement peu aimable de le dire, mais c'était la vérité : Mme Bonaparte avait une dentition pitoyable.

La fête de la remise des drapeaux pris par l'armée d'Italie, fut une des plus belles de ce temps. Tout avait concouru à la faire réussir : la splendeur d'un ciel sans nuage, la beauté étincelante des femmes, l'allure martiale du colonel Junot dans son brillant uniforme neuf de colonel de hussards, la mise sur pied de toute la garnison de Paris, et l'enthousiasme d'un peuple entier que le désir d'applaudir, dans la personne de Mme Bonaparte et dans celle de l'aide de camp du général, la gloire militaire naissante et déjà si grande du héros de l'Italie, avait jeté en masses compactes autour du Luxembourg. Tout avait contribué à faire de cette journée un spectacle dont le souvenir ne devait jamais s'effacer de la mémoire de ceux qui le virent. Oui, il est dans la vie des peuples,

1. Arnault, *Souvenirs d'un sexagénaire*, t. I.
2. Duchesse d'Abrantès, *Mémoires*, t. II, p. 51.

comme aussi dans la vie des hommes, quelques journées, bien rares malheureusement, mais privilégiées, où l'avenir se pare des couleurs les plus brillantes et où il semble qu'on n'ait à attendre de cet avenir que bonheur et prospérité : mais des catastrophes imprévues finissent presque toujours, chez les peuples comme chez les simples mortels, par mettre un terme à ces félicités, comme si le bonheur, hélas! ne pouvait pas durer en ce monde !

La fête finie, chacun se retira ; heureux de tous les bonheurs, le messager de l'armée d'Italie accompagna la citoyenne Tallien et la femme de son général en chef, donnant un bras à chacune, comme l'usage alors était de le faire.

« On peut penser, a écrit la duchesse d'Abrantès, que Junot n'était pas médiocrement fier de donner le bras à ces deux charmantes femmes lorsque, la réception terminée, ils quittèrent le Directoire. Junot avait alors vingt-cinq ans ; il était beau garçon et avait surtout une tournure militaire fort remarquable. Il portait ce jour-là un magnifique uniforme de hussards (l'uniforme de Bercheny), et tout ce que la richesse d'un tel costume peut ajouter à sa bonne grâce avait été employé pour que le jeune et brave messager, encore pâle des blessures dont le sang avait taché ces drapeaux pris sur l'ennemi, fût digne de l'armée qu'il représentait. En sortant, il offrit son bras à Mme Bonaparte qui, étant femme de son général, avait droit au premier pas, surtout dans cette solennelle journée. Il donna l'autre à Mme Tallien, et descendit ainsi avec elles l'escalier du Luxembourg. La foule était immense. On se pressait, on se heurtait pour mieux voir.

« Tiens, c'est sa femme!... C'est son aide de camp!

Comme il est jeune !... Et elle, donc, comme elle est jolie !

— Vive le général Bonaparte ! s'écriait le peuple.

— Vive la citoyenne Bonaparte ! elle est bonne pour le pauvre monde !

— Oui, oui, disait une grosse femme de la Halle, c'est bien Notre-Dame-des-Victoires, celle-là !

— Oui, dit une autre, tu as raison. Mais regarde à l'autre bras de l'officier, c'est Notre-Dame-de-Septembre !

« Le mot, ajoute Mme d'Abrantès, était affreux et injuste[1]. »

Oui, il était injuste, et comme on donnait assez volontiers en ce temps un sobriquet aux personnages en vue, si l'on voulait à toute force faire une Madone de Mme Tallien, le nom de Notre-Dame-de-Thermidor, qui lui fut aussi décerné, était infiniment plus juste et plus mérité. Mme Tallien n'était pour rien dans les massacres de septembre. Mais comme il est joliment brossé, ce petit tableau de la sortie de la fête du Luxembourg, fait par Mme d'Abrantès !

Mme Bonaparte aurait bien mieux aimé rester à Paris que d'aller rejoindre, en Italie, son mari à qui elle devait pourtant, dans cette fête du palais du Luxembourg, le plus beau triomple que femme ait jamais goûté : triomphe de beauté, d'amour-propre et de gloire véritable ! Mais gagner encore du temps ? Elle n'y pouvait plus songer : il avait bien fallu avouer qu'elle n'était pas enceinte. Junot allait regagner l'Italie. Elle vit avec une véritable consternation qu'elle serait forcée de se mettre aussi en route. La

1. Duchesse D'ABRANTÈS, *Mémoires*, t. II, p. 51-52.

lettre de Bonaparte était formelle : « Junot porte à Paris vingt-deux drapeaux. Tu dois revenir avec lui, entends-tu?... » Murat était aussi du voyage. Il avait été envoyé à Paris par le général Bonaparte pour remplir une mission aussi agréable que celle de Junot : il était porteur du traité conclu par Bonaparte avec le roi de Sardaigne, après l'armistice de Cherasco, et était arrivé à Paris un peu avant Junot. Le Directoire avait été trop satisfait de recevoir ces heureuses nouvelles de l'armée d'Italie, pour ne pas en récompenser les messagers. Junot, qui avait quitté l'Italie avec le grade de chef de bataillon à titre provisoire, fut nommé colonel à titre définitif; il s'était hâté de faire faire le brillant uniforme qu'il portait à la cérémonie de la remise des drapeaux. Murat, colonel à titre provisoire, fut promu au grade de général de brigade.

Pendant son séjour à Paris, il alla fréquemment, trop fréquemment peut-être, si l'on en croit la médisance ou peut-être la calomnie[1], présenter ses devoirs à la femme de son général en chef; cela les aurait conduits, l'un et l'autre, a-t-on dit, à manquer à leurs devoirs respectifs envers le même général. En tout cas, elle avait fait parler d'elle par des inconséquences que Joseph Bonaparte, alors à Paris, avait mandées à son frère, en l'engageant à appeler sa femme en Italie, et cette fois, Bonaparte avait parlé ferme et ordonné de partir.

Enfin, le jour tant redouté du départ arriva. C'était le 24 juin 1796. Mme Bonaparte ne pouvait encore se faire à l'idée de quitter Paris. « Son chagrin fut extrême, a dit Arnault, quand elle vit qu'il n'y avait plus moyen de reculer. Pensant plus à ce qu'elle allait

1. Voir : Duchesse D'ABRANTÈS, *Mémoires*, t. II, p. 236-240.

quitter qu'à ce qu'elle allait trouver, elle aurait donné le palais préparé à Milan pour la recevoir, elle aurait donné tous les palais du monde pour sa maison de la rue Chantereine, pour la petite maison qu'elle venait d'acheter à Talma.., C'est du Luxembourg qu'elle partit pour l'Italie, après y avoir soupé avec quelques amis au nombre desquels je me trouvais.

« ..... Pauvre femme ! Elle fondait en larmes, elle sanglotait comme si elle allait au supplice...[1] »

Oui, la passion de son mari jusqu'ici « l'amusait », comme a dit Arnault; mais maintenant elle ne l'amusait plus. Oh ! non. Car pourquoi une telle douleur? Pourquoi toutes ces larmes ? Pourquoi ce désespoir navrant ? Où donc ces barbares officiers vont-ils conduire cette pauvre victime?... Au glorieux général Bonaparte, au héros de génie qui vient de conquérir l'Italie, à son jeune mari qui l'aime avec la passion la plus tendre, et qui a fait préparer somptueusement, pour la recevoir à Milan, un palais qui pourra lui faire oublier celui où elle vient de souper au milieu de joyeux amis, son mari, enfin, dont elle fait tout ce qu'elle veut !... Pauvre femme, en effet !

Ah ! si le général Bonaparte avait pu se douter que sa femme, qui avait beaucoup trop d'amour pour le plaisir pour qu'il lui en restât pour son mari, avant de se mettre en route pour l'aller joindre, soupait au Luxembourg avec ses amis, semblable à un mauvais sujet qui va se marier et fait ses adieux à la vie de garçon ; si, de plus, il avait pu voir la scène de larmes et de désespoir à laquelle se laissa aller sans vergogne et sans contrainte, devant ses amis, sa bien-

1. ARNAULT, *Souvenirs d'un sexagénaire*, t. II, p. 293.

aimée Joséphine, il eût peut-être été refroidi dans l'amour qu'il portait, comme un enfant, à cette autre grande enfant qui était sa femme. Dans sa naïve inexpérience des femmes, il trouvait tout simple, aimant la sienne, qu'elle vint auprès de lui. D'ailleurs, les Autrichiens étaient en retraite sur tous les points, et il y avait pour elle pleine et entière sécurité à demeurer en Italie. Il ne pensait pas que sa femme ne trouverait peut-être pas cela aussi simple. Il ne pouvait s'imaginer que Joséphine ne fût pas une femme comme sa mère, la vaillante *signora* Letizia qui, enceinte, « luttait auprès de son mari, avec une énergie héroïque, contre tous les obstacles des expéditions corses[1]. » Tous les jeunes gens qui ont une mère vertueuse en sont là : ils ne peuvent concevoir qu'une autre femme — tant ils ont le respect de la femme, en général, surtout quand ils l'aiment et qu'ils ont eu eux-mêmes une jeunesse sévère — ne soit pas aussi vertueuse que leur mère. De là un désavantage pour eux, dans la vie, sur d'autres jeunes gens valant infiniment moins qu'eux, mais plus expérimentés des choses de l'amour et des femmes, par conséquent plus sceptiques et moins faciles à duper : à moins qu'une sage prévoyance ne les ait mis en garde contre ce redoutable et séduisant écueil placé à l'entrée du jeune homme dans la vie, la femme.

Voilà donc Joséphine en voiture. Ses larmes se sècheront vite avec des compagnons de voyage jeunes et gais comme les siens : Murat, un des plus braves officiers de l'armée, un des plus beaux aussi, quoique dénué de ce que l'on est convenu d'appeler la distinction, Murat, qui pendant son court séjour à Paris, a

1. Baron Larrey, *Madame Mère*, t. I, p. 240.

trouvé moyen de se mettre au mieux avec elle; Junot, tout aussi beau militaire que Murat, jeune comme lui, brave comme lui, et, de plus, plein d'entrain et d'originalité; enfin Joseph Bonaparte, frère du général en chef de l'armée d'Italie, homme instruit et d'un commerce agréable. Le voyage promettait d'être gai : Junot ne le trouva pas ainsi. Il paraîtrait que, sérieusement ou par manière de plaisanterie, Mme Bonaparte voulut amener le jeune colonel Junot à lui faire la cour. Junot était l'ami de son général en chef. Pour rien au monde il n'eût commis l'infamie à laquelle on semblait le convier. Il y avait là, dans la voiture, la femme de chambre de Mme Bonaparte. Il imagina, pour sauver la situation fort délicate où il se trouvait, de paraître amoureux de cette femme de chambre. Mlle Louise, grande et belle fille, cumulait les fonctions de femme de chambre et d'amie de sa maîtresse. Mme Bonaparte voulait qu'elle fût habillée comme elle, la faisait manger à sa table et l'admettait dans sa familiarité la plus intime. Quand elle vit que Junot faisait la cour à Mlle Louise, elle en conçut quelque dépit et lorsqu'elle vit que son amie la femme de chambre ne refusait point de répondre aux avances du beau colonel, elle se fâcha pour tout de bon et lui retira ses bonnes grâces. Junot, qui ne s'était embarqué dans cette affaire que pour trouver un dérivatif à d'autres affaires dont il ne se souciait point, ne crut pas, une fois arrivé à Milan, devoir *lâcher* Mlle Louise. Il lui donna une voiture et de belles toilettes; le bonheur de Mlle Louise était de rivaliser de luxe avec sa maîtresse, femme du général en chef. Plus tard, le général Bonaparte la fera congédier; tombée dans la misère, elle viendra solliciter la bienveillance de son ancienne amie, l'impératrice Joséphine. Cette bienveillance ne lui fera pas défaut; l'impératrice lui fera donner quelques secours qui lui permettront d'épouser un jockey anglais. Cette union ne fut pas heureuse et cette pauvre Louise mourut dans le plus misérable état.

CHAPITRE III

Arrivée de Joséphine à Milan. — Le palais Serbelloni. — La cour de Mme Bonaparte à Milan. — Le général Bonaparte reprend la campagne. — Il appelle sa femme à Vérone. — Histoire de *Fortuné*, chien favori de Joséphine. — Joséphine ne permet pas à son mari d'ouvrir ses lettres. — Elle part et rejoint le général à Brescia. — Elle retourne à Milan et essuie le feu des Autrichiens devant Mantoue. — Amour de Bonaparte pour sa femme. — Premiers soupçons. — Lettres du général à Joséphine. — Déception et désespoir d'amour. — Joséphine est allée se promener à Gênes au lieu d'attendre son mari à Milan. — Caractère de Joséphine. — Le lieutenant Hippolyte Charles, amant de Joséphine. — Pardon. — Un déjeuner chez le général Murat.

Dès que le général Bonaparte sut que sa femme entrait sur le territoire de l'Italie, il envoya au devant d'elle son aide de camp Marmont pour lui porter ses compliments de bienvenue. Marmont la joignit à Turin et grossit l'escorte d'honneur qui la conduisait à Milan, auprès de son époux, avec des honneurs pareils à ceux qu'on eût rendus à une reine. Le palais du duc Serbelloni, un des plus grands seigneurs du pays, avait été préparé pour la recevoir. La sollicitude amoureuse du général Bonaparte en avait fait, pour elle, le séjour le plus délicieux qu'il fût possible de rêver. Enfin la voiture de Mme Bonaparte est signalée; elle arrive, elle s'arrête. Le général, qui attendait sa femme avec toute l'impatience de l'amour, l'accueille avec les plus vifs transports du cœur. Il la conduit dans les appartements qu'il lui a fait préparer et reçoit avec bonheur les marques de satisfaction que Joséphine daigne exprimer sur ce qu'elle voit. Son amour, ses attentions délicates ne se démentent pas un instant pendant le temps qu'il passe en Italie, dans ce pays où les femmes, belles et enthousiastes, devaient offrir tant et de si attrayantes séductions au jeune libérateur de leur pays. Mais Bonaparte n'aime qu'une femme, la sienne, et n'a pas même un regard pour les autres. Marmont, qui, en sa qualité d'aide de camp de Bonaparte, vivait dans l'intimité des jeunes époux, a écrit : « Une fois à Milan, le général Bonaparte fut très heureux, car alors il ne vivait que pour Joséphine; pendant longtemps il en a été de même; jamais amour plus pur, plus vrai, plus exclusif n'a possédé le cœur d'un homme, et cet homme était d'un ordre si supérieur! [1] »

Bonaparte ne put donner que bien peu de temps à son amour, et il ne croyait pas, alors, que l'éternité fût assez longue pour lui permettre d'en montrer toute l'étendue à sa bien-aimée Joséphine. Les Autrichiens se mettaient en mouvement. Il laisse sa femme à Milan et vole à de nouveaux combats, à de nouveaux triomphes.

Joséphine, chez qui les impressions étaient fort passagères, avait vite oublié en voiture ses larmes de Paris et la cause de ces larmes; elle oublia vite aussi, une fois arrivée, les incidents du voyage. Elle prit gaiement son parti de se voir en Italie et de vivre

1. Duc de Raguse, *Mémoires*, t. I, p. 188.

à Milan. Le palais Serbelloni était superbe[1] et elle y avait trouvé les bibelots à la mode, ces inutilités qui lui étaient si utiles, ces riens qui pour elle étaient tout dans la vie et comptaient bien plus à ses yeux que l'amour attentionné de celui qui les avait fait rassembler exprès pour lui être agréable. Aussi ne pensait-elle déjà plus à ses amis de Paris dont elle avait cru d'abord qu'il lui serait impossible de jamais pouvoir se passer. Et puis, elle aimait, comme on le sait, la représentation. Sous ce rapport, elle avait en Italie toutes les satisfactions désirables. Femme du vainqueur des armées autrichiennes, elle était comblée d'hommages officiels ; de plus, elle recevait aussi d'autres hommages qui, pour ne pas être officiels, lui étaient peut-être plus agréables; car, si sa vanité était flattée des uns, sa coquetterie était enchantée des autres.

Tous les officiers de l'état-major général n'étaient pas partis avec le général en chef; il en était resté un certain nombre à Milan, pour les besoins du service et pour la sûreté des communications de l'armée. Tous avaient été présentés à Mme Bonaparte. Une fois le général parti, ils continuèrent à venir lui présenter leurs hommages. A l'étranger, en temps de guerre, les rapports devaient être plus fréquents et aussi plus cordiaux. Ces officiers étaient accueillis avec la plus gracieuse bienveillance; on les engageait à revenir et ils ne se le faisaient pas répéter. Une véritable cour s'était rapidement formée ainsi autour de Mme Bonaparte, cour brillante de jeunesse, d'entrain et de

1. Le duc de Serbelloni, qui avait mis son palais à la disposition du général Bonaparte, était alors président du Directoire de la république cisalpine et habitait le palais du gouvernement.

gaieté, au milieu de laquelle, entourée d'hommages, accablée de compliments, trônait la belle créole.

Il y avait certes, dans ce tourbillon de gloire, de quoi rendre heureuse la femme la plus difficile. Aussi Mme Bonaparte était-elle franchement heureuse. C'est au milieu de ce bonheur que Bonaparte lui écrivait le 6 juillet, bien peu de temps après l'avoir quittée :

« J'ai battu l'ennemi. Kilmaine t'enverra la copie de la relation. Je te prie de te rendre tout de suite à Vérone; j'ai besoin de toi, car je crois que je vais être bien malade. Je te donne mille baisers. Je suis au lit.[1] »

On conçoit qu'une lettre pareille n'était pas faite pour plaire à Mme Bonaparte. Comment ! non content d'avoir fait faire à sa femme le grand voyage de Paris à Milan, le général ne lui donnait pas le temps de se reposer un peu de ses fatigues ! Il la voulait maintenant à Vérone ! Où donc s'arrêteraient l'exigeante tyrannie de cet égoïste, les fantaisies voyageuses de cet original ? Est-ce qu'elle était soldat, elle, pour aller à la guerre ? Car c'était cela, positivement, que lui demandait son mari ; et, sous prétexte qu'il l'aimait, il la persécutait... Il craignait de tomber malade ? Eh ! mon Dieu, c'était un peu de fatigue, voilà tout. Mais elle l'était bien, elle, malade ; du moins elle le lui écrivit, car voici une autre lettre de Bonaparte qui le prouve ; elle est datée de Marmirolo, 17 juillet :

« Je reçois ta lettre, mon adorable amie ; elle a rempli mon cœur de joie. Je te suis obligé de la peine que tu as prise de me donner de tes nouvelles ; ta

1. *Lettres de Napoléon à Joséphine*, t. I, pièce I.

santé doit être meilleure aujourd'hui : je suis sûr que tu es guérie. Je t'engage fort à monter à cheval, cela ne peut te faire que du bien... »

Et plus loin, c'est toujours le même amour, bien tendre, bien ardent aussi, et l'espoir de voir Joséphine venir le rejoindre :

« Sans cesse je repasse dans ma mémoire tes baisers, tes larmes, ton aimable jalousie; et les charmes de l'incomparable Joséphine allument sans cesse une flamme vive et brûlante dans mon cœur et dans mes sens. Quand, libre de toute inquiétude, de toute affaire, pourrai-je passer mes instants près de toi, n'avoir qu'à t'aimer et ne penser qu'au bonheur de te le dire et de te le prouver?... J'espère que tu pourras bientôt me rejoindre. Je croyais t'aimer il y a quelques jours; mais depuis que je t'aime, je sens que je t'aime mille fois plus encore. Depuis que je te connais, je t'adore tous les jours davantage : cela prouve combien la maxime de La Bruyère que l'amour vient tout d'un coup est fausse... Ah! je t'en prie, laisse-moi voir quelques-uns de tes défauts... »

Il fallait tout l'aveuglement amoureux de Bonaparte pour n'avoir point encore découvert de défauts à sa femme; mais elle n'allait pas tarder à lui donner toute satisfaction sur ce point :

« ... Sois moins belle, moins gracieuse, moins tendre, moins bonne surtout; surtout ne sois jamais jalouse, ne pleure jamais; tes larmes m'ôtent la raison, brûlent mon sang. Crois bien qu'il n'est plus en mon pouvoir d'avoir une pensée qui ne soit à toi et une idée qui ne te soit pas soumise. Repose-toi bien.

Rétablis vite ta santé. Viens me rejoindre; et au moins qu'avant de mourir, nous puissions dire : Nous fûmes heureux tant de jours!

« Millions de baisers et même à Fortuné, en dépit de sa méchanceté [1]. »

Fortuné était un vilain petit roquet [2] que Joséphine chérissait beaucoup et que Bonaparte n'avait pas les mêmes raisons d'aimer. L'on voit pourtant que, comme tous les amoureux,

Jusqu'au chien du logis il s'efforce de plaire.

et il n'en veut pas plus au chien qu'à sa maitresse de leur méchanceté. Un peu plus tard, le conquérant de l'Italie, qui n'a pu faire la conquête du cœur de sa femme, ni même celle de son chien, dira à Arnault, en lui montrant cet affreux Fortuné pelotonné sur un canapé : « Vous voyez bien ce monsieur-là? C'est mon rival. Il était en possession du lit de madame quand je l'épousai. Je voulus l'en faire sortir : prétention inutile; on me déclara qu'il fallait me résoudre à coucher ailleurs ou consentir au partage. Cela me contrariait assez, mais c'était à prendre ou à laisser. Je me résignai. Le favori fut moins accommodant que moi. J'en porte la preuve à cette jambe [3]. » Bonaparte avait donc été mordu par le favori de sa femme, jaloux de le voir venir prendre place dans un lit où il n'aimait pas à être dérangé; et cela, peut-être, à la grande

1. *Lettres de Napoléon à Joséphine*, t. I, pièce III.
2. « Je n'ai jamais connu de plus horrible bête. » (Duchesse d'Abrantès, *Mémoires*, t. II, p. 421.)
3. Arnault, *Souvenirs d'un sexagénaire*, t. III, p. 31.

hilarité de Joséphine que cette petite scène a dû amuser prodigieusement.

Ce n'est pas qu'on doive blâmer Joséphine d'avoir aimé les chiens : au contraire, c'était là une qualité et, autre qualité, en aimant *Fortuné*, elle remplissait un devoir de reconnaissance, comme on va en juger. Au reste, ce petit personnage à quatre pattes occupe une place assez importante dans l'histoire pour mériter d'être présenté au lecteur : le poète Arnault, qui eut l'honneur d'être de ses amis et de l'Académie française, va se charger de le présenter : « *Fortuné*, dit-il, n'était ni beau, ni bon, ni aimable. Bas sur pattes, long de corps, moins fauve que roux, ce carlin au nez de belette ne rappelait sa race que par son masque noir et sa queue en tire-bouchon. Il n'avait pas tenu, en grandissant, ce qu'il promettait étant petit ; mais Joséphine, mais ses enfants ne l'en aimaient pas moins quand une circonstance le leur rendit plus cher encore. Arrêtée en même temps que son premier mari, le général Beauharnais, Joséphine languissait en prison, d'autant plus inquiète qu'elle ignorait absolument ce qui se passait au dehors. Ses enfants avaient la permission de la venir voir au greffe avec leur gouvernante. Mais comment la mettre au fait? Le concierge assistait à toutes leurs entrevues. Comme *Fortuné* était toujours de la partie et qu'il ne lui était pas défendu d'entrer dans l'intérieur, la gouvernante imagina un jour de cacher sous un beau collier neuf, dont elle le para, un écrit qui contenait ce qu'on ne pouvait dire à sa maîtresse. Joséphine, qui ne manquait pas de finesse, devina la chose. Elle répondit au billet par le même moyen. Ainsi s'établit entre elle et ses amis, sous les yeux mêmes de son surveillant, une correspondance qui la tenait au courant des démarches qu'on faisait pour la sauver, et qui soutenait son courage. La famille sut gré au chien du bien qui s'opérait par son entremise autant que s'il se fût opéré par sa volonté et il devint pour les enfants comme pour la mère l'objet d'un culte que le général fut contraint de tolérer[1]. »

Le véritable amour, tel que le ressentait Bonaparte, ne peut guère s'allier avec le goût des plaisirs et de la dissipation dont la satisfaction constitue, pour les âmes vulgaires, le suprême bonheur. Bonaparte et Joséphine ne pouvaient donc se comprendre l'un l'autre. Importunée par les lettres d'amour de son mari qui venaient la relancer au milieu des fêtes et des distractions de la petite cour qu'elle tenait à Milan, Mme Bonaparte ne lui répondait que peu souvent et bien froidement, comme le prouvent ces mots qui terminent une lettre du général du 18 juillet : « Mille baisers aussi brûlants que tu es froide[2]. » Ces baisers brûlants ne parviennent pas à échauffer le moins du monde, non plus la tiédeur, mais la froideur de Mme Bonaparte. Dans la lettre suivante, du 19 juillet (il lui écrivait tous les jours, le pauvre amoureux !), il se fait tout petit, tout humble devant elle, parce qu'il a décacheté deux lettres à elle, et il la gronde avec bonté de sa méchanceté persistante à ne pas lui écrire :

« ... J'ai reçu un courrier de Paris. Il y avait deux lettres pour toi : je les ai lues. Cependant, bien que cette action me paraisse toute simple et que tu m'en aies donné la permission, l'autre jour... »

1. Arnault, *Souvenirs d'un sexagénaire*, t. III, p. 31 et 32.
2. *Lettres de Napoléon à Joséphine*, t. I, pièce IV.

Elle ne sera pas longue à lui retirer cette permission.

« ... Je crains bien que cela ne te fâche, et cela m'afflige bien. J'aurais voulu les recacheter. Fi! ce serait une horreur. Si je suis coupable, je te demande grâce; je te jure que ce n'est pas par jalousie; non certes : j'ai de mon adorable amie une trop grande opinion pour cela. Je voudrais que tu me donnasses permission entière de lire tes lettres : avec cela il n'y aurait plus de remords, ni de crainte... Je fais appeler le courrier; il me dit qu'il est passé chez toi, et que tu lui as dit que tu n'avais rien à lui ordonner. Fi! méchante, laide, cruelle, tyranne, petit joli monstre! Tu te ris de mes menaces et de mes sottises! Ah! si je pouvais, tu sais bien, t'enfermer dans mon cœur, je t'y mettrais en prison [1]. »

C'est très joli, ce que Bonaparte dit là à sa femme, et c'est peut-être pour cela qu'elle a daigné secouer son indolente paresse; par la lettre suivante, du 21 juillet, on voit que Joséphine a enfin écrit, car Bonaparte lui mande de Castiglione :

« J'espère qu'en arrivant ce soir, je recevrai une de tes lettres. Tu sais, ma chère Joséphine, le plaisir qu'elles me font, et je suis bien sûr que tu te plais à les écrire. »

Il le croyait. Oh! aveuglement de l'amour! Peut-être le disait-il pour tâcher de se faire croire à lui-même une chose dont il commençait à douter, ou peut-être aussi pour engager sa femme, en la flattant, à prendre la plume plus souvent. Voici la suite :

« Je partirai cette nuit pour Peschiera, pour Vérone,

1. *Lettres de Napoléon à Joséphine*, t. I, pièce IV.

et, de là, j'irai à Mantoue, et peut-être à Milan, recevoir un baiser, puisque tu m'assures qu'ils ne sont pas glacés : j'espère que tu seras parfaitement rétablie alors, et que tu pourras m'accompagner à mon quartier général pour ne plus me quitter. N'es-tu pas l'âme de ma vie et le sentiment de mon cœur[1] ? »

Dans la lettre du lendemain, on voit que Joséphine a retiré à son mari le droit de décacheter ses lettres : c'était à prévoir. Oh ! puissance et supériorité de l'indifférence sur l'amour ! Le général s'incline sans récriminer, comme tout bon militaire devant l'ordre d'un supérieur :

« Quant à tes lettres qu'il te fâche que j'ouvre, celle-ci sera la dernière. »

Pour défendre ainsi à son mari d'ouvrir ses lettres, Joséphine avait ses raisons. Elle lui écrivait peu et brièvement. Bonaparte savait bien cependant que le temps ne lui manquait pas pour le faire, et que d'ailleurs elle trouvait celui d'écrire à d'autres personnes. Mais un amoureux est bien forcé de trouver bonnes les mauvaises raisons qu'on lui donne et même celle qui les lui donne.

Enfin Bonaparte lui écrit, le 22 juillet, en termes si catégoriques pour la faire venir auprès de lui, qu'elle se résigne à partir. Aussi bien le général avait-il réglé sa marche avec le même soin que celle d'un corps d'armée :

« Tu me dis, lui écrivait-il, que ta santé est bonne ; je te prie en conséquence de venir à Brescia. J'envoie

1. *Lettres de Napoléon à Joséphine*, t. I, p. V.

à l'heure même Murat pour te préparer un logement dans la ville comme tu le désires.

« Je crois que tu feras bien d'aller coucher le 6 à Cassano, en partant fort tard de Milan, et de venir le 7 à Brescia, où le plus tendre des amants t'attend.

« ... J'ai à Milan une voiture à la fois de ville et de campagne; tu te serviras de celle-là pour venir... Voyage à petites journées et pendant le frais, afin de ne pas te fatiguer... Je viendrai à ta rencontre le 7, le plus loin possible. »

Mme Bonaparte se mit donc en route et rejoignit son mari à Brescia. Ce ne fut pas pour longtemps. Wurmser accourait au secours de Mantoue assiégée. Bonaparte n'eut pas trop de tout son temps pour parer à la situation critique dans laquelle le jetait la marche de Wurmser, et il renvoya sa femme à Milan. Elle eut, en quittant Brescia, à essuyer quelques coups de feu d'un détachement autrichien qui tira sur l'escorte de sa voiture, et le canon de la forteresse tua deux chevaux de la voiture dans laquelle elle se sauvait : elle dut s'enfuir à pied et prendre une petite carriole du pays [1]; elle essuya aussi quelques coups de feu en passant devant Mantoue, et arriva sans accident à Milan.

Il est probable qu'elle tint rancune à son mari de lui avoir fait faire ce voyage. Il semblerait en effet qu'après avoir vu de ses yeux le général Bonaparte adoré de toute son armée, elle eût dû faire un retour sur elle-même et se demander pourquoi elle ne répondait pas à l'amour d'un homme qui lui donnait les

1. Comte A. de Roucé, *le Chevalier de Vérac et ses amis*. Plon, 1890.

marques d'un dévouement aussi tendre qu'infini; comment il se faisait qu'elle ne voulait pas avoir pour lui le moindre procédé aimable, alors que lui l'accablait de ses prévenances; comment elle le pouvait considérer avec indifférence, alors que toute l'Europe retentissait de cris d'admiration pour le génie de ce jeune général qui, en quelques mois, avait dépassé en gloire militaire la gloire des généraux les plus illustres. Le plus simple sentiment du devoir, pourtant..., mais s'était-elle jamais inquiétée de savoir ce que c'était que ça? Le devoir, à défaut de tout autre sentiment, devait lui faire un plaisir de répondre à l'amour de son mari. Eh bien, non. Une fois débarrassée de la présence du général Bonaparte, elle met moins de contrainte que jamais à lui cacher son véritable état d'âme.

C'est une chose admirable que le bandeau que l'amour met sur les yeux d'un homme, cet homme fût-il un génie de premier ordre, quand il s'agit de la femme aimée. Joséphine a beau témoigner à son mari l'indifférence la plus complète, il faudra encore plus d'un mois au général pour s'en apercevoir. Et pourtant son amour est loin de faiblir. Lisez cette lettre; elle est datée de Brescia, 31 août :

« Je pars à l'instant pour Vérone. J'avais espéré recevoir une lettre de toi; cela me met dans une inquiétude affreuse. Tu étais un peu malade lors de mon départ; je t'en prie, ne me laisse pas dans une pareille inquiétude... Comment peux-tu oublier celui qui t'aime avec tant de chaleur? Trois jours sans lettres de toi; je t'ai cependant écrit plusieurs fois. L'absence est horrible, les nuits sont longues, ennuyeuses et fades; la journée est monotone.

« ... Pense à moi, vis pour moi, sois souvent avec ton bien-aimé, et crois qu'il n'est pour lui qu'un seul malheur qui l'effraie, ce serait de n'être plus aimé de sa Joséphine. »

Mais il a beau écrire, Joséphine semble avoir tout à fait oublié que si elle est en Italie, c'est parce que le général Bonaparte s'y trouve, qu'il commande en chef l'armée française, et qu'il est son mari, son mari qui l' « aime à la fureur » et qui, ne recevant pas de lettres d'elle, est dans des inquiétudes mortelles. Voici ce qu'il lui écrit le 3 septembre :

« Point de lettres de toi, cela m'inquiète vraiment; l'on m'assure cependant que tu te portes bien et que même tu as été te promener au lac de Côme. J'attends tous les jours avec impatience le courrier où tu m'apprendras de tes nouvelles; tu sais combien elles me sont chères. Je ne vis pas, loin de toi; le bonheur de ma vie est près de ma douce Joséphine[1]. »

Il est des hommes chez lesquels l'amour est tenace au delà de toutes les bornes croyables. C'est qu'ils ont mis en la femme aimée toutes leurs espérances, tout leur bonheur, toute leur vie; et il est si dur de convenir avec soi-même qu'on les a mal placés, qu'on tarde le plus qu'on peut à se faire un si cruel aveu. Bonaparte en est là. Ceux-là peuvent seuls le comprendre qui ont aimé comme lui, surtout s'ils ont aimé une froide et indifférente coquette. Lisez encore cette lettre; elle suit la précédente d'une semaine :

« L'ennemi a perdu, ma chère amie, dix-huit mille

1. *Lettres de Napoléon à Joséphine*, t. I, pièce X.

hommes prisonniers, le reste tué ou blessé. Wurmser n'a plus d'autre ressource que de se jeter dans Mantoue.

« Jamais nous n'avons eu de succès aussi constants et aussi grands : l'Italie, le Frioul, le Tyrol sont assurés à la République...

« ...Sous peu de jours nous nous verrons; c'est la plus douce récompense de mes peines.

« Mille baisers ardents et bien amoureux[1]. »

Une semaine après, nouvelle lettre de Bonaparte et nouvelles plaintes sur la paresse de sa bien-aimée à lui répondre; mais ses yeux semblent commencer à se dessiller :

« Je t'écris, ma bonne amie, bien souvent, et toi, peu. Tu es une méchante et une laide, bien laide, autant que tu es légère. Cela est perfide, tromper un pauvre mari, un tendre amant. Doit-il perdre ses droits parce qu'il est loin, chargé de besogne, de fatigue et de peine? Sans sa Joséphine, sans l'assurance de son amour, que lui reste-t-il sur terre? Qu'y ferait-il? »

Pauvre Bonaparte qui ne sait pas encore qu'il ne faut pas demander au cœur d'une femme autre chose que ce qu'il est capable de donner! Il croit que sa Joséphine est bonne, parce qu'il la voit telle qu'il voudrait qu'elle fût et non pas telle qu'elle est; ses méchancetés insouciantes et probablement inconscientes n'ont pu encore le détromper : il croit qu'elle l'aime, parce que lui-même la regarde avec des yeux

1. *Lettres de Napoléon à Joséphine*, t. I, pièce XI, Montebello, le 10 septembre 1796.

pleins d'amour. Mais prenez-y garde, madame; ces yeux semblent commencer à voir clair, malgré l'amour qui, jusqu'à présent, les a aveuglés; la jalousie va entrer dans ce cœur jusqu'à présent si naïvement confiant. La lettre se termine ainsi :

« Nous avons eu hier une affaire très sanglante, l'ennemi a perdu beaucoup de monde et a été complètement battu. Nous lui avons pris le faubourg de Mantoue.

« Adieu, adorable Joséphine; une de ces nuits, les portes s'ouvriront avec fracas : comme un jaloux, et me voilà dans tes bras[1]. »

Le soupçon, on le voit, commence à pénétrer dans le cœur du pauvre amoureux; il semble craindre réellement que sa femme le trompe; il va même jusqu'à l'avertir charitablement, et pour elle et pour lui, qu'il est possible qu'il arrive inopinément au milieu de la nuit, comme un jaloux qu'il commence à être...

Mais des soins multiples, les nécessités de la guerre retiennent Bonaparte plus longtemps qu'il ne l'eût souhaité loin de sa bien-aimée. Mais il faut continuer l'examen des lettres de Napoléon à cette époque : aucun document ne peut mieux donner une idée des rapports qui régnaient entre les deux époux, ni, par conséquent, faire mieux connaître le caractère de la femme à laquelle Bonaparte avait enchaîné son amour, sa jeunesse et sa fortune. C'est toujours, de la part de Joséphine, la même indifférence, la même froideur, qui ne parviennent pas encore à vaincre cependant l'amour obstiné du général :

« J'ai reçu tes lettres, écrit Bonaparte de Modène,

1. *Lettres de Napoléon à Joséphine*, t. I, pièce XIII.

le 17 octobre; je les ai pressées contre mon cœur et mes lèvres, et la douleur de l'absence, cent milles d'éloignement ont disparu... Tes lettres sont froides comme cinquante ans, elles ressemblent à quinze ans de mariage. On y voit l'amitié et les sentiments de cet hiver de la vie. Fi! Joséphine! C'est bien méchant, bien mauvais, bien traitre à vous. Que vous reste-t-il pour me rendre bien à plaindre? Ne plus m'aimer? Eh! c'est déjà fait. Me haïr? Eh bien! je le souhaite; tout avilit, hors la haine; mais l'indifférence au pouls de marbre, à l'œil fixe, à la démarche monotone! Mille baisers bien tendres, comme mon cœur[1]... »

Tendresse, reproches, rien n'y fait; rien ne peut vaincre l'apathique indifférence de Mme Bonaparte : voici, comme preuve, cette autre lettre du général écrite de Vérone, le 13 novembre 1796 :

« Je ne t'aime plus du tout, au contraire, je te déteste. Tu es une vilaine, bien gauche, bien bête, bien cendrillon. Tu ne m'écris pas du tout, tu n'aimes pas ton mari; tu sais le plaisir que tes lettres lui font, et tu ne lui écris pas six lignes jetées au hasard! »

Pour la première fois, les expressions que vient d'employer Bonaparte sont justes; c'est la colère, bien timide encore, qui les lui fait trouver; lisez le reste de la lettre :

« Que faites-vous donc toute la journée, madame? Quelle affaire si importante vous ôte le temps d'écrire à votre bien bon amant?

1. *Lettres de Napoléon à Joséphine*, t. I, pièce XIV.

« Quelle affection étouffe et met de côté l'amour, le tendre et constant amour que vous lui avez prouvé? Quel peut être ce merveilleux, ce nouvel amant qui absorbe tous vos instants, tyrannise vos journées et vous empêche de vous occuper de votre mari? Joséphine, prenez-y garde, une belle nuit, les portes enfoncées, et me voilà! »

Les soupçons, cela se voit, reviennent de plus belle mordre Bonaparte au cœur : s'ils sont fondés, c'est ce qu'on verra tout à l'heure. Mais, au fait, pourquoi Mme Bonaparte n'écrit-elle pas à son mari? Elle n'a pas le temps? Il l'a bien, lui, qui passe toute la journée à cheval à reconnaître le pays, et toute la nuit à compulser des notes, lire des rapports, consulter des cartes et dicter des ordres!

« En vérité, continue-t-il, je suis inquiet, ma bonne amie, de ne pas recevoir de tes nouvelles; écris-moi vite quatre pages, et de ces aimables choses qui remplissent mon cœur de sentiment et de plaisir.

« J'espère qu'avant peu je te serrerai dans mes bras et je te couvrirai d'un million de baisers brûlants comme sous l'équateur[1]. »

« J'ai vu, écrit Mme de Rémusat, des lettres de Napoléon à Joséphine lors de la première campagne d'Italie... Il y règne un ton si passionné, on y trouve des sentiments si forts, des expressions si animées et en même temps si poétiques, un amour si à part de tous les amours, qu'il n'y a point de femme qui ne

1. *Lettres de Napoléon à Joséphine*, t. I, pièce XVI.

mit du prix à avoir reçu de pareilles lettres[1]. » Il y en eut une, pourtant, et cette femme unique, cette exception, fut justement celle qui aurait dû accueillir ces lettres avec les plus vifs sentiments du cœur et y répondre avec tous les transports de l'amour. Oh! bizarres coïncidences de la vie! Il faut que l'homme le plus aimant allie, par amour, son sort, sa vie, à la femme la plus incapable de comprendre l'amour! il faut que le plus grand génie s'unisse par une inclination irrésistible, à une femme des plus ordinaires, qui cherche à racheter sa nullité par sa coquetterie et les soins qu'elle met à retenir une beauté qui s'en va! Que font à Mme Bonaparte les victoires inouïes, la gloire étincelante du général en chef de l'armée d'Italie? C'est son mari!... Oh! si elle était la femme d'un de ces « freluquets » pour qui elle ne trouve pas le temps d'écrire un mot à son mari, elle n'aurait peut-être pas de cesse qu'elle n'ait attiré sur elle un regard, un seul, de cet homme de guerre incomparable,

1. Mme DE RÉMUSAT, *Mémoires*, t. I, p. 146. — De plus pour éviter l'ombre même d'une fatigue à sa chère Joséphine, Bonaparte, qui avait une écriture détestable, s'évertuait à écrire lisiblement pour lui plaire. Un jour que Joseph et Lucien se trouvaient chez leur frère, à la Malmaison, celui-ci leur avait demandé la permission de terminer un travail. Pendant qu'il écrivait eut lieu ce petit colloque :

LUCIEN. — Je plains celui qui aura à déchiffrer ce que nous lui voyons écrire.

JOSEPH. — Il écrit comme un chat; tous les jours plus mal; il n'a jamais su bien écrire; mais enfin, on le lisait.

LUCIEN. — Je crois bien, et très clairement, et (*très bas*) très tendrement encore. Notre belle-sœur m'a fait lire beaucoup de ses lettres d'amour, c'était presque de la jolie écriture de femme. Vous en a-t-elle fait voir?

JOSEPH. — Sans doute et fort lisible... mais il ne faut pour écrire lisiblement, que le vouloir, et un amoureux, quelque grand homme qu'il soit, quand il se donne la peine d'écrire, veut être compris. (IUNG, *Lucien et ses Mémoires*, t. II, p. 217.)

de ce jeune dieu, dont tout le monde parle, que tout le monde admire en Italie, en France, en Autriche, en Allemagne, en Angleterre, partout, — excepté elle. Pourquoi? Encore une fois, parce que c'est son mari!

Enfin, par une dernière lettre, Bonaparte annonce à sa trop légère épouse, qu'il va arriver. Son amour est bien opiniâtre : il a résisté à plus d'une demi-année d'indifférence et de mauvais procédés. Il lui écrit de Vérone, le 24 novembre 1796 :

« J'espère bientôt être dans tes bras. Je t'aime à la fureur... Tout va bien. Wurmser a été battu sous Mantoue. Il ne manque à ton mari que l'amour de Joséphine pour être heureux[1]. »

Oui, un peu de tendresse en arrivant à Milan, rien qu'un peu, et Bonaparte sera heureux!... Il aime tant sa femme!... Oh! oui, un peu d'amour, et tout sera réparé, tout sera oublié!

Enfin, le voilà venu, ce jour que Bonaparte croyait ne devoir jamais arriver! Trois fois vingt-quatre heures après avoir envoyé à sa femme le petit billet qu'on vient de lire, Bonaparte arrive à Milan. Il descend à la porte du palais Serbelloni; il monte à la hâte, sans rien demander, sans rien écouter, tant il est pressé de serrer dans ses bras son épouse adorée. Il y a si longtemps, le pauvre, qu'il ne l'a vue!... Il pousse la porte de la chambre où sa femme, sans aucun doute, est à l'attendre...; le bonheur est là!... Hélas! c'est le désespoir, la honte!

Le nid est vide: l'oiseau s'est envolé!

Joséphine n'est pas là: elle savait bien que son mari allait venir; mais il y avait des fêtes à Gênes et

1. *Lettres de Napoléon à Joséphi[illegible]* .. I, pièce XVII.

elle est allée à Gênes. Quoi de plus naturel! Pourquoi Bonaparte aurait-il des « mécontentements jaloux? »[1] Un mari ne doit-il pas être heureux de voir que sa femme s'amuse?

Ce n'est sans doute pas ce que pense le général Bonaparte; il ne prend pas ce qui touche son honneur et ce qui détruit son bonheur jusqu'à la dernière illusion, aussi légèrement que ceux que ces détails ne touchent en rien et qui s'en amusent. Cette femme; sa femme, était tout pour lui; il n'y avait pas une goutte de son sang qu'il ne fût prêt à verser pour elle; ses victoires, sa gloire, rien ne comptait pour lui; il n'avait qu'un souci au monde, qu'un bonheur: c'était de rendre heureuse sa Joséphine, de lui donner une gloire immense, plus grande que jamais femme n'en ait eu avant elle. Et, par la plus infernale des fatalités, il y avait au monde une femme à qui les victoires, la gloire et le mari qui les lui donnait, tout était indifférent, et, cette femme, c'était la sienne! Oh!...

Comme ils sont tristes et cruels ces moments où l'odieuse trahison, vous précipitant du haut des rêves sereins du plus pur amour dans la boue de la réalité, vous révèle tout à coup les profondeurs ténébreuses du cœur d'une femme indigne à qui vous avez donné votre amour! Oh! ces tourments aigus de l'amour trahi, de la confiance, de l'honneur trompés! ces affres de la jalousie qui vous mord au cœur et le déchire en lambeaux! cette honte de se voir la dupe d'une femme, qui se rit de vous et de votre amour! Oh! cette indigation d'en avoir été le jouet!

1. Général Philippe de Ségur, *Mémoires*, t. I, p. 28.

Bonaparte sent tout cela; mille idées confuses de vengeance, d'amour, de haine tourbillonnent dans la tête du pauvre amant déçu : une nuit profonde se répand, comme une sinistre tache d'encre, sur son âme brisée, et c'est avec la rancœur amère d'un amour trahi qu'il ne parvient pas à arracher de son âme, tant il y avait poussé de solides racines, qu'il trace ces mots, pleins de résignation amoureuse, de larmes rentrées et de désespoir navrant :

« *A Joséphine, à Gênes.*

« Milan, le 7 frimaire an V (27 novembre 1796),
trois heures après-midi.

« J'arrive à Milan, je me précipite dans ton apparment, j'ai tout quitté pour te voir, te presser dans mes bras... tu n'y étais pas : tu cours les villes avec des fêtes ; tu t'éloignes de moi lorsque j'arrive, tu ne te soucies plus de ton cher Napoléon. Un caprice te l'a fait aimer, l'inconstance te le rend indifférent.

« Accoutumé aux dangers, je sais remède aux ennuis et aux maux de la vie. Le malheur que j'éprouve est incalculable, j'avais le droit ne n'y pas compter.

« Je serai ici jusqu'au 9 dans la journée. Ne te dérange pas ; cours les plaisirs ; le bonheur est fait pour toi. Le monde entier est trop heureux s'il peut te plaire, et ton mari seul est bien malheureux ! [1] »

Et quel est le « malheureux » qui écrit ces mots désespérés ? Encore une fois, c'est un homme plein de jeunesse, de génie et de gloire, un héros, un demidieu que l'Europe entière admire et envie !

Le pauvre amant ne peut croire à une infortune

1. *Lettres de Napoléon à Joséphine*, t. I, pièce XVIII.

aussi complète et aussi imméritée. Il écrit encore le lendemain à l'infidèle. Mais comme il a beaucoup réfléchi, il commence à se rendre compte que cette femme n'est pas capable d'amour, qu'elle n'a pas de cœur, et pourtant, le malheureux, il l'aime toujours! Il ne demande qu'à pardonner, qu'à oublier les fautes de celle qui l'a oublié lui-même. Tout cela ressort de cette lettre empreinte d'une amère résignation et d'un amour touchant, qu'il lui écrit le lendemain :

« *A Joséphine, à Gênes.*

« Milan, le 8 frimaire an V (28 novembre 1796),
huit heures du soir.

« Je reçois le courrier que Berthier avait expédié à Gênes. Tu n'as pas eu le temps de m'écrire, je le sens facilement. Environnée de plaisirs et de jeux, tu aurais tort de me faire le moindre sacrifice.

« Berthier a bien voulu me montrer la lettre que tu lui as écrite. Mon intention n'est pas que tu déranges rien à tes calculs, ni aux parties de plaisir qui te sont offertes; je n'en vaux pas la peine, et le bonheur ou le malheur d'un homme que tu n'aimes pas n'a pas le droit de t'intéresser,

« Pour moi, t'aimer seule, te rendre heureuse, ne rien faire qui puisse te contrarier, voilà le destin et le but de ma vie.

« Sois heureuse, ne me reproche rien, ne t'intéresse pas à la fidélité d'un homme qui ne vit que de ta vie, ne jouit que de tes plaisirs et de ton bonheur. Quand j'exige de toi un amour pareil au mien, j'ai tort: pourquoi vouloir que la dentelle pèse autant que l'or? Quand je te sacrifie tous mes désirs, toutes mes pensées, tous les instants de ma vie, j'obéis à l'ascendant que tes charmes, ton caractère et toute ta personne ont su prendre sur mon malheureux cœur. J'ai tort si la nature ne m'a pas donné les attraits pour te captiver, mais ce que je mérite de la part de Joséphine, ce sont des égards, de l'estime, car je t'aime à la fureur et uniquement.

« Adieu, femme adorable, adieu, ma Joséphine. Puisse le sort concentrer dans mon cœur tous les chagrins et toutes les peines; mais qu'il donne à ma Joséphine des jours prospères et heureux. Qui le mérite plus qu'elle? Quand il sera constaté qu'elle ne peut plus aimer, je renfermerai ma douleur profonde et je me contenterai de lui être utile et bon à quelque chose. Je rouvre ma lettre pour te donner un baiser... Ah! Joséphine!... Joséphine!...[1] »

Et Joséphine, en lisant cette lettre, aura peut-être dit encore, mais peut-être, cette fois, avec une impatience accompagnée d'un gracieux haussement d'épaules: « Qu'il est drôle, ce Bonaparte! »

L'exaltation amoureuse du général Bonaparte n'avait d'égales que l'inconcevable légèreté et l'absolue indifférence de Joséphine. Femme au cœur sec, profondément égoïste, celle qu'on a appelée la bonne Joséphine parce qu'elle avait une manière toute aimable d'accueillir les visiteurs, ce qui n'était que l'expression gracieuse de cette indifférence égoïste de bonne compagnie, peut-être aussi parce que le mot de « bonne » était pris dans un sens où la bonté n'avait rien à voir, était encore capable d'exciter de l'amour, mais elle n'était pas capable d'en ressentir. Car on ne peut appeler de ce nom les caprices passagers, nés

1. *Lettres de Napoléon à Joséphine*, t. I, pièce XIX.

d'une rencontre fortuite, des hasards d'un voyage ou d'une impression momentanée, auxquels elle n'essaya pas de résister ; et il n'est même pas sûr que le général Bonaparte ait été agréé par elle autrement que sous l'empire d'un de ces caprices. Le froid calcul a dû peser davantage sur la décision de la coquette Joséphine. Ce n'est pas l'amour d'un homme, d'un mari, qu'il faut à ces sortes de femmes, natures superficielles et indifférentes, que les plaisirs vulgaires peuvent seuls séduire pour un temps ; ne faisant aucune différence entre un homme de cœur et un sot ; incapables au reste de s'attacher d'une façon durable même à celui-là, qui est pourtant ce qui leur convient le mieux, elles n'aiment que le luxe, la représentation, les fêtes, les galas, les soupers fins, elles n'aiment que le plaisir, que les compliments ; elles n'aiment qu'elles, elles n'aiment rien !

Et quelle place pourtant il y aurait eu à prendre auprès du général Bonaparte, pour une femme, pour une femme vraiment digne de ce nom, pour une femme de cœur et vertueuse ! Bien que les coquettes et les insignifiantes soient de beaucoup les plus nombreuses, il y en a, Dieu merci, plus qu'on ne pense, pour l'honneur de l'humanité, qui savent allier à tous les charmes de l'esprit les qualités plus solides d'un cœur bon, aimant, dévoué et fidèle; la France n'en manque pas de ces femmes vertueuses. Et si Bonaparte avait épousé une de celles-là, plus attrayantes, plus agréables mille fois, quoi qu'en pensent généralement les hommes, que ces coquettes avec leurs fadeurs pimentées et leurs artifices plus ou moins transparents, il est permis de croire que les angles de son caractère un peu sauvage, un peu corse, se fussent arrondis au contact journalier d'une âme droite, fidèle et aimante ; cette femme se fût passionnée pour la gloire et les travaux gigantesques de son mari ; sa prudence eût servi de frein à ce qu'ils avaient de trop vaste et de trop personnel ; elle eût maintenu son mari dans les limites d'une sage ambition. Trouvant la paix, l'amour, le bonheur à son foyer, il n'eût point cherché dans les hasards sanglants de la guerre un dérivatif à ses déceptions conjugales, une distraction au bonheur domestique qu'il n'avait point. « Peut-être eût-il valu davantage, s'il eût été plus et surtout mieux aimé[1] », a dit une femme de beaucoup de talent. Et voilà pourquoi cette *bonne* Joséphine, qui fut bonne, en effet, si, pour être bonne, il suffit de ne pas être méchante, de ne savoir rien refuser, ni à soi, ni aux autres, — excepté toutefois à son mari, — voilà pourquoi Joséphine fut infiniment audessous de la situation qu'une étonnante fortune lui avait réservée. Mais peut-on demander à une femme ce qu'elle ne peut ni comprendre, ni sentir ?

On connait les mœurs qui étaient alors à la mode dans les familles italiennes. Stendhal dans sa *Vie de Napoléon*, le général Thiébault dans ses précieux *Mémoires*, nous en ont laissé le tableau fort étrange. Auprès de chaque jeune femme était implanté une sorte de cavalier servant. Son rôle consistait à suppléer le mari auprès de sa femme en tout ce qu'il dédaignait ou négligeait de faire. C'est lui qui se chargeait de toutes les commissions de Madame : il allait chez la couturière, chez la modiste ; il l'accompagnait au théâtre, à l'église, à la *bottega* ; je ne sais où il ne l'accompagnait pas. C'était, à la lettre, un mari sup-

1. Mme de Rémusat, *Mémoires*, t. I, p. 148.

pléant. Ces mœurs scandalisèrent fort Mme de Staël, la première fois qu'elle fut en Italie ; elle n'était cependant pas facile à scandaliser ; mais nos officiers, tous jeunes et fous d'enthousiasme, et qui étaient, comme le dit Stendhal, « admirablement disposés pour faire tourner les têtes », se scandalisaient moins facilement. Le général Bonaparte eut à subir plus d'un assaut, entr'autres celui de la belle Mme Visconti ; mais il aimait sa Joséphine, et, pour lui, il n'y avait pas d'autre femme au monde. Mme Visconti, éconduite, se rejeta sur le major général Berthier, que son âge — il était peut-être le plus vieil officier de l'armée d'Italie — rendit plus humain : c'est là que se noua cette fameuse liaison qui devait durer jusqu'à la mort de Berthier, en 1815. Mme Grassini, qui soulevait tous les soirs des tonnerres d'applaudissements au théâtre de la Scala, à Milan, s'était prise, elle aussi, d'une belle passion pour le général Bonaparte ; mais elle ne fut pas plus heureuse que Mme Visconti, et elle ne verra couronner ses feux, comme on disait encore alors, que neuf ans plus tard, quand l'Empereur des Français viendra à Milan mettre sur sa tête la couronne de roi d'Italie.

Mme Bonaparte, qui était une femme à la mode, voulut sans doute prendre les modes et les mœurs du pays où l'avait fait venir son mari. Parmi les officiers qui formaient la cour de Mme Bonaparte au palais Serbelloni se trouvait un jeune homme attaché à l'adjudant général Leclerc, M. Hippolyte Charles. Il était « petit, mais bien fait. Sa peau était fort brune, ses cheveux d'un noir de jais, ses dents et ses yeux passables, et ses mains et ses pieds fort petits et comme il faut. Il avait de l'esprit, mais un genre d'esprit qui n'aurait peut-être pas convenu à tout le monde si l'on avait pu choisir le sien. Il s'exprimait par exemple toujours en calembours. Il faisait le polichinelle en parlant. Il était ce qu'on appelle un *drôle de garçon*, il faisait rire[1]; il était impossible de trouver un homme plus comique[2]; il était charmant...; il avait de beaux habits de hussard, bien chamarrés d'or, tenus avec beaucoup d'élégance...[3] ».

Il n'en fallait pas davantage pour attirer l'attention de Mme Bonaparte. A peine arrivée à Milan, elle l'avait déjà distingué. M. Charles, en effet, qui était alors lieutenant, avait été envoyé au-devant d'elle par l'adjudant général Leclerc pour la complimenter sur son heureuse arrivée en Italie. Mme Bonaparte lui avait fait la gracieuseté de le ramener dans sa voiture en compagnie de son beau-frère Joseph Bonaparte et du colonel Junot.

Une fois installée au palais Serbelloni, Mme Bonaparte autorisa le lieutenant Charles, ainsi que tous les officiers qui étaient à Milan, à venir lui présenter leurs hommages. Elle avait trouvé « drôle » le général Bonaparte; le lieutenant Charles lui parut bien plus drôle, partant bien plus agréable. Une grande intimité ne tarda pas à s'établir entre ce jeune homme amusant, qui ne demandait qu'à s'amuser, et cette femme ennuyée qui ne demandait qu'à en faire autant. « Il déjeunait au palais Serbelloni aussitôt que Napoléon partait pour quelque ville environnante. C'était une chose qui n'était inconnue de personne à l'armée et dans la ville de Milan[4]. »

Et quand elle sera invitée par les magistrats de la

1. Duchesse d'Abrantès, *Mémoires*, t. III, p. 212.
2. *Id.*, t. IV, p. 174.
3. *Id.*, t. III, p. 205.
4. *Id.*, t. III. p. 205.

ville de Gênes à venir assister à des fêtes, Mme Bonaparte, d'ordinaire si paresseuse, elle qui s'est tant fait prier pour aller de Milan à Brescia (il est vrai que c'était pour aller rejoindre son mari), elle n'hésitera pas à se rendre à Gênes. Mais M. Charles ne l'y accompagne-t-il pas? Et puis ne va-t-elle pas à des fêtes?

Le général Bonaparte ne connut sans doute pas à ce moment les relations qui s'étaient établies entre sa femme et M. Charles. Mais il les apprit sûrement un peu plus tard, soit qu'il les eût découvertes lui-même, et il avait l'œil assez perspicace pour cela, soit qu'on l'ait mis au courant de son infortune conjugale. Toujours est-il qu'un jour « au quartier général de l'armée d'Italie, le bruit courut tout à coup que le général en chef avait fait arrêter M. Charles et que, en suite de cette arrestation, il serait fusillé [1]. » Cependant, le général Bonaparte fit probablement la réflexion que, malgré la légitime envie qu'il pouvait avoir de se débarrasser de M. Charles, le code militaire n'appliquait pas ses rigueurs à un fait qui, après tout, n'avait rien à voir avec les affaires de service et qu'un autre côté de la vie de M. Charles, qui s'était fait l'agent de tous les fournisseurs, n'eût point suffisamment justifiées. Mme Bonaparte pleura beaucoup. Elle dut se rappeler, à ce moment, que les maris italiens étaient loin de se montrer aussi susceptibles que le sien : « Loin de prendre ombrage de l'assiduité du cavalier servant, la vanité du mari milanais eût été fort choquée de n'en point voir à sa femme [2]. » Mais le général Bonaparte n'était pas Milanais et avait le mauvais goût

1. Duchesse D'ABRANTÈS, *Mémoires*, t. III, p. 205.
2. STENDHAL, *Vie de Napoléon*, t. I, p. 148.

de partager les préjugés français sur ce sujet délicat. On était en Italie pourtant. Il avait tort de se fâcher; il n'avait qu'à en faire autant de son côté. N'était-ce pas la mode? Et puis, après tout, le succès de sa femme eût dû le flatter énormément. Mais il était si « drôle » avec ses idées étroites... Oh! les hommes!

Le général Bonaparte se borna à renvoyer de l'armée d'Italie cet officier, qui était devenu capitaine lorsque l'adjudant général Leclerc, nommé général de brigade, avait épousé la belle Pauline Bonaparte, sœur du général en chef.

Il paraît que cette séparation fut très pénible pour Mme Bonaparte et lui arracha des larmes bien amères, car Mme Leclerc disait plus tard à Mme Junot : « Ma belle-sœur a failli en mourir de chagrin, et certainement on ne meurt pas du chagrin de quitter ses amis. Il faut qu'il y ait eu plus que de l'amitié là-dedans... Moi, j'ai consolé mon frère, qui était bien malheureux [1]. »

Quand Mme Bonaparte revint de Gênes, elle savait que son mari était à Milan; elle avait reçu ses lettres désespérées et prévoyait bien que les premiers moments de leur réunion seraient orageux. Mais elle comptait sur l'amour sans bornes de son époux : en somme, depuis leur mariage, il n'était resté que deux jours avec elle à Paris, et une huitaine en Italie! Elle comptait donc pour le ramener, sur l'effet irrésistible de ses larmes et elle se promit bien de pleurer. Elle pleura, elle pleura beaucoup même, comme plus tard, chaque fois qu'elle eût quelque chose à se faire pardonner, et on l'eût volontiers prise pour la malheureuse victime des lubies jalouses d'un homme capri-

1. Duchesse d'Abrantès, *Mémoires*, t. III, p. 206.

cieux et fantasque. Bonaparte pardonna ; il pardonna une faute que ses compatriotes pourtant ne pardonnent guère et la sévérité du Corse outragé et irréprochable tomba devant les larmes de la coquette coupable : il l'aimait tant ! Joséphine, c'était son premier amour, c'était toute sa jeunesse, tout son cœur, ses promesses d'avenir, ses illusions, sa vie ! c'est à elle qu'il rapportait toutes ses actions, tous ses succès, toute sa gloire ! Il croyait sincèrement que c'était à elle, à son amour qu'il les devait. Oh ! comme il l'aimait, sa Joséphine !

Il pardonna, il oublia, même, ou essaya d'oublier. Mais il vit clairement, enfin, malgré son amour, qu'il n'était pas aimé. Il commença à comprendre sa femme, et son incompréhensible frivolité, et la futilité incurable de son cœur. Il se résigna à ne plus la regarder que comme un joli petit animal, une manière de *Fortuné*, bien capricieux, bien désagréable aussi quelquefois, mais qu'il fallait continuer à aimer comme irresponsable et inconscient. Et, avec une grandeur d'âme qui n'avait d'égale que la grandeur de son amour, il oublia.

Et puis, pouvait-il faire autrement ? Quel éclat de rire ironique eût soulevé, d'une extrémité de l'Europe à l'autre, la nouvelle que l'homme de génie, que le jeune général dont la France applaudissait les victoires extraordinaires, était trompé par sa femme, et cela après avoir cohabité quinze jours peut-être en tout avec elle, depuis son mariage ! Quel prestige, quelle autorité pourrait-il avoir désormais, s'il divulguait de telles mésaventures conjugales, pour traiter avec la diplomatie autrichienne sérieuse et compassée, qui se serait donné l'air de le plaindre ; avec la diplomatie italienne, rusée et malicieuse, qui eût semblé se moquer de lui, avec les cardinaux, avec le pape! Oh! non, c'était bien assez du ridicule, sans se rendre plus ridicule encore en faisant publier par toutes les trompettes de la renommée qu'il était un mari de Molière! Ces raisons, sérieuses, on ne peut le nier, Bonaparte les invoqua peut-être en son for intérieur pour ne pas se séparer de la femme qu'il aimait toujours en dépit d'elle-même et de lui-même, quoique son amour fût en train de se modifier et de devenir une affection plutôt amicale, « froide comme cinquante ans »; était-il fait, après tout, autrement que les autres hommes, pour être à l'abri de ces petits calculs lâches et hypocrites, de ces capitulations intimes qui sont bien dans notre pauvre faiblesse humaine à la recherche d'un prétexte pour ne pas renoncer à un amour, à des habitudes auxquels nous sommes si attachés, et que nous n'avons pas le courage de nous avouer être plus forts que nous!

Joséphine aussi oublia. Cela lui était d'autant plus facile qu'elle avait tous les torts. Elle oublia même avec une rapidité remarquable et Bonaparte eut plus d'une fois encore, en Italie, à la rappeler à l'ordre. « Pendant ses premières campagnes d'Italie, dit Sismondi, il éloigna de son quartier général plusieurs des amants de Joséphine [1]. »

En attendant, la paix était faite dans le ménage. Comme toujours, c'était celui des deux époux qui n'avait aucun reproche à se faire qui avait dû s'amender, et le vainqueur de l'Italie avait sollicité son pardon de sa femme coupable. La bonne entente semblait revenue tout à fait entre Bonaparte et Joséphine depuis que l'amour du général avait été frappé

1. Notes de Sismondi, *Revue historique*, t. IX, p. 363.

d'un coup dont il ne devait jamais se relever, comme si l'amour eût été un obstacle au bon accord dans ce ménage. Une douce affection, qui désormais ne se démentira jamais chez Napoléon, le remplacera avantageusement, à ce qu'il semble, pour tous les deux. « C'est pendant ce court séjour à Milan que le jeune peintre Gros fit le premier portrait qu'on ait eu du général. Il le représenta sur le pont de Lodi, au moment où, armé d'un drapeau, il s'élança en avant pour décider les troupes. L'artiste ne pouvait obtenir un moment d'audience. Mme Bonaparte prenait son mari sur ses genoux, après déjeuner, et le fixait pendant quelques minutes [1] ».

Les inconséquences que Joséphine avaient faites à Paris en permettant les assiduités de Murat auprès d'elle, lorsque celui-ci était venu porter au Directoire le traité conclu par le général Bonaparte avec le roi de Sardaigne, eurent un écho en Italie, et cet écho parvint aussitôt aux oreilles du général en chef de l'armée française.

Le général Murat, un jour, avait invité à déjeuner plusieurs officiers de l'état-major général et quelques autres de la cavalerie. Aimant à trôner bien avant qu'il fût pour lui question d'un trône, il s'entourait de préférence d'officiers de grades inférieurs au sien. Sa nature gasconne et son humeur à la fois ambitieuse et bon enfant, se plaisaient déjà à conquérir des auditeurs et à captiver des courtisans.

On sait combien l'entrain et la gaieté régnaient parmi les officiers de l'armée d'Italie. Presque tous jeunes, « ils étaient, a dit Stendhal, fous d'enthousiasme et de bonheur, et admirablement disposés

1. Lavalette, *Mémoires*, t. I, p. 193.

pour faire tourner les têtes [1]. » C'est certain, ils firent tourner beaucoup de têtes féminines, et c'est bien le lieu ici de le redire avec Stendhal; car M. Charles ne fut pas une exception à l'armée d'Italie ; on n'a d'ailleurs, pour s'en convaincre, qu'à lire les *Mémoires* si intéressants et si intimes du général baron Thiébault. Mais les têtes de ces jeunes officiers tournaient bien plus facilement encore, quand les bouteilles de champagne étaient de la partie. C'est ce qui arriva au déjeuner offert par Murat, et le général y donna lui-même l'exemple de la légèreté.

La petite fête avait été on ne peut plus gaie et cordiale ; tout s'était passé à merveille. On parlait déjà de se séparer, et aussi de recommencer si l'occasion s'en retrouvait, lorsque le général Murat s'écria :

— Avant de vous laisser aller, je veux vous faire boire du punch de ma façon.

Et le général de vanter alors la manière dont il le savait faire. Il n'avait du reste, aucun mérite à cela, non pas qu'il en tînt la recette de l'auberge paternelle [2], mais bien d'une belle et aimable jeune femme, créole par-dessus le marché, etc., etc., ce qui devait donner, on le devine, bien plus de saveur à la chose.

Il se fait aussitôt apporter tout ce qu'il faut pour son punch. « Et surtout, recommande-t-il à son valet de chambre, surtout le rhum de la Martinique, de la Jamaïque veux-je dire, tu sais bien, celui que j'ai rapporté de Paris. »

Les jeunes fous étaient devenus sérieux devant ces importants préparatifs.

Quand tout eut été apporté sur la table, le général

1. STENDHAL, *Vie de Napoléon*, t. I, p. 138.
2. Murat, comme on le sait, était fils d'un aubergiste.

Murat alla prendre dans un écrin un ustensile en vermeil d'un usage inconnu.

— Tiens! qu'est-ce que c'est que cela?

— Cela sert à exprimer le jus des oranges et des citrons pour faire le punch « à la créole »; c'est un souvenir de ma « maitresse » de punch.

Le petit pressoir fit à merveille sa besogne, Murat fit bien la sienne et ses invités encore mieux la leur; tant et si bien qu'au lieu d'un bol de punch on en vida une série interminable.

Et Murat, aussi fou, aussi jeune que ses invités, de se laisser aller (le bonheur, le champagne et le punch le rendaient expansif) à conter que la belle créole lui avait montré cela et bien d'autres choses encore, dans la plus charmante des intimités. Emballé complètement, il raconta, devant l'insistance unanime, « des choses dont les détails étaient convenables pour un déjeuner d'officiers de hussards [1] ». Quand il eut fini, il se rengorgea d'un petit air conquérant tout empreint de fatuité satisfaite.

Le nom de la belle créole? Tout le monde l'avait deviné et pas n'était besoin de mettre les points sur les i quand un des officiers, prenant le pressoir de vermeil pour l'examiner, remarqua qu'il portait des initiales gravées.

— Oh! oh! dit-il : J. B! Je suis sûr que j'ai deviné : ba, be, bi, bo... c'est cela; c'est bo, n'est-ce pas? Bo... bona...

— Taisez-vous! s'écria le général Murat, qui voulait bien qu'on devinât quelle était la créole qui lui avait dévoilé tant de belles choses, mais qui ne désirait pas qu'on prononçât son nom.

1. Duchesse D'ABRANTÈS, *Mémoires*, t. II, p. 238.

La petite fête terminée, chacun rejoignit son quartier général ou son régiment, et l'on oublia les détails du déjeuner pour ne se souvenir que d'une chose : c'est qu'il était délicieux et que le général Murat savait recevoir à merveille.

Mais, le soir même, le général Bonaparte était instruit de tout ce qui s'était fait et dit à cette réunion intime. Il fit demander à Murat le pressoir de vermeil qui avait eu les honneurs du déjeuner ; mais ce malheureux ustensile ne put jamais se retrouver.

— C'est dommage, dit Murat, c'était un objet d'art, et j'y tenais à ce point que je l'avais fait marquer à mon chiffre : J. M., Joachim Murat.

— Mais on a dit qu'il était marqué J. B ?

— Erreur : celui qui l'a dit a mal vu. Ce n'est pas étonnant, du reste, avec ces vins d'Italie qui sont traîtres comme les habitants du pays, avec du champagne et du punch par-dessus le marché ; on a bien pu confondre une M avec un B. Mais quel dommage que mon petit pressoir soit perdu !

Quoi qu'il en soit, le général Bonaparte, dans la crainte peut-être de voir qu'il était trop exactement renseigné, ne voulut pas approfondir davantage cet incident et ne poussa pas plus loin ses investigations. Mais il prit de l'humeur contre le général Murat et lorsque, plus tard, il dressa la liste des officiers qu'il désirait emmener avec lui en Egypte, il eut grand soin de ne pas y inscrire le nom de Murat. Son intention, en ce moment, était de se faire accompagner par Joséphine en Egypte. Aussi ne fut-il pas médiocrement étonné et mécontent de voir le général Murat nommé par le ministre de la guerre au commandement d'une brigade de dragons dans le corps expéditionnaire. A qui, à quoi était due cette nomination? Eh! mon Dieu, aux démarches de Mme Bonaparte, qui avait conservé sa bienveillance à Murat, et à son influence sur le directeur Barras!

CHAPITRE IV

L'amour de Bonaparte pour sa femme commence à se changer en une douce affection. — Joséphine veut retourner à Paris. — Son fils Eugène vient la retrouver à Milan. — Bonaparte le prend en qualité d'aide de camp. — Préliminaires de Léoben. — Fêtes à Milan. — Joséphine ne parle plus de quitter l'Italie. — Promenade au lac Majeur. — La vie de Mme Bonaparte à Milan. — Son salon. — Villégiature au château de Montebello. — Toute la famille Bonaparte vient auprès du général. — Pauline Bonaparte épouse le général Leclerc. — Peu de sympathie entre les deux belles-sœurs. — Rivalité de coquettes. — Mme Bonaparte et Mme Leclerc vont visiter le colonel Junot, blessé. — Portrait de Joséphine. — Mort de *Fortuné*. — Séjour à Passeriano. — Départ. — Arrivée à Paris.

Après les victoires éclatantes de cette merveilleuse campagne d'Italie, entre la prise de Mantoue et la signature des préliminaires de Léoben, le général Bonaparte, épuisé par les fatigues de la guerre au moins autant que par les tortures d'une jalousie aiguë dont les motifs n'étaient que trop réels, était véritablement dans un état de santé pitoyable. Il était plus pâle et plus maigre que jamais. « Les émigrés disaient : « Il « est jaune à faire plaisir. » Et on buvait à sa mort prochaine[1]. » Quant aux soldats, ils aimaient tant

1. STENDHAL, *Vie de Napoléon*, t. I, p. 248.

Bonaparte, qu'ils « adoraient jusqu'à l'air maladif du général en chef[1]. » Sa femme s'apercevait peut-être du dépérissement physique de son mari, mais Mme Letizia Bonaparte, sa mère, en fut douloureusement frappée quand elle le revit pour la première fois en Italie. « Tu te tues ! lui dit-elle. — Il me semble au contraire que je vis, répliqua son fils en souriant[2]. »

Toujours est-il qu'il put, alors, prendre un peu de repos et de corps et d'esprit. Du reste, après la cruelle déception qu'il venait d'éprouver dans son amour, il sera, comme on l'est après toute crise, quand on a repris le dessus, plus calme d'esprit et de cœur. Il continuera cependant à écrire affectueusement à sa femme. Mais les inconséquences et la froideur de Mme Bonaparte ont tant fait que cet amour, qui chez tout autre mari eût été irrévocablement détruit, se changera en une douce affection, pas tout à fait « froide comme quinze années de mariage », pour employer une expression du général, mais qui survivra à de nouveaux orages et même au divorce. Il écrit toujours à sa femme, mais l'exaltation amoureuse n'est plus qu'une sollicitude amicale, bien qu'il y ait de temps en temps quelques lueurs d'un feu plus vif et mal éteint sur lequel il n'y aurait pas besoin de souffler longtemps pour en faire jaillir étincelles et flammes. Mais, comme Joséphine met toujours la même paresse, la même indifférence et la même inexactitude à répondre aux lettres de son mari, ce feu ne se rallumera pas.

« Je suis toujours à Ancône, lui écrit Bonaparte le 10 février 1797. Je ne te fais pas venir parce que tout

1. STENDHAL, *Vie de Napoléon*, t. I, p. 193.
2. Baron LARREY, *Madame Mère*, t. I, p. 258.

n'est pas encore terminé; mais sous peu de jours j'espère que cela sera terminé. D'ailleurs, ce pays-ci est très maussade et tout le monde a peur.

« Je pars demain pour les montagnes. Tu ne m'écris point ; tu devais cependant me donner de tes nouvelles tous les jours. Je te prie d'aller te promener tous les jours, cela te fera du bien.

« Je te donne un million de baisers. Je ne me suis jamais autant ennuyé qu'à cette vilaine guerre-ci.

« Adieu, ma douce amie, pense à moi[1]. »

Trois jours après, nouvelle lettre, où l'amoureux semble avoir bien pris son parti de l'indifférence de sa Joséphine.

« Je ne reçois pas de tes nouvelles, et je ne doute pas que tu ne m'aimes plus. Je t'ai envoyé des journaux et différentes lettres. Je pars à l'instant pour passer les montagnes. Du moment que je saurai à quoi m'en tenir, je te ferai venir avec moi : c'est le vœu le plus cher de mon cœur. Mille et mille baisers[2]. »

Pourquoi Mme Bonaparte n'écrivait-elle pas à son mari ? Oh ! mon Dieu, c'est bien simple ; depuis le commencement de son mariage, elle n'a pas changé : elle n'aime pas les corvées, et comme c'en est une que d'écrire à son mari, à un homme qu'on n'aime pas, elle ne lui écrit pas, voilà tout. Puis, pour se faire pardonner sa paresse, elle dira, comme toujours, qu'elle a été malade, c'est bien simple aussi. L'idée que sa femme est malade excite aussitôt une affectueuse sollicitude, rallume peut-être un peu d'amour chez Bonaparte.

1. *Lettres de Napoléon à Joséphine*, t. I, pièce XXI.
2. *Ibid.*, pièce XXII.

« Tu es triste, tu es malade, lui mande-t-il le 16 février; tu ne m'écris plus, tu veux t'en aller à Paris. N'aimerais-tu plus ton ami? Cette idée me rend malheureux. Ma douce amie, la vie est pour moi insupportable depuis que je suis instruit de ta tristesse. Je m'empresse de t'envoyer Moscati, afin qu'il puisse te soigner. Ma santé est un peu faible; mon rhume dure toujours. Je te prie de te ménager, de m'aimer autant que je t'aime, et de m'écrire tous les jours. Mon inquiétude est sans égale.

« J'ai déjà dit à Moscati de t'accompagner à Ancône, si tu veux y venir. Je t'écrirai là pour te faire savoir où je suis.

« Peut-être ferai-je la paix avec le Pape et serai-je bientôt près de toi; c'est le vœu le plus ardent de mon âme.

« Je te donne cent baisers. Crois que rien n'égale mon amour, si ce n'est mon inquiétude. Écris-moi tous les jours toi-même. Adieu, très chère amie[1]. »

Ainsi, Joséphine veut retourner à Paris. Comme un enfant gâté et volontaire qui s'ennuie dans une maison où ses parents l'ont mené, elle dit: « Je veux m'en aller! » Et ce n'est pas près de son mari, qu'elle veut aller; non; comme si elle n'en était pas assez éloignée, c'est de Paris qu'elle rêve. Elle ne s'amuse pas assez en Italie, elle « trouve qu'on l'a fêtée gauchement[2] », il lui faut Paris!

Et son bon mari ne se fâche pas de ce désir si désobligeant pour lui; il ne pense pas que M. Charles, l'ancien aide de camp du général Leclerc, l'ancien cavalier

1. *Lettres de Napoléon à Joséphine*, t. I, pièce XXIII.
2. Un homme d'autrefois: *le Marquis Costa de Beauregard*, p. 363.

de Mme Bonaparte aux fêtes de Gênes, que M. Charles, qu'il voulait faire fusiller et qu'il a chassé de l'armée d'Italie, est maintenant à Paris. Non, il n'y songe pas, et dans la lettre qui suit, il serait difficile de trouver le moindre mot indiquant de la jalousie ou de la mauvaise humeur pour un procédé si peu aimable. Au contraire, selon l'usage des amants, il se demande ce qu'il a bien pu faire, quel tort il peut avoir envers sa bien-aimée :

« La paix avec Rome vient d'être signée... Bologne, Ferrare, la Romagne sont cédées à la République. Le Pape nous donne trente millions, dans peu de temps, et des objets d'art.

« Je pars demain pour Ancône et de là pour Rimini, Ravenne et Bologne. Si ta santé te le permet, viens à Rimini ou Ravenne; mais ménage-toi, je t'en conjure.

« Pas un mot de ta main, bon Dieu! Qu'ai-je donc fait? Ne penser qu'à toi, n'aimer que Joséphine, ne vivre que pour ma femme, ne jouir que du bonheur de mon amie, cela doit-il me mériter de sa part un traitement si rigoureux? Mon amie, je t'en conjure, pense souvent à moi et écris-moi tous les jours. Tu es malade ou tu ne m'aimes pas! Crois-tu donc que mon cœur soit de marbre? Et mes peines t'intéressent-elles si peu? Tu me connaîtrais bien mal. Je ne le puis croire. Toi, à qui la nature a donné l'esprit, la douceur et la beauté, toi qui, seule, pouvais régner dans mon cœur, toi qui sais trop, sans doute, l'empire absolu que tu as sur moi, écris-moi, pense à moi et aime-moi.

« Pour la vie, tout à toi[1]. »

1. *Lettres de Napoléon à Joséphine*, t. I, pièce XXIV.

Cette lettre est du 19 février 1797, jour où Bonaparte venait de signer, comme on le voit, la paix avec le Pape. C'est la dernière qu'il écrivit à sa femme pendant la campagne d'Italie ou du moins la dernière qui figure dans le recueil des *Lettres de Napoléon à Joséphine*, publié en 1833 par la reine Hortense.

Ce fut à peu près vers ce temps que le jeune Eugène de Beauharnais, fils de Mme Bonaparte, vint à Milan. Il était alors âgé de dix-sept ans et le général en chef, qui avait pour lui beaucoup d'affection, le fit aussitôt entrer au service et se l'attacha en qualité d'aide de camp. Il justifia assez, du reste, par son courage et sa bonne volonté, les espérances que se plaisait à placer sur lui son beau-père; mais la tendresse du général Bonaparte s'est exagéré singulièrement la valeur du fils de Joséphine.

La période active de la campagne d'Italie touchait à sa fin. Les Autrichiens avaient été battus en toutes rencontres, leurs armées détruites : Beaulieu, Wurmser, Alvinzi, puis l'archiduc Charles, le premier homme de guerre de l'Autriche, qui s'était illustré dans les campagnes sur le Rhin, avaient dû successivement reconnaître à leurs dépens la supériorité des armes françaises et le génie indomptable de l'homme qui les maniait si habilement. Bonaparte sentait que l'heure de la paix avait sonné. Il envoya à l'archiduc Charles une lettre dont la forme démocratique plut singulièrement à son armée toute républicaine, et qui exprimait en termes élevés son désir de voir terminer les hostilités entre les deux pays. L'armée française n'était plus qu'à vingt-cinq lieues de Vienne. L'Autriche avait vaillamment combattu, et, avec un patriotisme qu'on ne saurait trop admirer, elle avait fait des efforts héroïques pour vaincre une mauvaise fortune constante. Il fallut cependant subir le sort de la guerre. Le prince Charles s'inclina devant une impérieuse nécessité et, le 18 avril 1797, le général Bonaparte signait les fameux préliminaires de Léoben. Dans les premiers jours de mai, il était de retour à Milan.

A partir de ce moment, Mme Bonaparte ne parle plus de rentrer à Paris. Elle jouissait d'une fête pour ainsi dire continuelle : les dîners, les adresses, les députations, les solennités, les cadeaux se succédaient sans interruption. Elle prenait sa part des acclamations qui retentissaient sous ses fenêtres dès qu'elle paraissait, ainsi que des ovations enthousiastes que le peuple en délire faisait au libérateur de l'Italie. La petite cour qui s'était formée autour d'elle, au palais Serbelloni, s'était augmentée d'un grand nombre de généraux de l'armée et de l'état-major du général en chef. Là étaient tous les aides de camp de Bonaparte : Marmont, qui devait en 1814 amener, par sa défection d'Essonnes, l'abdication de l'empereur, mais qui, alors, était un des plus chauds et des plus dévoués admirateurs de son général; Duroc, le futur grand maréchal du palais, celui qui devait avoir toute la confiance de l'empereur, et qu'un boulet de canon perdu devait enlever en 1813, le soir du combat de Reichenbach ; Lemarrois, qui devait s'illustrer par sa défense héroïque dans Magdebourg, en 1813 et 1814 ; Sulkowski, que Bonaparte aimait tant, et à qui l'expédition d'Égypte devait être fatale ; Croisier, qui devait aussi périr dans la même expédition ; Eugène de Beauharnais, qui devait contribuer, en 1814, à la chute de l'Empire ; Murat qui devait y contribuer encore bien davantage...

Mais quelques-uns des premiers aides de camp de Bonaparte ne sont plus là et leur absence jette, pendant quelques jours, comme une ombre de deuil sur les réunions brillantes du palais Serbelloni : Muiron s'est fait tuer à Arcole, en couvrant de son corps son général en chef; Elliot a été tué deux jours après; Junot est couvert de blessures et a été rapporté mourant, mais il est à Milan et le chirurgien Ivan répond de le sauver.

Bourrienne, l'ancien condisciple de Bonaparte à l'école de Brienne et qui, à présent, est devenu le secrétaire du général en chef de l'armée d'Italie, figure avec honneur, à cette époque-là du moins, au milieu de ce brillant état-major. Son esprit, son entrain, ses bonnes manières lui ont conquis tout particulièrement la confiance de Mme Bonaparte. Elle subit, sans s'en douter, l'influence de Bourrienne; elle ne voit que par Bourrienne; c'est Bourrienne qui la fait agir; son faible caractère, son esprit léger se sont peu à peu soumis à la direction immédiate de Bourrienne, et, cette direction, elle la subira maintenant toujours, même après la disgrâce du secrétaire intime de son mari.

Les journées passaient, rapides et enivrantes, sous le ciel toujours bleu et au milieu du printemps tout parfumé de l'Italie. On faisait des excursions dans les environs, au lac de Côme, au lac Majeur. Ce pays n'est-il pas le paradis terrestre? Jean-Jacques Rousseau, l'amant de la nature avant d'être celui de Julie, avant tout, ne l'a-t-il pas déclaré?

Le récit d'une de ces promenades au lac Majeur nous a été laissé par M. Miot de Melito. Il est assez curieux pour être cité ici. « Nous partîmes de Milan, dit-il, le 1er fructidor (18 août). J'étais dans la voiture de Bonaparte avec sa femme et Berthier. Pendant la route, il était gai, animé, nous raconta plusieurs anecdotes de sa jeunesse et nous dit qu'il venait d'avoir vingt-huit ans. Il montrait des soins très empressés pour sa femme et prenait fréquemment avec elle des libertés conjugales qui ne laissaient pas que de nous embarrasser, Berthier et moi, mais ces manières libres étaient empreintes d'un si vif sentiment d'affection et de tendresse pour cette femme aussi aimable que bonne, qu'on pouvait aisément les excuser. La conversation tourna cependant quelquefois sur des objets sérieux, mais sans qu'il laissât rien échapper de ce qui l'occupait. Bonaparte eut occasion de parler de Talleyrand et il fit son éloge, vanta son esprit, ses moyens, et fut secondé dans ses louanges par sa femme. L'entretien roula aussi sur quelques autres personnages qui pouvaient jouer un rôle dans les affaires publiques à Paris... Je lui citai Rœderer, dont je fis valoir l'esprit pénétrant, les talents comme écrivain et les connaissances étendues. Mais il me montra une extrême répugnance pour lui. Il l'attaqua vivement sur la conduite qu'il avait tenue au 10 août à l'égard de Louis XVI et de sa famille. Je pris sa défense de mon mieux, mais Mme Bonaparte ne m'appuya pas,

« Après une route que la chaleur de la saison rendait assez pénible, quoique nous en eussions fait la plus grande partie pendant la nuit, nous arrivâmes sur les bords du lac Majeur et vînmes nous établir dans le palais magnifique bâti au milieu de l'Isola-Bella, la plus belle des îles qui s'élèvent au sein de ce lac... Les sommets neigeux du Saint-Gothard et du Simplon se réfléchissant dans les eaux limpides et tranquilles du lac; le Tessin descendant en torrent du haut de ces monts et venant confondre ses ondes avec celles de ce vaste réservoir d'où il s'échappe ensuite pour aller féconder par mille canaux les campagnes de la Lombardie ; la vue riante des coteaux semés d'habitations qui bornent le lac au nord, et des riches moissons couvrant les plaines que ses eaux baignent au midi, tout contribuait à cette époque de l'année à rendre le tableau qui se déroulait sous nos yeux plus pompeux que dans toute autre saison...[1] Nous jouissions de ce calme délicieux qui contrastait avec les scènes terribles de la guerre.

« Les deux jours que nous passâmes à l'Isola-Bella furent très agréables. La promenade, les bains, les plaisirs de la table en remplirent tous les moments, et ce ne fut pas sans regrets que nous quittâmes ces enchantements pour revenir à Milan[2]. »

Pendant la journée, on allait au *Corso*, le Longchamps des Milanais, faire la promenade traditionnelle. Mais écoutons un officier français qui, pendant la campagne de 1800, fut un promeneur habituel du *Corso*, et la description qu'il en fait : « Il serait de la dernière indécence de manquer à la promenade en voiture, que l'on appelle le *Corso*, et pour laquelle la bonne compagnie se donne rendez-vous chaque jour. Toutes les voitures se rangent à la file, après avoir fait une fois le tour du *Corso*, et restent ainsi une demi-heure. Les Français ne pouvaient revenir de l'é-

1. Le président de Brosses, dans ses lettres sur l'Italie, en donne la charmante description que voici : « Les bords du lac sont garnis de montagnes fort couvertes de bois, de treilles disposées en amphithéâtre, avec quelques villages et maisons de campagne, qui forment un aspect assez amusant. Nous voyions près de nous des montagnes couvertes de neige, *qui nous faisaient frais aux yeux*. »

2. Miot de Melito, *Mémoires*, t. I, p. 175.

tonnement que leur causait ce genre de promenade sans mouvement. Les plus jolies femmes venaient au *Corso* dans des voitures fort peu élevées au-dessus de terre, nommées *bastardelles*, et qui permettent fort bien la conversation avec les promeneurs à pied. Après une demi-heure de conversation, toutes ces voitures se remettent en mouvement à la nuit tombante (à l'*Ave Maria*), et, sans descendre, les dames viennent prendre des glaces au café le plus célèbre; c'était alors celui de la *Corsia de Servi*.

« Dieu sait si les officiers de cette jeune armée manquaient de se trouver à l'heure du *Corso*, sur le bastion de la porte orientale. Les officiers de l'état-major brillaient, parce qu'ils étaient à cheval, et s'arrêtaient auprès des voitures des dames. Avant l'arrivée de l'armée, on ne voyait jamais que deux rangs de voitures au *Corso ;* de notre temps, on en vit toujours quatre files, occupant toute la longueur de la promenade, et quelquefois six. C'était au centre de ces six rangs de voitures, que celles qui arrivaient faisaient leur tour unique au très petit trot [1].

Lorsqu'elle rentrait de sa promenade au *Corso*, Mme Bonaparte avait à *tenir son salon*, comme disait le général. Les officiers, les hauts fonctionnaires de l'armée, les magistrats italiens, leurs femmes, venaient déposer à ses pieds des hommages qu'elle devait au génie de son mari. Des émigrés se présentaient aussi au palais Serbelloni : ils étaient accueillis avec courtoisie et même avec empressement par Mme Bonaparte qui eut toujours un faible pour tout ce qui touchait à l'ancien régime et tout ce qui était irrégulier ; quant au général Bonaparte, soit calcul, soit

1. STENDHAL, *Vie de Napoléon*, t. I, p. 145.

bonté naturelle envers ces malheureux, soit pour ne pas contrarier sa femme, il tolérait ces relations. Parmi les quelques femmes d'émigrés que voyait Mme Bonaparte, il y avait la comtesse d'Antraigues, cette ancienne chanteuse, autrefois connue sous le nom de Saint-Huberty et qui, devenue la maîtresse du comte d'Antraigues, avait fini par se faire épouser. Son mari, qui avait été révolutionnaire sous Louis XVI et qui, depuis la République, était devenu fervent royaliste, avait émigré et s'était fait l'un des agents les plus actifs du parti royaliste. Le général Bonaparte tolérait la présence de la Saint-Huberty chez lui, soit qu'il espérât en tirer quelque utilité (il avait fait arrêter et emprisonner le comte d'Antraigues), soit qu'il eût conservé pour elle un sentiment de bienveillance ; c'est elle en effet qui, à Marseille, lui avait inspiré les premiers et les seuls vers qu'il fit de sa vie [1]. De son côté l'ancienne chanteuse ne venait chez Mme Bonaparte que pour tâcher d'obtenir l'élargissement de son mari ou peut-être même de surprendre quelque secret qui pourrait lui être utile. Un jour, une scène violente se passa au palais Serbelloni. Des lettres du comte d'Antraigues, écrites de sa prison et prouvant clairement sa qualité d'agent royaliste, avaient été interceptées et remises au général Bonaparte. Quelques instants après, Mme d'Antraigues entrait au palais Serbelloni. « Bonaparte la reçut avec une sortie virulente contre ce scélérat, ce coquin qui récompensait ses bontés en le dénonçant... « Peut-être demain, lui dit-il, à six heu-
« res, votre mari sortira de prison et je vous l'enverrai
« avec dix balles dans le ventre. » La Saint-Huberty

1. Duchesse d'Abrantès, *Histoire des salons de Paris*, t. II, p. 379.

crut cette menace sincère et, ramenée à ses instincts d'actrice tragique, elle jeta son jeune fils qui l'accompagnait au devant de lui : « Pourquoi ne le joindriez-« vous point à son père ? N'est-il pas mûr pour cette « boucherie ? » Et tandis que l'enfant éperdu s'attachait en criant à la botte du général : « Quant à moi, « ajouta-t-elle, je vous conseille de me faire fusiller, « car je vous assassinerai partout où je pourrai. » A ses cris, Mme Bonaparte accourut, l'entraîna dans une pièce voisine et, l'embrassant, essaya de la calmer. La Saint-Huberty lui raconta ce qui venait de se passer[1]. » On voit que Mme Bonaparte, en recevant l'ancienne maîtresse de cet espion royaliste et en se liant avec elle, n'était pas très difficile sur le choix de ses relations. Mais, au fait, avait-elle le droit de l'être? En tout cas, elle n'en avait pas l'intention. Elle recevait bien, à Paris, la maîtresse de M. Denon, dont elle avait fait son amie intime, ainsi que Mme Tallien et plusieurs autres, plus ou moins tarées ou irrégulières, dont le général Bonaparte, plus tard, quand il sera premier consul, nettoyera un jour son salon. Mme Hamelin était aussi à Milan ; Mme Regnault (de Saint-Jean-d'Angely), d'une beauté que l'on cita longtemps, et d'une inconduite que l'on ne cita pas moins, était venue y rejoindre son mari ; Mme Léopold Berthier, belle-sœur du major général, qui devait divorcer peu d'années plus tard et épouser l'illustre général Lasalle, y était également, ainsi que d'autres femmes que leurs maris avaient fait venir à Milan. Ce sont ces femmes qui formaient la cour du palais Serbelloni.

Le soir, après le dîner, on se réunissait sur la ter-

1. Léonce Pingaud, *Un agent secret sous la Révolution et l'Empire : Le comte d'Antraigues*, p. 177.

rasse, comme l'usage est de le faire en Italie, après le coucher du soleil; on prenait le café; ensuite on rentrait au salon, on jouait au vingt-et-un [1], on prenait des glaces qui venaient de la *bottega* à la mode; les croisées ouvertes laissaient pénétrer l'air doux et embaumé des belles soirées du printemps italien, tandis que les acclamations enthousiastes du peuple, se pressant en foule sous les fenêtres du palais, témoignaient de son admiration pour le vainqueur des Autrichiens. C'étaient là des joies bien enivrantes auxquelles tout le monde, autour de Bonaparte, se laissait aller avec délices et que le général goûtait lui-même, au milieu de tout son entourage, « avec une bonhomie allant jusqu'à une douce familiarité [2]. »

Cependant Bonaparte avait écrit à sa mère de venir le rejoindre en Italie, puisque les hostilités avaient cessé, et d'amener avec elle ses frères et ses sœurs. Il avait plus d'un projet en l'invitant à venir à Milan. Il devait d'abord ressentir un très réel plaisir à revoir sa famille, pour laquelle il avait beaucoup d'affection. En Corse, l'esprit de famille est plus développé que partout ailleurs et l'on sait ce que Napoléon, lieutenant d'artillerie ou puissant empereur, a de tout temps fait pour les siens. Ensuite, c'était bien le moment, dans sa jeune et brillante gloire, de présenter sa femme à sa famille, dans laquelle elle était entrée malgré le vœu de Mme Letizia, malgré les objurgations de Lucien qui avait souvent rencontré la belle veuve chez Barras [3] et qui n'avait pas eu pour elle les yeux indulgents de son frère Napoléon; car c'est d'après

1. Duchesse d'Abrantès, *Mémoires*, t. I, p. 450.
2. Duc de Raguse, *Mémoires*, t. I, p. 297.
3. Th. Jung, *Lucien Bonaparte et ses Mémoires*, t. II, p. 212.

ses dires, auxquels s'était pleinement rapportée la famille Bonaparte, que le mariage de Napoléon avec la veuve du général de Beauharnais n'avait pas été vu d'un bon œil. De son côté, Mme Letizia avait fiancé sa fille Elisa à M. Baciocchi, officier subalterne, et le mariage venait de se célébrer le 1er mai, à Marseille.

On avait négligé de demander l'assentiment du général à cette union, ou tout au moins son avis. Napoléon s'en était montré quelque peu froissé, et, dans un esprit de conciliation on ne peut plus louable, il avait pensé que l'occasion était bonne pour oublier, en une cordiale réunion de famille, les torts que l'on pouvait avoir les uns vis-à-vis des autres, car Lucien aussi s'était marié sans le consentement de sa mère et de ses frères. Napoléon avait de plus le projet, en vrai chef de famille qu'avaient fait de lui ses victoires, de marier sa sœur Pauline, dont il avait fait rompre l'union projetée et déjà commencée avec Fréron, à l'un des officiers de son état-major. Joséphine devait le seconder en ce projet, et « elle s'était plu à faire arranger au palais Serbelloni, pour sa jeune belle-sœur, un charmant appartement[1]. » Mais la famille Bonaparte ne put venir que dans les derniers jours de mai et, à ce moment, le général, sa femme, l'état-major général avaient quitté Milan pour ne pas rester en ville pendant les chaleurs. Bonaparte avait transporté, vers le milieu du mois de mai, son quartier général à Montebello, petite ville du royaume lombard vénitien, à égale distance de Vérone et de Vicence, sur la route de Venise.

Il avait choisi un château bien situé et assez vaste pour pouvoir y recevoir à l'aise toute sa famille

1. Duchesse D'ABRANTÈS, *Mémoires*, t. II, p. 98.

qui devait s'y trouver réunie. Le bonheur que la gloire du jeune général avait jeté sur tout ce qui portait le nom de Bonaparte devait, dans sa pensée, favoriser et rendre cordiaux pour toujours les rapports entre les Bonaparte et les Beauharnais. Mme Bonaparte se prêta, du reste, avec bonne grâce, aux désirs du général : « Joséphine, dit Napoléon dans ses *Mémoires*, se montra ce qu'elle devait être envers la mère de son mari, la combla d'attentions et de prévenances, traita aussi bien mes deux sœurs, sans négliger Baciocchi.

« Le voyage de ma famille avait pour but principal d'amener une réconciliation entre Elisa et moi ; elle venait de se marier tout nouvellement et avait, dans la préoccupation de sa tendresse, oublié de me consulter[1]. »

Cette réunion de famille, qui procura à Napoléon les jours les plus heureux de sa vie, si les jouissances et les affections du cœur constituent le bonheur sur terre, donna lieu à des fêtes continuelles. C'est du reste à Montebello que Mlle Pauline Bonaparte épousa le général Leclerc, fils d'un riche fabricant de farine de Pontoise. Elle s'était précédemment fiancée, durant son séjour à Marseille, à Fréron, et avait poussé assez loin, beaucoup trop loin même, un roman avec lui, mais sa mère et son frère Napoléon n'avaient point donné leur consentement au mariage. Junot, de son côté, quand il était lieutenant, avait demandé la main de la belle Pauline, mais le manque de fortune des deux jeunes gens avait fait écarter sa demande.

L'importance des intérêts qui se traitaient à Montebello, la présence du général Bonaparte et de son

1. *Mémoires de Napoléon Bonaparte*, 1834, t. IV, p. 200.

état-major, y avaient attiré une foule de personnages considérables, des généraux, des diplomates, les délégués de beaucoup de villes italiennes, et aussi un grand nombre de curieux qui voulaient voir de leurs yeux celui qui, si jeune avait déjà tant de gloire; de sorte que, comme par enchantement, la petite ville de Montebello avait pris la plus grande animation. Le général Bonaparte était le centre, l'âme de toute cette vie; sa femme faisait les honneurs de sa maison avec cette bonne grâce que tout le monde s'est accordé à lui trouver et qu'elle savait mettre à recevoir chacun.

Comme à Milan, les journées, à Montebello, passaient vite. Quant à l'accord rêvé par Napoléon entre les familles Bonaparte et Beauharnais, il ne se faisait pas aussi franchement qu'il l'eût souhaité. La cordialité semblait régner cependant, mais elle n'était guère qu'à la surface. Mme Bonaparte était parfaite pour sa belle-mère qui, de son côté, avait des attentions pour elle et lui témoignait toute l'affection désirable: de ce côté, le général Bonaparte avait sujet d'être satisfait. Il en allait à peu près de même avec M. et Mme Baciocchi, avec Louis et Joseph, peut-être avec Caroline qui n'était encore qu'une enfant. Mais pour Pauline, c'était bien une autre affaire. La bonne pièce « était la plus jolie personne qu'on pût voir et aussi la plus déraisonnable qu'on pût imaginer. Pas plus de tenue qu'une pensionnaire, parlant sans suite, riant à propos de rien et à propos de tout, contrefaisant les personnages les plus graves, tirant la langue à sa belle-sœur quand elle ne la regardait pas... (1). »

Joséphine avait le bon esprit et aussi la patience de ne pas faire attention à ces gamineries d'une petite

1. Arnault, *Souvenirs d'un sexagénaire*, t. III, p. 34.

belle-sœur mal élevée qui n'avait pas encore dix-sept ans et « lors de son mariage, Paulette n'eut pas à se plaindre de tout ce qui fut fait pour elle et qui eût été sans doute moins bien sans la sollicitude de Mme Bonaparte[1]. » C'est pourtant de ce séjour à Montebello que date leur inimitié. « Je n'ai jamais vu une semblable haine entre deux belles-sœurs[2] » a encore dit la duchesse d'Abrantès qui était une amie intime et d'enfance de Pauline Bonaparte. Et, d'après elle, voici quelle serait l'origine de cette haine : non moins coquette que Mme Bonaparte, Mme Leclerc aimait les hommages. Ceux que chacune d'elles recevait de son mari respectif ne suffisant pas apparemment, ou bien Mme Leclerc, en veillant avec une sollicitude inquiète sur le bonheur conjugal de son frère, s'était aperçue qu'un capitaine de chasseurs à cheval, aide de camp de son mari (on le connait déjà, de reste), était plus attentif auprès de Mme Bonaparte qu'auprès d'elle. Franchement, une chose pareille se pouvait-elle pardonner? La petite peste ne le pensa sans doute pas. Elle recueillit avec avidité tous les bruits et cancans qui avaient cours à l'état-major et qui n'étaient encore parvenus qu'assez indistinctement aux oreilles du général en chef. C'est à ce moment qu'il faut placer l'arrestation, puis l'expulsion du capitaine Hippolyte Charles de l'armée d'Italie. C'est de ce moment aussi que l'animosité fut franchement déclarée entre Mme Bonaparte et Mme Leclerc. Mais aussi, des coquettes ont-elles jamais pu s'accorder entre elles? Les convenances et les exigences de la vie commune au château de Montebello

1. Duchesse d'Abrantès, *Mémoires*, t. II, p. 98.
2. *Ibid.*, t. II, p. 98.

voulant cependant qu'elles se fissent bon visage, on sut assez facilement, de part et d'autre, se plier à cette nécessité et rien ne venait trahir trop ouvertement cet état d'hostilité latent.

Un jour (c'était à Milan, avant le départ pour Montebello), on avait fait la partie d'aller voir le brave colonel Junot, premier aide de camp du général en chef, qui se remettait, mais bien lentement, de ses blessures. Mme Bonaparte et Mme Leclerc, suivies de Mlle Louise, femme de chambre et amie de Mme Bonaparte, qu'on n'a sans doute pas oubliée, allèrent voir le pauvre blessé. C'était avant le voyage de Montebello. Junot, le corps tout tailladé de coups de sabre, était condamné à une réclusion absolue. Elle le trouvèrent, pâle de tout le sang qu'il avait perdu, étendu sur un canapé et enveloppé dans une robe de chambre en piqué blanc. La présence des deux belles jeunes femmes amena un peu de rougeur à son visage décoloré. Et, au fait, il y avait de quoi lui faire battre le cœur un peu plus vite. Il n'avait pas oublié les péripéties du voyage de Paris à Milan qu'il avait fait en compagnie de Mme Bonaparte et de Mlle Louise, et cette triple visite réveillait en lui des sentiments et des souvenirs étrangement compliqués. A son âge, il ne pouvait voir non plus sans une certaine émotion cette belle Mme Leclerc, Paulette, comme on l'appelait dans sa famille au temps où lui, Junot, en était fougueusement amoureux ; il l'avait demandée en mariage, mais son général la lui avait refusée parce qu'il était un simple lieutenant sans fortune, et qu'il ne fallait pas, disait-il, *marier la faim avec la soif*. La vue de Mme Bonaparte lui rappelait aussi les devoirs de l'amitié qu'il avait eu le mérite, le très rare mérite de remplir en homme d'honneur scrupuleux qui aimait son général comme un amant aime sa maîtresse, — et cela au risque de s'attirer la défaveur de la belle créole, car c'était une de ces choses que les femmes ne pardonnent guère. Il n'est pas jusqu'à la vue de cette bonne femme de chambre, Mlle Louise, qui ne concourût à amener un peu de rouge à ses joues, car on ne fait pas semblant, à vingt-cinq ans, d'aimer une jeune et jolie fille sans entrer un peu plus dans son rôle qu'on ne l'eût cru tout d'abord et sans se prendre un peu soi-même à ses propres filets; aussi le jeune officier avait-il conservé un souvenir de reconnaissante sympathie à celle qui avait été pour lui le dérivatif nécessaire.

Junot avait accueilli ces dames avec bonheur. Être l'objet de tant de bienveillance, d'une telle bonté, lui semblait un rêve. On cause, on rit... Tout à coup, il se sent défaillir; une pâleur mortelle se répand sur son visage, ses yeux vont se fermer...

— Mon Dieu! Junot, qu'avez-vous? dit Mme Leclerc.

Junot étendit le bras vers elle : la manche de sa robe de chambre était pleine de sang; l'inclinaison du bras le fit couler aussitôt et la robe blanche de Mme Leclerc en fut inondée. La bande qui maintenait le pansement d'une blessure s'était défaite par suite des mouvements que fit le colonel; une veine entamée et mal fermée s'était rouverte; le sang avait jailli. Le blessé perdit connaissance.

Quand il revint à lui, il se vit pansé, bandé, cajolé par les plus gracieuses des infirmières, et il n'eût, pour beaucoup, cédé sa place à personne, lui qui tout à l'heure maudissait ses blessures et son inaction forcée. Du reste, on ne se battait plus : il pouvait attendre le retour de la santé. Il avait du bonheur pour longtemps. Les femmes qui causent tant d'impatiences quand on est en bonne santé, ne sont-elles pas souveraines, quand on est malade, pour donner de la patience ?

Mme Bonaparte était alors fort heureuse. Débarrassée de la présence de la famille Bonaparte qui avait quitté l'Italie après le mariage de Pauline avec le général Leclerc, les hommages lui arrivaient de toutes parts ; les distractions et les plaisirs se succédaient pour elle sans discontinuer ; des cadeaux aussi étaient offerts à la femme du glorieux général français : elle reçut des camées antiques superbes qui, plus tard, à une autre époque heureuse, celle du Consulat, orneront si brillamment ses cheveux fauves à la fête que le citoyen Talleyrand, ministre des affaires extérieures, offrira au roi et à la reine d'Etrurie ; la République cisalpine lui enverra un collier de perles ; le Pape lui-même, reconnaissant de ce que le général Bonaparte n'a pas fait d'entrée triomphale dans Rome, lui a envoyé, à elle, des tableaux de maîtres, des mosaïques précieuses et des objets d'art. D'un autre côté, l'amour de son mari, plus mesuré depuis qu'elle avait su le mettre au pas, la laissait plus tranquille. Il y avait bien parfois dans l'air quelques nuages qui troublaient l'azur de son existence, quelques menaces d'orage même. Les frères du général n'aimaient guère plus que Mme Leclerc leur belle-sœur, et ils faisaient tout au monde pour régner dans l'esprit du général et y supplanter l'influence de Joséphine ; ils ne manquaient pas une occasion de provoquer sa jalousie, et les soupçons qu'ils avaient soin d'entretenir dans son cœur étaient loin d'être complètement déracinés. Bourrienne avait beau faire et s'entremettre avec son esprit insinuant et conciliatour entre le mari et la femme, des soupçons vagues demeuraient dans l'esprit du général[1]. Mais Mme Bonaparte n'aimait pas s'arrêter aux pensées désagréables : elle les rejetait sans se donner la peine de les examiner. Pour posséder toujours, quoi qu'il arrive, le cœur de son mari, ou plutôt pour maintenir son empire sur lui, n'avait-elle pas sa beauté ? Et ne connaissait-elle pas le secret de ramener ce mari à ses pieds, s'il faisait seulement mine de vouloir gronder ? Oh ! l'indifférence est autrement forte que l'amour !

Mme Bonaparte, à Montebello, était aussi belle que jamais. « Sans être précisément jolie, a dit Mme de Rémusat[2], toute sa personne possédait un charme particulier. Il y avait de la finesse et de l'accord dans ses traits; son regard était doux; sa bouche, fort petite, cachait habilement de mauvaises dents; — et lui donnait, selon Mme d'Abrantès, ce sourire à lèvres serrées qui lui était habituel[3] — ces mauvaises dents lui donnaient aussi un inconvénient dont souffraient surtout les personnes obligées de l'approcher et dont le sens de l'odorat était trop sensible; son teint, un peu brun, se dissimulait à l'aide du rouge et du blanc qu'elle employait habilement; sa taille était parfaite, tous ses membres souples et délicats; le moindre de ses mouvements était aisé et élégant; on n'eût jamais mieux appliqué qu'à elle ce vers de La Fontaine :

> Et la grâce plus belle encor que la beauté.

Mais « sa main était maigre, ridée et peu blanche.

1. Bourrienne, *Mémoires*. t. II, p. 19.
2. Mme de Rémusat, *Mémoires*, t. I, p. 149.
3. Duchesse d'Abrantès, *Mémoires*, t. II, p. 417.

Ses ongles toujours fort longs, étaient mal faits et plats[1]. Elle se mettait avec un goût extrême, embellissait ce qu'elle portait... A tous ces avantages, elle joignait une extrême bonté[2], car au fait elle était bonne, et lorsque sa légèreté ne venait pas au travers d'une action bienveillante, elle arrivait à bien[3]. »

D'une intelligence au dessous de l'ordinaire, son instruction avait été passablement négligée et, plus d'une fois, jadis, M. de Beauharnais le lui avait fait entendre. Mais trop apathique pour faire le moindre effort, son indolence créole ne lui avait pas donné l'énergie de remédier par un peu de travail à cette instruction première qui lui faisait défaut.

Dans le milieu cultivé où elle fut appelée à vivre par son premier mariage, elle avait acquis, à défaut de ce qui lui manquait, un certain instinct qui l'avertissait de ne point parler quand on s'entretenait autour d'elle de choses qu'elle ignorait ou qu'elle ne comprenait pas, « ce qui empêchait, a dit la duchesse d'Abrantès, de s'apercevoir de la faiblesse de son esprit[4]. » Tout cela cependant formait un ensemble assez agréable dont le général Bonaparte s'accommodait fort; il se fut même estimé le plus heureux des hommes si quelques qualités solides, celles qu'on aime à voir dans la mère de ses enfants, celles qui commandent l'estime et le respect, s'étaient trouvées réunies à ces quelques avantages tout superficiels. Fille du XVIIIe siècle, élevée dans un milieu futile et léger où l'on mettait son amour-propre et sa gloire

1. Duchesse d'Abrantès, *Mémoires*, t. II, p. 124.
2. *Ibid.*, même page.
3. *Ibid.*, t. II, p. 159.
4. *Ibid.*, t. II, p. 104.

à imiter les frivolités de la cour de Louis XV et de Louis XVI, à en singer les folies, elle n'avait guère reçu de notions sur cet ensemble de qualités qui s'appellent vertu chez la femme et sur cette autre chose qui se nomme le sens moral ; ou bien, si on lui en avait donné, son esprit léger n'avait pu les saisir, ou elle les avait singulièrement oubliées. C'est par suite de cette fâcheuse lacune qu'on ne remarque en elle ni sérieux, ni gravité dans les pensées, ni élévation dans les sentiments. Sa nature ne l'y eût portée que peu ; son manque de culture l'empêcha même de les entrevoir. Aussi était-elle d'une futilité inconcevable ; elle n'attachait aucune espèce d'importance à des légèretés parfois bien lourdes ; malgré les trente-cinq ou trente-six ans qu'elle avait à Montebello, en véritable enfant volontaire et gâtée, elle obéissait à tous ses caprices sans en calculer la portée et faisait le désespoir de son mari.

Le général Bonaparte, lui, était toujours amoureux de sa femme, mais plus de la même façon. On a pu voir par ses lettres, qu'il n'avait plus cette exaltation qui, non seulement empêche de voir tout défaut en la femme aimée, mais qui fait même prendre ses défauts pour des qualités. Non, il n'en était plus là : il avait trop souffert de l'inconséquence de Joséphine et de son indifférence, pour considérer tout cela comme des vertus. Mais sur les ruines de cet amour si pur, si parfait et si dédaigné, il s'était formé une solide affection, tenant le milieu entre l'amour et l'amitié, et qui n'absorbait plus, comme devant, toutes ses pensées. Aussi suivait-il d'un œil attentif tout ce qui se passait, non seulement en Europe, mais à Paris, et se lançait-il à corps perdu dans la politique. Après tout, n'était-il pas l'homme du 13 vendémiaire ? Le 18 fructidor est aussi son œuvre : c'est lui qui, de l'Italie, le fit à Paris. Tranquille sur la réussite, dont il ne pouvait douter, de la mission de son lieutenant Augereau à Paris, il put songer à couronner ses brillants travaux en Italie, par une paix définitive à laquelle il attacherait son nom, après en avoir signé à Léoben les glorieux préliminaires.

La fin du séjour à Montebello fut marquée par un gros chagrin pour Mme Bonaparte : ce fut la mort de son chien, l'infortuné *Fortuné*. Son ami, le poète Arnault, a immortalisé cette fin, quoiqu'il ne l'ait pas chantée en vers. « Cette mort, dit-il, fut des plus tragiques. Ce favori, comme de raison, était d'une arrogance extrême ; il attaquait, il mordait tout le monde, les chiens même. Moins courtisans que les hommes, les chiens ne le lui pardonnaient pas toujours. Un soir, il rencontre dans les jardins de Montebello, un mâtin qui, bien qu'il appartînt à un domestique de la maison, ne se croyait pas inférieur au chien du maître ; c'était le chien du cuisinier. *Fortuné* de courir sur lui et de le mordre au derrière : le mâtin le mord à la tête et d'un coup de dent, l'étend sur la place. Je vous laisse à penser quelle fut la douleur de sa maîtresse ! Le conquérant de l'Italie ne put s'empêcher d'y compatir : il s'affligea sincèrement d'un accident qui le rendait unique possesseur du lit conjugal. Mais ce veuvage-là ne fut pas long. Pour se consoler de la perte d'un chien, Joséphine fit comme plus d'une femme pour se consoler de la perte d'un amant : elle en prit un autre, un carlin ; cette race n'était pas encore détrônée.

« Héritier des droits et des défauts de son prédécesseur, Carlin régnait depuis quelques semaines, quand le général aperçoit le cuisinier qui se promenait à la fraiche dans un bosquet assez éloigné du château. A l'aspect du général, cet homme de se jeter dans l'épaisseur du bois.

— Pourquoi te sauver ainsi de moi? lui dit Bonaparte.

— Général, après ce qu'a fait mon chien...

— Eh bien ?

— Je craignais que ma présence ne vous fût désagréable.

— Ton chien? Est-ce que tu ne l'as plus, ton chien?

— Pardonnez-moi, général, mais il ne met plus les pattes dans le jardin, à présent surtout que madame en a un autre...

— Laisse-le courir tout à l'aise; il me débarrassera peut-être aussi de cet autre-là. »

« Je me plais à raconter ce trait, a ajouté Arnault, parce qu'il est caractéristique et qu'il donne une idée de l'empire qu'exerçait la plus douce et la plus indolente des créoles, sur le plus volontaire et le plus despotique des hommes. Sa résolution, devant laquelle tout fléchissait, ne pouvait résister aux larmes d'une femme ; et lui qui dictait des lois à l'Europe, chez lui ne pouvait mettre un chien à la porte[1]. »

Lorsque le général Bonaparte quitta Montebello, il alla dans le Frioul. Il s'installa au château de Passeriano, à un quart de lieue du bourg de Codroïpo, et qui appartenait à l'ancien doge Manini. Mme Bonaparte ne tarda pas à l'aller rejoindre. « Le 24 thermidor, elle passait à Mantoue et faisait part aux généraux des nouvelles de Paris, qui étaient des plus satisfaisantes[2] », le 18 fructidor ayant complètement réussi, selon les vœux du général. Cette nouvelle mit

1. Arnault, *Souvenirs d'un sexagénaire*, t. II, p. 34.
2. *Journal du canonnier Bricard*, p. 273.

Bonaparte dans l'ivresse de la joie[1]. » Ses projets allaient donc pouvoir s'accomplir.

Le séjour de Passeriano ne pouvait pas offrir, à une femme qui s'ennuyait si facilement que Joséphine, des distractions aussi nombreuses que celles dont elle avait joui à Milan et à Montebello. Cependant, le château situé à proximité d'Udine, sur la rive gauche du Tagliamento, était fort habitable. Du reste, une partie de sa cour de Milan l'avait suivie et les dames de sa société, qui logeaient partie au château, partie dans les environs, ne lui laissaient guère le temps de s'ennuyer. De plus, lorsque son mari était en conférence avec les plénipotentiaires autrichiens, ses aides de camp venaient lui faire visite. Quand les conférences étaient terminées, les diplomates venaient à leur tour lui présenter leurs devoirs, et elle les retenait presque tous les soirs à diner. C'était d'abord le comte Louis de Cobentzel, « le plus grand amateur de spectacles, de fêtes, de divertissements joyeux[2] » qu'on pût rencontrer. Il devait donc plaire à Mme Bonaparte et s'entendre à merveille avec elle, quoiqu'il fût déjà d'une certaine maturité et d'une laideur encore plus certaine. Très frivole, malgré son âge, beau causeur mettant son amour-propre et son originalité à imiter M. de Kaunitz et à ressembler à Potemkin, il aimait à raconter mille anecdotes qu'il avait recueillies à la cour de Saint-Pétersbourg, lorsqu'il y était ambassadeur auprès de l'Impératrice Catherine, — et il arrivait à peine de Saint-Pétersbourg. Il était le cousin du comte Philippe de Cobentzel, qui fut ambassadeur

1. Bourrienne, *Mémoires*, t. I, p. 264.
2. Duchesse d'Abrantès, *Mémoires*, t. III, p. 431.

à Paris. Il y avait ensuite le marquis de Gallo, ambassadeur de Naples à Vienne. Ses talents et ses connaissances diplomatiques, fort surfaits à ce qu'il paraît, lui avaient valu l'honneur d'être choisi par l'empereur d'Autriche, quoique Napolitain, pour aller défendre ses intérêts à Passeriano. C'est lui, du reste, qui avait entamé les premières négociations à Montebello. Puis venaient le général comte de Merfeld, « dont la singulière destinée le conduisit toujours vers Napoléon, au moment où celui-ci avait besoin d'armistice et de paix[1] », et un autre diplomate, M. de Ficquelmont.

Outre ces habitués, il arrivait aussi des visiteurs. Il faut citer entre autres, M. Bottot, secrétaire de Barras : sa venue ne fut pas positivement agréable à Bonaparte, qui se doutait bien que la principale mission dont le Directoire l'avait chargé, était celle dont il ne parlait pas. Mais une visite qui lui fit un très vif plaisir, fut celle du général Desaix, et c'est de ce moment que commença leur amitié.

Tout cela donnait du mouvement, de la vie à la demeure du général Bonaparte, et Joséphine voyait, grâce à ces distractions, à des excursions dans les environs, à Udine, aux ruines d'Aquilée, etc., le temps passer avec rapidité. Elle fut même quelques jours à Venise, et ces heures consacrées à visiter la cité des doges, lui firent paraître moins longs les mois passés loin de Paris.

Enfin l'Autriche, réduite à subir la loi du vainqueur, signa le fameux traité de paix dit de Campo-Formio.

Bonaparte partit alors pour Rastadt, où allait se te-

1. Général DE MARBOT, *Mémoires*, t. III, p. 317.

nir un congrès. Il devait présider la légation française chargée de régler la situation faite aux différents États de l'Allemagne, par la paix signée avec l'Autriche. Quant à Mme Bonaparte, qui, six mois auparavant avait une telle hâte de retourner à Paris, elle resta en Italie avec son fils. Le général avait autorisé, du reste, ce séjour : elle devait se remettre en route plus tard, de façon à faire coïncider son arrivée à Paris avec la sienne.

Le 30 novembre, Bonaparte arrivant à Rastadt, y trouvait une lettre du Directoire, le rappelant à Paris. Il repartit aussitôt, et, le 5 décembre, il retrouvait sa Joséphine, qui venait de rentrer dans la capitale.

CHAPITRE V

Fête offerte par le Directoire au général Bonaparte. — Fête chez le citoyen Talleyrand, ministre des relations extérieures. — Mme de Staël et ses avances au général Bonaparte. — Joséphine trouve son mari trop « bourgeois ». — Le général prépare l'expédition d'Égypte. — Il défend à sa femme de parler politique. — Mariage de Mlle Émilie de Beauharnais avec M. de Lavalette. — Départ pour Toulon. — Accident de voiture. — La flotte lève l'ancre. — Mme Bonaparte se met en route pour Plombières. — Achat de la Malmaison. — M. Hippolyte Charles à la Malmaison. — Cancans. — M. Gohier engage Mme Bonaparte à divorcer. — Il refuse pour son fils la main d'Hortense, que lui offre Joséphine. — Nouvelle du débarquement de Bonaparte. — Perplexités de Joséphine. — Échos des bords du Nil. — Eugène de Beauharnais.

Une fois dans la capitale, le général Bonaparte, toujours bon pour les siens, eut soin d'y faire venir sa famille et de l'y installer sur un pied convenable. Il ne voulait pas qu'un train de vie luxueux permît de jeter sur lui l'accusation d'avoir ramassé une fortune en Italie. Aussi la simplicité régnait-elle alors dans toute la famille Bonaparte. Il ne consentit pas non plus à ce que le train qui existait dans son petit hôtel de la rue Chantereine, avant son départ pour l'Italie, fût changé : il le voulait modeste en même temps qu'honorable. Il avait « réglé la manière dont Mme Bonaparte devait se conduire à cet égard. S'il avait été écouté, cette conquête sur l'esprit dissipateur de Joséphine eût été plus belle que la conquête de l'Egypte qu'il allait entreprendre (1). »

Cependant les fêtes, les réceptions assaillaient le général et Mme Bonaparte. Le Directoire voulut recevoir en grande pompe le libérateur de l'Italie : il avait déjà reçu, en des fêtes solennelles, les glorieux trophées qu'il lui envoyait après ses victoires. Il ne pouvait, et pour le général, et pour le public, et pour lui-même, ne pas lui offrir cette solennité. Comme toutes les fêtes à discours, cette réception officielle fut froide et compassée. On n'y fit que lire des harangues. Le citoyen Talleyrand, ministre des relations extérieures, adressa au général les louanges les plus délicatement flatteuses, et Barras, dans un style ampoulé et emphatique, fit retentir les voûtes du Luxembourg des phrases les plus ronflantes. Bonaparte fit une réponse brève, hachée, nerveuse, prononcée sur un ton de commandement. Il eut tous les honneurs de la journée. Ce fut encore un triomphe pour Mme Bonaparte, car c'est toujours la femme qui recueille la plus grande part de la gloire de son mari. N'est-ce pas pour elle, après tout, qu'on la poursuit?

Une autre fête, dont on parla longtemps et que tous les Mémoires du temps ont racontée, est celle qui fut offerte par le citoyen Talleyrand au général Bonaparte. L'ancien évêque d'Autun, l'ancien diseur de messe à la fête de la Fédération, avait obtenu, de la Convention, la permission de rentrer en France. Mme de Staël, dont il devint le familier intime, en très peu de temps fit de lui un ministre. Bien qu'il ne fût

1. Duchesse d'Abrantès, *Mémoires*, t. I, p. 424.

plus nécessaire, comme sous l'ancien régime, d'avoir étudié en théologie pour devenir ministre, comme il était allé en Angleterre, qu'il avait été en Amérique, cela lui donnait un certain relief; on eut la bonté de prendre cela pour des titres et le portefeuille des relations extérieures lui fut donné. Ce ne fut pas, par exemple, sans de grandes difficultés. Carnot, entre autres, s'y opposa énergiquement. Mais ce que femme veut... Et puis Talleyrand avait tant d'esprit! Il en avait même tellement que, à peine ministre, il avait voulu, sachant qu'on ne prend pas les mouches avec du vinaigre, se concilier la faveur du général Bonaparte, dont il prévoyait sinon la prodigieuse fortune, du moins la situation prépondérante qu'il allait prendre en France. Il lui écrivit : « J'ai l'honneur de vous annoncer, général, que le Directoire exécutif m'a nommé ministre des relations extérieures. Justement effrayé des fonctions dont je sens la périlleuse importance, j'ai besoin de me rassurer par le sentiment de ce que votre gloire doit apporter de moyens et de facilités dans les négociations. Le nom seul de Bonaparte est un auxiliaire qui doit tout aplanir. Je m'empresserai de vous faire parvenir toutes les vues que le Directoire me chargera de vous transmettre, et la Renommée, qui est votre organe ordinaire, me ravira souvent le bonheur de lui apprendre la manière dont vous les aurez remplies. »

Cette lettre est un chef-d'œuvre de délicate flatterie. Elle atteignit pleinement son but. Le général Bonaparte se sentit bien disposé en faveur de celui qui lui écrivait, en si bons termes, de si bonnes choses; il aimait, du reste, les hommes d'ancien régime qui se ralliaient au nouvel ordre de choses, et la supériorité d'esprit du nouveau ministre rendant hommage à son génie, ses avances habilement louangeuses ne pouvaient qu'être bien accueillies. A la réception solennelle du général par le Directoire, au Luxembourg, c'est encore Talleyrand qui, poursuivant sa ligne de conduite qui est de se faire le mieux venir possible auprès de Bonaparte, présentera le jeune héros aux Directeurs. Son discours fut digne de sa lettre. Il était un peu long. Le général Bonaparte l'écouta en homme supérieur qui sent qu'un autre homme supérieur dont il pourra avoir besoin plus tard a, de son côté, besoin de s'attacher à lui. Pour achever de faire la conquête du général, Talleyrand avait donc voulu donner, à lui et à Mme Bonaparte, une fête digne de ses victoires, digne de sa paix glorieuse, digne de lui. « Il vint le prier d'en déterminer le jour. Il pria aussi Mme Bonaparte de vouloir bien lui donner la liste des personnes qu'elle désirait faire inviter[1]. »

Les architectes, les ouvriers envahirent le vaste hôtel Galliffet, dans la rue de Grenelle, hôtel qui alors était celui du ministère des affaires extérieures ; ils le bouleversèrent de fond en comble pour les préparatifs de la fête. Quatre mille personnes furent invitées et la réception devait dépasser en magnificence tout ce que l'on avait jamais vu. Les billets d'invitation portaient la singulière mention qu'on désirait que les marchandises anglaises fussent bannies des toilettes de ceux qui devaient aller au bal[2]. La mode dès lors s'établit peu à peu de porter de préférence les tissus de fabrication française. Les toilettes que les femmes se faisaient faire étaient les plus magnifiques qu'on ait vues depuis la Révolution. Les marchands aussi étaient en liesse

1. ARNAULT, *Souvenirs d'un sexagénaire*, t. IV, p. 23.
2. *Journal et Souvenirs* de Stanislas GIRARDIN, t. I, p. 142.

devant l'affluence des commandes, et le gain qu'ils en tiraient était pour eux la plus belle des fêtes. Si une femme avait le mauvais goût de marchander le moins du monde, le fournisseur lui disait avec un ton d'importance auquel on ne pouvait répliquer : « Oh ! madame, pour fêter le général Bonaparte est-il quelque chose d'assez beau, d'assez cher ? » Et si la femme, trop pauvre pour payer le prix demandé ou trop avare pour le donner, marchandait encore, le fournisseur, prenant cette fois le ton grand seigneur, mais grand seigneur mal élevé, répondait : « Eh bien, prenez-le ! Je ne veux pas qu'il soit dit que par ma faute il y aura une femme mal mise à la fête que donne la nation à notre héros ! » Le marchand ne perdit rien à cette générosité qui fut répétée à Mme Bonaparte; celle-ci voulut, dès lors, le compter parmi ses fournisseurs. C'était du reste une femme, la célèbre Mme Germon.

M. de Talleyrand n'avait rien négligé pour rendre la fête brillante et populaire.

Le grand escalier de l'hôtel Galliffet était garni de plantes et d'arbustes superbes. Des orchestres, bien disposés autour de la coupole faisaient entendre une musique délicieuse : c'était là une innovation qui fut fort goûtée. Fort goûtés aussi étaient les buffets où l'on servait splendidement et à profusion les rafraîchissements les plus rares, et où, malgré l'affluence des invités, les dispositions étaient prises pour qu'il n'y eût point de cohue; les salles de danse regorgeaient de tout un monde élégant, heureux de voir enfin renaître à Paris la vie de société, morte depuis si longtemps. Ceux qui ne dansaient pas trouvaient dans les salles de jeu les moyens les plus agréables de passer leur temps. A minuit l'orchestre joua le *Chant du départ* et l'on passa dans la salle du souper. Les femmes prirent place autour d'une table de trois cents couverts servie avec le plus grand luxe : les hommes soupèrent debout derrière elles. Le général Bonaparte se tint près de sa femme pendant toute la durée du souper. Il paraissait être fort occupé d'elle, tandis que dans la foule des invités, qui était fort occupée de lui, le bruit courait qu'il en était « très amoureux et excessivement jaloux. » Cela semble étonner quelque peu Stanislas Girardin qui ne peut s'empêcher de remarquer que « Mme Bonaparte n'est cependant plus jolie : elle a près de quarante ans et les parait bien[1]. » Bonaparte se retira à une heure et le bal se prolongea jusqu'à huit heures du matin. Enfin la fête fut on ne peut mieux réussie. « Cela avait quelque difficulté, a dit M. de Talleyrand, parce qu'il fallait se tirer de ce qu'avaient de trop commun les femmes des Directeurs qui, comme de raison, occupaient le premier rang. On avait orné avec autant de luxe que possible les appartements où on était réuni ; chacun m'en faisait compliment. « Cela a dû vous coûter gros, citoyen « ministre », me dit Mme Merlin, femme du Directeur. « — Pas le Pérou, madame » repris-je sur le même ton. Une foule d'autres quolibets, presque tous vrais, remplirent Paris le lendemain[2]. » Parmi ces quolibets, il en est un, dont Bonaparte fut le héros et qui eut un succès fou. Tout le monde le sait par cœur ; Arnault l'a raconté et, quoique la duchesse d'Abrantès prétende qu'il n'est pas vrai, il faut bien le rapporter

1. *Journal et Souvenirs* de Stanislas Girardin, t. I, p. 145.
2. Talleyrand, *Mémoires*, t. I, p. 261. — *Pas le Pérou* était un mot à la mode. « Un clubiste, nous apprend le comte Dufort de Cheverny (*Mémoires*, t. II, p. 170), en parlant d'un noble dont on faisait l'éloge, s'avisa de dire que *ce n'était pas le*

tout de même[1]. Mme de Staël, qui n'avait pu, jusqu'à présent, se faire présenter au général Bonaparte, dont elle admirait la gloire et pressentait le prodigieux avenir, cherchait tous les moyens de l'approcher, ne doutant nullement d'en faire la conquête, comme il avait fait, lui, la conquête de l'Italie. Mais Bonaparte n'estimait point Mme de Staël et la trouvait dangereuse. Il n'avait pas tort, et la suite le démontra. Mme de Staël lui avait adressé, lorsqu'il était en Italie, « des lettres remplies d'enthousiasme où elle disait presque en propres termes que la veuve de Beauharnais était loin d'avoir les qualités qui puissent répondre à un génie aussi sublime que celui de Napoléon[2]. » Le général Bonaparte trouvait avec bien juste raison que cette femme, qui était une amie de la sienne et qui ne craignait pas d'essayer de lui prendre son mari, n'était pas estimable: c'est pourtant là une de ces petites infamies qu'un homme pardonne bien volontiers, surtout quand elle est faite en sa faveur. Bonaparte cependant s'amusait de ces lettres et des déclarations que Mme de Staël lui envoyait par la poste. Il en lisait même des fragments à Bourrienne; il en riait et disait: « Concevez-vous rien, Bourrienne, à toutes ces extravagances? cette femme-là est folle. » Dans une de ces lettres, Mme de Staël lui disait « qu'ils avaient été créés l'un pour l'autre, que c'était par suite d'une erreur des institutions humaines que la douce et tranquille Joséphine avait été unie à son

Pérou. Le mot devint un adage général : on ne disait pas un mot de bien d'un individu ou d'une chose quelconque, qu'on ne vous répondit : « Ce n'est pas le Pérou. »

1. Duchesse D'ABRANTÈS, *Histoire des salons de Paris*, t. IV, p. 258.

2. J.-C. BAILLEUL, *Études sur Napoléon*, t. II, p. 55.

sort; que la nature semblait avoir destiné une âme de feu comme la sienne à l'adoration d'un héros tel que lui. » Le général Bonaparte était écœuré de tant d'effronterie. Quelques années auparavant, il se fût peut-être laissé prendre : il fut bien pris par Joséphine! Mais il avait acquis de l'expérience depuis ce temps-là! Et puis il était marié : il déchirait et jetait à terre, en mille morceaux, ces belles déclarations en disant : « Ah! bien oui! Une femme bel esprit, une faiseuse de sentiment, se comparer à Joséphine! Bourrienne, je ne veux pas répondre à de pareilles lettres[1]. » Et il n'y répondait pas. Mais il n'oubliait pas les paroles du poète « *notumque furens quid femina possit* », et il s'attendait bien à ce quelle voulût se venger d'avoir été ainsi éconduite. Mais il est temps de revenir au bal de M. de Talleyrand. Mme de Staël réussit à approcher le général et à lui parler. Voici comment Arnault raconte cette petite scène :

« On ne peut aborder votre général, me dit-elle, il « faut que vous me présentiez à lui. » Elle accabla Napoléon de compliments; lui, laissa tomber la conversation; elle, désappointée, cherchait tous les sujets possibles : — « Général, quelle est la femme que vous aimeriez le plus? — La mienne. — C'est tout simple, mais quelle est celle que vous estimeriez le plus? — Celle qui sait le mieux s'occuper de son ménage. — Je le conçois encore. Mais enfin, quelle serait pour vous la première des femmes? — Celle qui fait le plus d'enfants, madame[2]. »

Et le général Bonaparte, saluant, s'était retiré, laissant cette pauvre Mme de Staël tout ébaubie et

1. Bourrienne, *Mémoires*, t. VI, p. 217.
2. Arnault, *Souvenirs d'un sexagénaire*, t. IV, p. 27.

moins furieuse peut-être de ne pas voir mieux accueillir ses avances, que d'avoir reçu cet échec devant tant de témoins.

Le lendemain, cette petite conversation courait tout Paris. Mme Bonaparte l'apprenait comme tout le monde; mais elle ne fut pas contente de la réponse de son mari. Avec ses idées d'autrefois, ses idées de femme légère en même temps que de femme de l'ancien régime, elle trouvait que Bonaparte s'était montré on ne peut plus commun et bourgeois. Il est vrai que, stérile depuis son second mariage, le mot de son mari n'était pas fait pour lui plaire, aussi le trouvait-elle détestable. Ce n'était pas l'avis de Mme de Staël, qui, bien haut, le proclamait excellent afin qu'on le répétât au général, dont elle ne désespérait pas encore de faire la conquête. « Puisque Mme de Staël, répondit Bonaparte, a trouvé ma réponse si belle, et qu'elle le dit, bien que je l'aie faite dans l'idée de ne pas lui plaire, je ne suis pas éloigné de lui pardonner. Et pourtant, voyez quelle différence dans les jugements : Joséphine m'a reproché cette réponse. Elle dit que les Parisiens m'accuseraient de faire le capucin [1]. »

Ce n'est pourtant pas le capucin que faisait son mari en ce moment, et si Mme Bonaparte l'avait su, peut-être aurait-elle été, puisque c'étaient ses idées, plus fière de lui : la jalousie ne l'avait pas encore atteinte, mais cela ne tardera plus : dans deux ou trois ans, elle en souffrira à son tour, après en avoir tant fait souffrir son mari. Quelques semaines plus tard, parlant de Mme de Staël avec Joseph et Lucien : « Je vois bien, dit le général Bonaparte, qu'il faut en revenir sur son compte sous peine de passer pour

1. JUNG, *Mémoires de Lucien*, t. II, p. 235.

trop cruel à vos yeux. Vous pouvez, puisque vous êtes si bien avec elle, l'encourager à revenir voir Joséphine chez laquelle elle ne vient plus depuis quelque temps ; la vérité est que Joséphine l'a un peu évincée en la recevant froidement à cause de ce que je lui avais dit (j'aime ma femme). Mais si elle revient, ce sera autre chose. D'abord, ma femme l'aime, au fond ; ce sont de vieilles connaissances[1]. » Mme de Staël ne rompit point ses relations avec Mme Bonaparte et, plus tard, malgré son exil, malgré sa haine pour l'Empereur, peut-être même à cause de cette haine, elle demeura en bons termes avec elle. En 1814, quelques jours avant sa mort, elle ira lui faire une visite, de curiosité intéressée plutôt que de sympathie, il faut le reconnaître, à la Malmaison.

Toutes ces fêtes, toutes ces distractions auxquelles Bonaparte se soustrayait le plus qu'il pouvait, ne l'empêchaient pas de travailler avec ardeur à l'exécution de ses projets. Accompagné de Lannes, Sulkowski et Bourrienne, il fit d'abord un voyage dans le nord de la France et en visita rapidement les côtes et les ressources. De retour à Paris après une absence d'une huitaine de jours, il pressa les préparatifs de la grande expédition qui occupait, depuis ses triomphes de l'Italie, son imagination enfiévrée. Il venait d'être nommé général en chef de l'armée d'Angleterre.

La curiosité publique était surexcitée au dernier point par les préparatifs de cette expédition mystérieuse. Bonaparte, de son côté, voulait que le secret en fût gardé le plus longtemps possible, et, en effet, il ne fut point divulgué. Les espions anglais qui pullulaient à Paris, ne purent rien savoir. On ne s'oc-

1. TH. JUNG, *Mémoires de Lucien*, t. II, p. 240.

cupait cependant que de ce que faisait le général Bonaparte, et sa femme eut à subir bien des interrogations à ce sujet. Le général se méfiait de la langue de Joséphine, non pas qu'elle fût mauvaise, mais parce qu'elle était trop bonne et ne savait rien refuser de ce qu'on lui demandait. Connaissant l'inconséquence de sa femme, il lui avait déjà expressément défendu de parler politique, sujet auquel elle était complètement étrangère ; il lui avait recommandé surtout de ne rien dire de ce qu'elle voyait ou entendait autour d'elle ayant trait à l'expédition projetée.

« Ce que vous dites est censé venir de moi, lui disait-il souvent; gardez le silence. De cette manière mes ennemis, et vous en êtes entourée, ne pourront tirer de sottes inductions de vos paroles[1]. »

Mais il ne put lui donner l'art de répondre comme il eût convenu aux questions insidieuses que la jalousie et la haine de plusieurs personnes lui faisaient adresser. Les ennemis du général Bonaparte, à cette époque, avaient imaginé de répandre le ridicule bruit que le général devait une grande reconnaissance à sa femme dont le crédit et l'influence sur Barras le soutenaient seuls auprès du Directoire. C'était absurde, mais dans les masses, les bruits les plus absurdes ne sont-ils pas ceux qu'on accueille le plus volontiers? Ils flattaient trop la vanité, sottement placée, de Mme Bonaparte, pour qu'elle prit soin de les démentir. Elle ne le fit pas et fut en cela tout au moins bien maladroite. Ses réticences même leur donnèrent de la consistance et, un jour, il vint aux oreilles du général Bonaparte que le bruit courait qu'il ne se soutenait auprès du gouvernement que grâce au

1 Duchesse D'ABRANTÈS, *Mémoires*, t. I, p. 426.

crédit de sa femme. Il haussa les épaules, renouvela ses recommandations sévères à Joséphine et comprit qu'il était temps de mettre à exécution ses projets. « Si je reste plus longtemps ici, je suis perdu », dit-il un jour à Bourrienne[1].

La nomination de Bonaparte comme général en chef de l'armée d'Orient est du 12 avril 1798. Mais, avant d'avoir sa nomination signée, il était parti le 4 avril, au soir, pour Toulon. Il avait dîné chez Barras et était allé avec lui voir jouer *Macbeth* par Talma, dont c'était alors le triomphe. Son aide de camp, Eugène de Beauharnais, était parti quelques jours plus tôt, après le mariage de sa cousine Emilie de Beauharnais avec M. de Lavalette, et l'attendait à Toulon.

Ce mariage eut cela de singulier qu'il se fit contre le gré des deux jeunes gens, et cela de plus singulier encore, pour le temps et le milieu où ils vivaient, que les deux époux furent des modèles de fidélité conjugale. Le dévouement de Mme de Lavalette pour son mari, en 1815, est devenu légendaire. C'est Mme Bonaparte qui arrangea ce mariage. Mlle Emilie de Beauharnais était dans la maison d'éducation de Mme Campan, à Saint-Germain. Louis Bonaparte, alors aide de camp de son frère, allait souvent voir sa sœur Caroline, qui était aussi chez Mme Campan. Il y allait même d'autant plus souvent qu'il y rencontrait chaque fois Mlle de Beauharnais qui avait, dès le premier jour, attiré son attention. Prompt à s'enflammer, il était devenu fort amoureux de la jeune pensionnaire. Cependant, devant accompagner le général en Egypte, il avait dû se rendre à Toulon. Le départ de la flotte fut retardé, comme on sait, par l'incident de l'am-

1. Bourrienne, *Mémoires*, t. II, p. 32.

bassade de France à Vienne, dont il fallut attendre la solution avant de lever l'ancre. Mme Bonaparte profita de ce répit pour donner sa nièce à M. de Lavalette. Quant à Louis, qui était destiné, comme ces jeunes gens, à se marier contre son gré avec une jeune fille qui ne voulait pas de lui, il fut très malheureux et sa femme aussi : mais celle-ci ne fut pas longue à se consoler.

Napoléon aimait encore tant sa Joséphine que, pour jouir plus longtemps de sa présence, car il ne prévoyait pas combien de mois ou d'années pourrait lui prendre cette expédition lointaine, il l'avait emmenée à Toulon. Lavalette, son aide de camp, s'était arraché des bras de sa jeune femme pour le suivre en Egypte et était dans sa voiture avec Bourrienne et Duroc.

Marmont, qui, comme Lavalette, était nouveau marié (il venait d'épouser Mlle Perregaux, la fille du riche banquier), a laissé, dans ses *Memoires*[1] le récit de ce voyage. La berline qui emportait le général Bonaparte, sa femme et leurs trois compagnons, était grande et haute. De plus une montagne de bagages recouverts d'une bâche que l'on appelait une *vache*, sans doute par métonymie parce qu'elle était en cuir, surmontait la voiture. Cette particularité a son importance, comme on va le voir, car c'est ce qui sauva la vie, a dit Marmont, aux voyageurs de la berline.

Pour abréger la route et ne pas passer par Marseille où l'on eût été obligé de perdre tout au moins quelques heures, le général Bonaparte donna ordre de prendre une voie plus courte, mais moins bonne et moins fréquentée, qui passait par Roquevaire. Les

1. Duc de Raguse, *Mémoires*, t. I, p. 353.

chevaux galopaient par une nuit fort obscure et chacun, dans la berline dormait d'un profond sommeil. Tout à coup une violente secousse arrête la voiture tout net. Réveillés en sursaut, les voyageurs descendent à la hâte. L'on s'aperçoit alors qu'une forte branche d'arbre, s'avançant sur la route à la hauteur de la pile de bagages, avait été heurtée par les bagages et était cause de cet arrêt subit. L'on s'aperçoit aussi que, dix pas plus loin, un pont jeté sur un torrent encaissé, pont que devait traverser la voiture, s'était écroulé. L'on bénit alors la bienheureuse branche qui avait ainsi arrêté la voiture sur les bords du précipice, et Marmont n'hésite pas à la considérer comme « la main de la Providence ». Il est le seul chroniqueur, du reste, qui ait rapporté cet épisode de voyage; Bourrienne et Lavalette qui étaient dans la voiture, n'en ont fait aucune mention dans leurs *Mémoires*.

Enfin l'on arriva à Toulon le 8, après quatre jours et quatre nuits de voyage.

Le temps passa vite jusqu'au 19 avril, jour de l'embarquement du général Bonaparte sur le vaisseau-amiral, l'*Orient*. Mme Bonaparte aurait voulu s'embarquer avec son mari; du moins elle le dit dans la lettre suivante qu'elle écrivit de Toulon à sa fille Hortense, qu'elle avait laissée à Saint-Germain-en-Laye, dans l'institution de Mme Campan :

« Je suis à Toulon depuis cinq jours, ma chère Hortense; je n'ai point été fatiguée de la route, mais bien chagrine de t'avoir quittée précipitamment, sans pouvoir te dire adieu, non plus qu'à ma chère Caroline. Mais, ma chère fille, je suis un peu consolée par l'espoir que j'ai de t'embrasser bientôt. Bonaparte ne veut pas que je m'embarque avec lui; il désire que j'aille aux eaux avant que d'entreprendre le voyage d'Égypte. Il m'enverra chercher dans deux mois. Ainsi, mon Hortense, j'aurai encore le plaisir de te presser contre mon cœur et de t'assurer que tu es bien aimée. Adieu, ma chère fille[1]. »

Il faut donc croire, bien qu'elle le dise, que Mme Bonaparte a voulu accompagner le général en Égypte : elle était assez aimable pour faire à son mari la gracieuseté de lui offrir de le suivre, bien convaincue, probablement, qu'il n'accepterait pas cette offre ; peut-être aussi, à ce moment, était-elle sincère. Après tout, d'autres femmes, Mme Verdier, femme du général de ce nom, Mme Fourès, femme d'un lieutenant, etc., allèrent avec leur mari en Égypte. Mais ni Bourrienne, ni Lavalette ne parlent de cette particularité, au reste assez peu importante. Constant seul la rapporte[2].

1. *Lettres de Napoléon à Joséphine*, t. I, *Joséphine à Hortense*, pièce VI.

2. Constant, *Mémoires*, t. I, p. 41. — En la rapportant, Constant fait une erreur que tous les biographes de Joséphine ont reproduite après lui ; cette erreur n'a aucune importance, mais, comme c'est une erreur, elle doit être rectifiée : « Mme Bonaparte, dit-il, désirait beaucoup suivre son mari en Égypte... et, par un singulier rapprochement, c'était sur la *Pomone* qu'elle voulait faire la traversée, c'est-à-dire sur le bâtiment même qui, dans sa première jeunesse, l'avait amenée de la Martinique en France. Le général Bonaparte ayant fini par céder aux désirs de sa femme, lui promit de lui envoyer la *Pomone*. » Le général Tercier, qui était à la Martinique au moment du départ de Mlle Tascher de la Pagerie, dit, de son côté, dans ses curieux *Mémoires* : « C'est vers ce temps que partit pour la France le vaisseau le *Fier*, de cinquante canons, capitaine le commandeur Turpin, emmenant avec lui celle qui devait être un jour Impératrice des Français. Elle avait dix-huit ans, quoique l'almanach impérial lui ait toujours donné neuf à dix ans de moins que son âge. Je l'accompagnai de Fort-Royal avec sa famille, à bord du vaisseau sur lequel elle s'embarqua ; j'étais, comme je l'ai dit, très lié avec sa famille qui, toute réunie, la

M. Jung dans son savant ouvrage, *Bonaparte et son temps*, dit nettement que Joséphine refusa de partir [1]. Quoi qu'il en soit, avant que la flotte ne mît à la voile, Mme Bonaparte avait voulu, c'était bien naturel, visiter le bâtiment qui allait emporter son mari vers la côte africaine. Aussi, un jour, après le déjeuner, tandis que Bonaparte était rentré dans son cabinet, Najac, l'intendant de la marine, fit mettre en mer l'embarcation de l'administration, et mena lui-même à bord de l'*Orient*, qui était en rade, la femme du général en chef. Le général Berthier, chef d'état-major, les généraux Lannes et Murat, Junot, les aides de camp Lavalette, Eugène Beauharnais et Sulkowski, l'accompagnaient; MM. Regnault (de Saint-Jean d'Angély) et Arnault, qui s'arrêtèrent accidentellement à Malte et n'allèrent pas jusqu'en Égypte, étaient aussi aux côtés de Mme Bonaparte.

Enfin le jour du départ arriva. Les adieux furent tendres. Bonaparte aimait toujours bien sa femme quoiqu'avec moins de fougue que dans les premiers temps de son mariage : il partait pour un laps de temps qui serait certainement fort long et dont il lui était impossible de prévoir même approximativement la durée, « peu de mois ou six ans [2] » avait-il dit un jour à Bourrienne. Il renouvela ses recommandations à sa femme, lui dit qu'il lui faisait, pendant son éloignement, une pension annuelle de 40,000 francs et qu'il avait chargé son frère Joseph de la lui payer. Il fallut cependant se quitter. On s'embrassa une der-

conduisit et la remit entre les mains du capitaine, avec une mulâtresse pour la servir pendant la traversée, » (*Mémoires politiques et militaires du général Tercier*, p. 21.)

1. Th. Jung, *Bonaparte et son temps*, t. III, p. 241.
2. Bourrienne, *Mémoires*, t. II, p. 49.

nière fois, et, tandis que le général Bonaparte, monté dans une embarcation, gagnait le vaisseau l'*Orient*, sa femme se rendait à l'intendance; il était entendu que, du balcon, d'où l'on découvrait toute la rade, elle regarderait les vaisseaux lever l'ancre et agiterait son mouchoir, comme dernier adieu à son mari.

Toute la flotte se mit en mouvement. Ce ne fut pas sans quelques difficultés qu'elle sortit de la rade. Plusieurs vaisseaux de haut bord et pesamment chargés labourèrent le fond, mais sans s'arrêter. L'*Orient* aussi toucha. On le vit, de terre, pencher assez sensiblement, et l'inquiétude gagna les nombreux spectateurs de cette scène grandiose; mais il se dégagea bientôt et gagna majestueusement la pleine mer aux acclamations de la foule et des équipages, au son de la musique des régiments embarqués sur les vaisseaux. Le bruit du canon des forts et de l'escadre formait la basse de ce concert gigantesque.

Mme Bonaparte, dès que son mari fut parti, se mit elle-même en route, non pas pour Paris, mais pour Plombières où, comme elle l'avait mandé de Toulon à sa fille, elle se proposait de prendre les eaux. Elle fut victime, à Plombières, d'un cruel accident qui eût pu lui coûter la vie. Elle était sur le balcon de sa maison avec plusieurs dames, lorsque ce balcon, qui était en bois, s'effondra tout à coup, entraînant avec lui toutes les personnes qui s'y trouvaient réunies. Mme Bonaparte se blessa assez douloureusement dans sa chute, mais cet accident n'eut pas de suites fâcheuses. Il fut cause seulement qu'elle prolongea son séjour à Plombières et qu'elle ne rentra à Paris qu'à la fin du mois de septembre.

Pendant que le général Bonaparte était en Italie, Joséphine, à qui son mari avait exprimé le désir d'acheter une campagne dans les environs de Paris, avait fait l'acquisition de la Malmaison. Voici comment cela s'était passé : Isabey, ami de Mme Lecoulteux de Canteleu, qui était propriétaire de la Malmaison, lui ayant dit que Mme Bonaparte cherchait une terre à acheter, Mme Lecoulteux le chargea de lui proposer la sienne. Mme Bonaparte vint avec lui la visiter et l'acquisition en fut faite séance tenante.

La Malmaison était un bien national que M. Lecoulteux avait acquis en 1793 et qu'il revendit à Mme Bonaparte pour la somme de cent soixante mille francs, a dit Bourrienne[1]. Sur cette somme, énorme pour l'époque, Mme Bonaparte n'a donné qu'un très petit à-compte; mais, tranquille après cela, elle ne pense pas plus à sa dette envers M. Lecoulteux qu'à ses autres dettes; cette affaire finira bien par s'arranger, comme les autres; alors, pourquoi s'en tourmenter? Mme Bonaparte n'aimait point penser aux choses ennuyeuses ni envisager les difficultés en face, semblable en cela à l'autruche poursuivie par des chasseurs qui, trouvant un buisson sur son chemin, y cache sa tête et croit le péril passé parce qu'elle ne le voit plus. Le prix de la Malmaison était donc fort élevé mais Mme Bonaparte n'avait pas été arrêtée par ce détail, non plus que par le nom de *Malmaison*, qui signifie *maison maudite*. Si elle y avait songé, elle qui était superstitieuse au possible, elle n'eût peut-être pas acquis cette propriété. Au surplus, la Malmaison « était une maison de campagne jolie, agréable à cause de ses environs, mais, comme habitation, tout à fait incommode et, de plus, fort malsaine. Mme Bonaparte avait fait cette acquisition comme une enfant qui

1. Bourrienne, *Mémoires*, t. IV, p. 29.

achète une poupée qui lui plait, sans savoir si elle s'en amusera longtemps. Le parc n'était pas grand, — c'était un joli jardin anglais — et le château tombait de tous les côtés. Le parc était fermé par un mur qui se prolongeait sur la route de Saint-Germain, excepté au commencement, le long de la pelouse devant le château. Il y avait là un saut-de-loup, en haut duquel était une petite rampe en fer qui permettait de s'appuyer pour regarder sur la route, mais aussi on pouvait facilement voir de la route dans le parc... La Malmaison était donc une jolie maison de plaisance et voilà tout [1]. »

Mme Bonaparte, pressée de jouir de sa nouvelle acquisition, s'y installa aussitôt.

Elle fit pendre aux murs les superbes tableaux des maîtres anciens, qui lui avaient été donnés par le pape et par les villes d'Italie: elle fit placer dans le parc, dans les antichambres, les statues de marbre qui avaient été offertes au général vainqueur des armées autrichiennes; de magnifiques mosaïques de Florence ornèrent ses salons, et il lui fallut non pas des coffrets, mais des bahuts et des armoires pour contenir « cette prodigieuse quantité de perles, de diamants et de camées qui composaient dès lors son écrin, digne déjà de figurer dans les contes des *Mille et une Nuits* et qui pourtant devait tant s'augmenter depuis [2]. »

Mme Bonaparte aurait pu être dans une situation pécuniaire aisée avec les quarante mille francs par an que son mari avait chargé Joseph de lui donner. Mais il n'en était pas ainsi : son désordre et son gaspillage

1. Duchesse d'Abrantès, *Mémoires*, t. III, p. 209.
2. Mme de Rémusat, *Mémoires*, t. I, p. 146.

étaient plus grands que jamais. « A côté de toutes ces richesses, dit Mme de Rémusat après avoir parlé de ses bijoux, Mme Bonaparte manquait souvent des moyens de payer ses moindres dépenses, et, pour se tirer d'affaire, elle cherchait à vendre le crédit qu'elle avait sur les gens puissants de cette époque [1]. » Elle ne venait plus que rarement à Paris. Non pas que le chagrin que lui causait l'éloignement de son mari, exposé à toutes sortes de dangers dans une guerre où l'on ne faisait pas de prisonniers, sous un climat meurtrier, et au milieu d'une terrible épidémie de peste, l'eût déterminée à attendre son retour dans la retraite, en tête-à-tête avec ses souvenirs, son amour et ses espérances. Au contraire, si elle venait à Paris, ce n'était que pour les fêtes et les soirées, les concerts et les soupers du jeune et voluptueux directeur Barras dont elle s'était rapprochée au moyen de son amie Mme Tallien: elle se rapprocha aussi de Rewbel dont elle voulait se faire un appui [2]. Et puis, elle avait rencontré à Paris un de ses anciens *amis* de l'armée d'Italie, M. Hippolyte Charles, ce capitaine de chasseurs à cheval, cet ancien aide de camp du général Leclerc qu'on n'a pas dû oublier. On refit bien vite connaissance. M. Charles lui conta comme quoi, depuis que le général Bonaparte avait brisé son avenir par une sévérité inexplicable, il ne trouvait pas à s'employer utilement. Mme Bonaparte était bonne et aimait à faire le bien « quand ses actes de bonté ne lui coûtaient aucun sacrifice [3] ». Elle se mit donc en tête de jouer auprès de M. Charles le rôle de Provi-

1. Mme de Rémusat, *Mémoires*, t. III, p. 209.
2. *Souvenirs et correspondance de Mme Récamier*, t. I, p. 22-23.
3. Juno, *Lucien Bonaparte et ses Mémoires*, t. II, p. 211.

dence. Elle s'imagina qu'il était de son devoir de réparer les torts que son mari pouvait avoir envers ce jeune homme et le préjudice que sa colère lui avait causé. Elle s'employa donc à lui procurer une place. Le crédit dont elle jouissait, grâce à la gloire du général Bonaparte, fit admettre M. Charles comme associé dans l'entreprise des vivres de la compagnie Bodin [1] c'était le pied à l'étrier; le reste dépendait du savoir-faire de M. Charles. Comme il en avait, il ne fut pas longtemps à voir prospérer ses affaires et à amasser une honnête fortune, au détriment de la nourriture du soldat, ce qui lui permit d'avoir chevaux et voitures et de faire bonne figure dans le monde des financiers qu'il se mit à fréquenter.

M. Charles n'était pas un ingrat. Il alla remercier à la Malmaison celle qui avait bien voulu ne pas oublier le pauvre officier de l'armée d'Italie et lui accorder sa protection. On sait qu'il était joli garçon, spirituel, ou du moins qu' « il s'exprimait en calembours et faisait le polichinelle en parlant »; il était « un garçon amusant » et, comme en Italie, Mme Bonaparte s'ennuyait, loin de son mari... Du reste on croyait que le général ne reviendrait pas de cette expédition d'Égypte... Bref, on garda M. Charles à la Malmaison.

Cependant, Mme Bonaparte, ne sortant presque plus de sa propriété, faisait l'édification de toutes les bonnes gens du voisinage. On la voyait de la route, le soir, se promener au clair de la lune dans les allées du parc, vêtue d'une robe blanche et la tête enveloppée d'un léger voile; elle était accompagnée disaient ces honnêtes campagnards, de *son fils*, en habit bleu ou noir, qui cherchait bien sûrement à la con-

1. Duchesse d'Abrantès, *Mémoires*, t. III, p. 207.

soler de l'absence de son mari, à lui faire espérer son retour prochain; — et, levant les yeux au ciel, elle s'appuyait mélancoliquement à son bras et s'enfonçait avec lui sous l'ombre épaisse des arbres...

Son fils!... Mais il était en Égypte, aide de camp du général Bonaparte!...

A Paris, on savait aussi que Mme Bonaparte avait installé un jeune homme auprès d'elle, à la Malmaison, et qu'il y régnait « tout à fait en maître [1]. » Mais on savait bien que ce jeune homme n'était pas Eugène de Beauharnais; et, comme l'on est très friand, à Paris, des faiblesses d'autrui, surtout de celles d'une femme et encore mieux de la femme la plus en vue par la haute situation de son mari, on ne fut pas long à savoir quel était ce jeune homme.

Si Mme Bonaparte avait, comme on le voit, des *amis*, elle avait aussi, ce qu'elle oublia trop, quelques ennemis. En tête de ceux-ci, on peut faire figurer toute la famille de son mari. Ses légèretés, en Italie, lui en avaient aliéné tous les membres déjà fort prévenus contre elle. Cette famille Bonaparte ne brilla guère par l'austérité des mœurs, à l'exception toutefois de Mme Letizia; mais cela ne l'empêchait point de reprocher à Mme Joséphine des écarts de conduite que chacun, dans la famille, se permit et se pardonna si facilement plus tard. Les Bonaparte ne pouvaient voir sans chagrin et aussi sans une sorte d'indignation, de colère jalouse, cette femme se jouer aussi légèrement de l'honneur et de l'amour du plus brillant d'entre eux. Elle venait bien quelquefois, mais le plus rarement possible, faire visite à sa belle-mère, à ses beaux-frères et belles-sœurs : elle sentait qu'elle n'excitait

1. Duchesse d'Abrantès, *Mémoires*, t. III, p. 210.

pas en eux une grande affection, « car la famille entière la détestait [1] » ; et elle ne prenait guère la peine de dissimuler, de son côté, ses sentiments de très médiocre sympathie. Aussi se vit-on fort peu tant que le général, trait d'union entre les deux familles, fut en Égypte. Cela n'empêcha point, bien au contraire, les frères de Napoléon d'être informés de la présence de M. Charles à la Malmaison, et il n'est pas douteux qu'ils la lui aient fait connaître.

M. Gohier, ce bon bourgeois qui présidait le Directoire, et qui « était en réalité haineux et mauvais comme une gale invétérée [2], » ne l'ignorait pas non plus. Il était scandalisé d'une telle légèreté. Comme Mme Bonaparte était intimement liée avec sa femme, il crut devoir lui donner paternellement les conseils dont elle avait besoin ; mais c'était peine perdue : elle ne voulait rien changer à sa manière de vivre. « Alors, divorcez ! lui avait-il dit, lorsque, tout en larmes, elle se refusait à suivre le conseil qu'il lui donnait de rompre une liaison qui la compromettait ; divorcez ! Vous me dites que vous n'avez que de l'amitié l'un pour l'autre, M. Charles et vous : mais si cette amitié est tellement exclusive qu'elle vous fasse violer les convenances du monde, je vous dirai comme s'il y avait de l'amour : divorcez ! parce que l'amitié aussi abnégative des autres sentiments, vous tiendra lieu de tout. Croyez que vous éprouverez du chagrin de tout ceci [3]. »

Divorcez ! C'était bon à dire, mais Mme Bonaparte ne trouvait pas du tout que ce fût bon à faire. Elle était habituée maintenant aux hommages et à toutes

1 Duchesse d'Abrantès, *Mémoires*, t. I, p. 427.
2. *Ibid.*, t. IV, p. 504.
3. *Ibid.*, t. III, p. 210.

les satisfactions de vanité que lui valait son union avec le général Bonaparte; elle aimait, à défaut de son mari, cette vie large, insouciante du lendemain, toute semée de fêtes et de plaisirs mondains, que ce mari lui avait faite; « elle en voulait bien les privilèges, sans en accepter les devoirs[1] ». Non, pas de divorce! Car quoi, une fois divorcée? Épouser M. Charles? M. Charles tout court!... Quand on a été la vicomtesse de Beauharnais, quand on a été Mme Bonaparte. M. Charles! Mais ça ne s'épouse pas, çà!... Et puis, de son côté, M. Charles voudrait-il d'elle? Car enfin, on prend bien une femme pour maîtresse, mais on ne l'accepterait jamais pour sa femme, pour la mère de ses enfants. Non, non, tout, excepté le divorce!

Aussi, comme chaque jour qui passait la rapprochait du moment où le général Bonaparte reviendrait d'Égypte, elle se mit à fréquenter de plus en plus M. et Mme Gohier, dans la pensée que cette intime amitié avec ce ménage éloignerait de l'esprit de son mari tout soupçon et l'empêcherait d'ajouter foi aux propos que de méchantes langues pourraient peut-être lui tenir.

Elle ne venait presque jamais à Paris sans aller dîner au Luxembourg. Mais ce n'était pas toujours chez les Gohier, c'était aussi quelquefois chez Barras. Un jour, elle s'y trouva en même temps que M. de Talleyrand. Mme Tallien, cela va sans dire, était du dîner. M. de Talleyrand était placé entre elles deux. Il mit tant de grâce dans les soins dont il entoura Mme Tallien et oublia si bien de faire le moindre frais pour son autre voisine, que celle-ci, de dépit, quitta

1. Arthur Lévy, *Napoléon intime*, p. 144.

la table et alla pleurer dans une pièce voisine. Il n'y avait pas que du dépit dans le sentiment violent qui l'agitait et lui faisait verser des larmes. Elle comprenait bien que, pour être négligée ainsi de celui qui ne s'occupait que des gens pouvant lui être de quelque utilité, il fallait qu'il se fût produit quelque gros événement. Car ce n'était pas sa liaison affichée avec ce « polichinelle » de M. Charles qui pouvait l'effaroucher : non, l'ancien évêque ne se scandalisait pas pour si peu ; ce n'était pas non plus pour avoir appris qu'elle vendait son crédit à qui voulait bien le lui acheter contre espèces sonnantes ; ni pour les pots-de-vin qu'elle se faisait donner par les fournisseurs pour les aider dans la réussite de leurs sales spéculations. L'ex-prélat gentilhomme en faisait, assurait-on, autant. Alors, quoi ? Est-ce qu'elle serait veuve ? Oui, ce devait être cela. Jamais, Bonaparte vivant, M. de Talleyrand eût ainsi négligé sa femme. Mais alors, que lui faudrait-il faire si sa position était perdue par suite de la mort de son mari ? Car, elle n'y avait pas encore pensé, c'était très dangereux le poste de son mari en Égypte. Oui, que faire ? Où trouver un « entreteneur » aussi généreux ? Et ses pleurs redoublaient. Quand on perd son mari, n'est-il pas d'usage de verser quelques larmes ? et puis, c'est si bon de s'attendrir un peu de temps en temps ; cela fait du bien à l'âme. Ah ! pour le coup, il lui faudrait peut-être épouser M. Charles. C'était tout indiqué ; et puis la morale, les convenances... Car, auprès de Barras, rien à faire, la place était prise et Mme Tallien ne semblait pas disposée à la céder de sitôt. Au reste, M. Charles était une solution comme une autre, pas brillante, par exemple, mais enfin, s'il était vrai que le général Bonaparte fût mort, cette mort lui évitait les formalités, toujours désagréables d'un divorce. Car M. Gohier semblait tenir à la faire divorcer... Oui, c'est cela il fallait épouser M. Charles : c'était la seule solution possible.

Mme Bonaparte sécha ses larmes, puis, comme rien ne vint confirmer l'idée qui s'était un instant présentée à son esprit, elle s'imagina que M. de Talleyrand était convaincu de sa disgrâce certaine. Aussi mit-elle tous ses soins, pour éviter une aussi fâcheuse extrémité, à ménager tout le monde de façon à avoir, comme on dit, plusieurs cordes à son arc. Et en attendant les événements, elle fit plus que jamais la cour au ménage Gohier. Gohier avait épousé sa cuisinière, mais qu'est-ce que cela lui faisait à elle ? Pour rendre la liaison plus intime, elle se mit en tête de marier sa fille Hortense avec le fils Gohier. L'affaire ne marcha pas. Les Gohier étaient fiers, et comme ils n'avaient pas les mêmes raisons qu'elle pour désirer cette alliance, ils ne donnèrent pas de suite à ses propositions. Elle essaya alors de la donner au fils du directeur Rewbell ; mais Hortense ne voulut jamais y consentir[1].

Quant à M. de Talleyrand, il avait cru, sans doute, la disgrâce de Joséphine certaine, après l'éclat de sa liaison avec M. Charles et c'est pour cela qu'il l'avait négligée. Depuis, il craignit son ressentiment, et, pour couper court à une situation qui lui était désagréable, il fit tout son possible, avant la création de l'Empire, pour marier sa nièce, fille de son frère, à Eugène de Beauharnais ; mais le père s'y opposa et elle épousa Just de Noailles ; ensuite il travailla pour que Napoléon divorçât afin d'épouser la princesse

1. Mme de Rémusat, *Mémoires*, t. I, p. 147.

Wilhelmine de Bade. Napoléon le dit sans doute à Joséphine et celle-ci en tira la plus spirituelle vengeance, comme on le verra plus tard, en faisant épouser à M. de Talleyrand sa vieille maîtresse, Mme Grand.

Un soir, le 18 vendémiaire an VII, Mme Bonaparte dinait tranquillement dans ce tranquille ménage Gohier, lorsque tout à coup une grande nouvelle est apportée au président du Directoire : le général Bonaparte a débarqué la veille à Fréjus ! Mme Bonaparte, au dire d'un témoin, M. Brunetière, « n'était pas aussi contente du retour qu'elle devait l'être[1]. » et, de même qu'à Gohier, cette nouvelle lui causait plus d'étonnement que de joie[2]. « Président, lui dit-elle, ne craignez pas que Bonaparte vienne avec des intentions fatales à la liberté. Mais il faudra vous réunir pour empêcher que des misérables ne s'en emparent. Je vais au-devant de lui ; il est important pour moi que je ne sois pas prévenue par ses frères qui m'ont toujours détestée. Au reste, ajouta-t-elle en regardant sa femme, je n'ai rien à craindre de la calomnie ; quand Bonaparte apprendra que ma société particulière a été la vôtre, il sera aussi flatté que reconnaissant de l'accueil que j'ai reçu dans votre maison pendant son absence[3]. »

En parlant ainsi Mme Bonaparte faisait, comme on dit, contre mauvaise fortune bon cœur ; mais, « contrairement à ses prévisions, Bonaparte ne se montra nullement flatté[4]. » Mais ne sont-elles pas singulières les pensées que fait naître en Mme Bonaparte l'arrivée

1. Duchesse d'Abrantès, *Mémoires*, t. II, p. 97.
2. Gohier, *Mémoires*, t. I, p. 198.
3. *Ibid.*, t. I, p. 199.
4. Arthur Lévy, *Napoléon intime*, p. 141.

inespérée d'un mari jeune, glorieux qui l'aime de tout son cœur, et qui vient d'échapper à mille morts?

Mme Bonaparte ne pouvait douter que ses beaux-frères ne fussent parvenus à faire connaître à son mari les bruits fâcheux pour elle et pour sa réputation qu'elle savait avoir cours dans Paris. En effet, tout le monde les connaissait. Le vieux marquis d'Hautefort, en apprenant le débarquement du général à Fréjus, avait dit d'elle, chez Mme Permon : « Elle saura bien prendre son masque du jour de noce en le revoyant. Mais qu'elle y prenne garde ! c'est un fin matois qui y voit clair, et elle, elle n'est qu'une sotte[1]. » Et pourtant, en pareille occurrence, c'est généralement le mari, aux yeux du monde, qui n'est qu'un sot. Oh ! inconséquence de notre société française !

Le général Bonaparte, en effet, avait été informé en Égypte des nouvelles fredaines de sa femme. Le souvenir qu'il avait gardé de ses légèretés en Italie lui faisait terriblement redouter de nouvelles légèretés à Paris. Là, livrée à elle-même, et à ses penchants frivoles, sans guide pour la conseiller, saurait-elle garder la dignité de conduite qui convenait à une femme dont le mari est à huit cents lieues, à la guerre? Il en doutait fort. Aussi provoqua-t-il sans doute les fameuses révélations que Junot lui fit, au mois de février 1799, aux sources de Messoudiah, sous El-Arych. C'est Bourrienne qui dans ses *Mémoires*, nous en a fait le récit : « Je vis, dit-il, Bonaparte se promener seul avec Junot, comme cela lui arrivait assez souvent. J'étais à peu de distance, et je ne sais pourquoi mes yeux étaient fixés sur lui durant

1. Duchesse d'Abrantès, *Mémoires*, t. III, p. 97.

cette conversation. La figure toujours très pâle du général était devenue, sans que j'en pusse deviner la cause, plus pâle encore que de coutume. Il y avait quelque chose de convulsif dans sa figure, d'égaré dans son regard, et plusieurs fois il se frappa la tête. Après un quart d'heure de conversation, il quitta Junot et revint vers moi. Je ne lui avais jamais vu l'air aussi mécontent, aussi préoccupé. Je m'avançai à sa rencontre, et dès que nous nous fûmes rejoints : « — Vous ne m'êtes point attaché, me dit-il d'un ton brusque et sévère. Les femmes!... Joséphine!... Si vous m'étiez attaché, vous m'auriez informé de tout ce que je viens d'apprendre par Junot : voilà un véritable ami. Joséphine!... Et je suis à six cents lieues!.., Vous deviez me le dire!... Joséphine!... m'avoir ainsi trompé!... Elle!... Malheur à eux!... J'exterminerai cette race de freluquets et de blondins!... Quant à elle! le divorce!... Oui, le divorce!... Un divorce public, éclatant!... Il faut que j'écrive!... je sais tout!... C'est votre faute! vous deviez me le dire! [1] »

Ce n'était certainement pas la faute de Bourrienne, et, à sa place, tout autre eût, comme lui, gardé un silence discret. Il avait deviné le sujet de la conversation que Bonaparte venait d'avoir avec Junot. Ami du général en chef dont il était le secrétaire intime, n'ayant qu'à se louer, d'un autre côté, de la bienveillance que lui avait toujours témoignée Mme Bonaparte, il ne pouvait que chercher à calmer le général, lui persuader qu'on lui avait rapporté des bruits sans aucun fondement, qu'il ne fallait ajouter aucune foi à des médisances inventées par la jalousie et la méchanceté; il lui parla de sa situation, dans laquelle il

1. BOURRIENNE, *Mémoires*, t. II, p. 211-214.

fallait éviter tout éclat de cette nature; il lui parla de son avenir, et il était encore si jeune! il lui parla de sa gloire...

« Ma gloire! s'écria-t-il, oh! je ne sais ce que je donnerais pour que ce que Junot m'a dit ne fût pas vrai, tant j'aime cette femme!... Si Joséphine est coupable, il faut que le divorce m'en sépare à jamais!... Je ne veux pas être la risée de tous les inutiles de Paris! Je vais écrire à Joseph; il fera prononcer le divorce! [1] »

Et Bonaparte écrivit à son frère comme il le disait. Il ne le chargea pas de demander le divorce. Il se borna à exhaler le découragement de son âme meurtrie, et sa lettre est empreinte d'une tristesse de cœur navrante. La voici : elle est datée du Caire, le 25 juillet 1798 :

« Tu verras dans les papiers publics le résultat des batailles et la conquête de l'Égypte, qui a été assez disputée pour ajouter une feuille à la gloire militaire de cette armée... J'ai beaucoup de chagrins domestiques...

Ici se trouvent quelques points tenant lieu de mots qui ont été rétablis de la façon suivante dans l'ouvrage de « l'abominable pamphlétaire » Lewis Goldsmith [2] : « car le voile est entièrement levé. » Et, dit M. Arthur Lévy, « toute la lettre étant textuellement citée sans autre modification que le rétablissement des mots omis à dessein par Joseph, on doit adopter cette restitution qui paraît authentique [3]. »

1. Bourrienne, *Mémoires*, t. II, p. 211-214.
2. Lewis Goldsmith, *Histoire secrète du cabinet de Napoléon Bonaparte*, t. I, p. 174, Londres, 1814.
3. Arthur Lévy, *Napoléon intime*, p. 100.

La lettre se continue ainsi :

« Ton amitié m'est bien chère : il ne me reste plus pour devenir misanthrope, qu'à la perdre et te voir me trahir. C'est une triste position d'avoir à la fois tous les sentiments pour une même personne dans un seul cœur.

« Fais en sorte que j'aie une campagne à mon arrivée, soit près de Paris, soit en Bourgogne ; je compte y passer l'hiver et m'y enfermer : je suis ennuyé de la nature humaine. J'ai besoin de solitude et d'isolement ; les grandeurs m'ennuient ; le sentiment est desséché. La gloire est fade à vingt-neuf ans ; j'ai tout épuisé ; il ne me reste plus qu'à devenir bien vraiment égoïste. Je compte garder ma maison ; jamais je ne la donnerai à qui que ce soit. Je n'ai plus de quoi vivre. Adieu, mon unique ami ; je n'ai jamais été injuste envers toi[1]. »

Enfin, comme toutes les tempêtes, celle-là s'apaisa, du moins pour un temps. Mais elle avait arraché du cœur du pauvre Napoléon les dernières illusions qu'il pouvait avoir ou qu'il se plaisait encore à se faire et les dernières étincelles de l'amour dont il n'avait cessé de brûler pour sa Joséphine. Mais il était si bon, quoi qu'on en ait dit, qu'il conserva une affection inaltérable à celle pour qui il avait eu un si vif amour. Et, comme toujours en pareil cas, après avoir provoqué et écouté les révélations, Bonaparte prit de l'humeur contre Junot qui les lui avait faites ; il ne les lui pardonna jamais. C'est en grande partie à ces confidences indiscrètes que la duchesse d'Abrantès

1. JOSEPH, *Mémoires*, t. I, p. 189.

nie cependant avoir été faites[1], qu'il dût de ne pas recevoir le bâton de maréchal de l'Empire. Napoléon, qui disait tout à sa femme, quand il se raccommodait avec elle, ne lui cacha pas les propos de Junot, et Joséphine qui, en outre, n'avait pas oublié le voyage de Paris à Milan, ne lui témoigna jamais, on le conçoit, une grande sympathie.

Mais l'amour de Bonaparte pour sa femme était définitivement arraché de son cœur, et c'est à son retour de Saint-Jean-d'Acre qu'il eut sa liaison si connue avec Mme Fourès, femme d'un officier de chasseurs à cheval; cette liaison lui fit, pour un temps, oublier ses chagrins.

Une situation désagréable, fort pénible même, est celle que créait au jeune aide de camp Eugène de Beauharnais les révélations faites au général Bonaparte sur la conduite légère de sa mère à Paris. « Vers cette époque, lit-on dans ses *Mémoires*, le général en chef commença à avoir de grands sujets de chagrin, soit à cause du mécontentement qui régnait dans une partie de l'armée, et surtout parmi quelques généraux, soit à cause des nouvelles qu'il recevait de France, où l'on s'efforçait de troubler son bonheur domestique.

« Quoique je fusse fort jeune, je lui inspirais assez de confiance pour qu'il me fît part de son chagrin. C'était ordinairement le soir qu'il me faisait ses plaintes et ses confidences, en se promenant à grands pas dans sa tente. J'étais le seul avec qui il pût librement s'épancher. Je cherchais à adoucir ses ressentiments ; je le consolais de mon mieux, et

1. Duchesse d'Abrantès, *Mémoires*, t. III, p. 64.

autant que pouvaient le permettre mon âge et le respect qu'il m'inspirait[1]. »

Mais le pauvre Eugène en avait reçu une impression fort douloureuse, et, quoiqu'il n'eût point à juger la conduite de sa mère, quoiqu'il n'eût point à douter de la fidélité qu'elle gardait à son mari, car son devoir de fils était de ne pas même mettre ces choses en question, il ne pouvait cependant s'empêcher de se laisser gagner par une vague inquiétude et redoutait instinctivement tout ce qui pouvait avoir trait à ces délicats sujets. Aussi quand le général Bonaparte, sur le point de quitter l'Egypte, l'emmène en lui disant : « Eugène, tu vas revoir ta mère », ces mots, il l'avoue, ne lui causèrent pas toute la joie qu'il aurait dû éprouver. Il craignait pour sa mère, pour son beau-père auquel il était cordialement attaché, pour leur bonne entente, l'orage que pourrait soulever la première entrevue.

Mais la situation devint plus difficile pour le pauvre jeune homme quand il vit son beau-père afficher publiquement sa liaison avec celle que les soldats appelèrent « Notre souveraine de l'Orient » et sortir tous les soirs avec elle en calèche.

« La bonne harmonie qui régnait entre mon père et moi, dit-il un peu plus loin, dans ses *Mémoires*, faillit être troublée par une circonstance que je vais rapporter. Le général Bonaparte avait distingué la femme d'un officier et se promenait quelquefois en calèche avec elle. Cette femme avait de l'esprit et quelques agréments extérieurs. Dès lors, on ne manqua pas de dire que c'était sa maîtresse, en sorte que ma position, et comme aide de camp, et comme

1. Prince Eugène, *Mémoires*, t. I, p. 42.

fils de la femme du général en chef, devint assez pénible.

« Obligé, par mon service, d'accompagner le général qui ne sortait jamais sans aide de camp, je m'étais vu déjà une fois à la suite de cette calèche, lorsque, ne pouvant plus tenir à l'humiliation que j'en éprouvais, je fus trouver le général Berthier pour lui demander à passer dans un régiment. Une scène assez vive entre mon beau-père et moi fut la suite de cette démarche, mais il cessa dès ce moment ses promenades en calèche avec cette dame [1]. »

1. Prince Eugène, *Mémoires*, t. I, p. 46.

CHAPITRE VI

Inquiétudes de Joséphine en apprenant le débarquement de son mari. — Elle se décide à aller au devant de lui. — Bonaparte revient par la route du Bourbonnais, tandis que sa femme prend la route de Lyon. — Chagrin et colère du général. — Il refuse de voir Joséphine, arrivant de Lyon. — Scènes de larmes. — Inspiration de génie. — Bonaparte capitule. — Réconciliation. — Mécontentement de la famille Bonaparte. — Joséphine veut se faire des appuis dans cette famille. — Ses projets sur Hortense. — Affabilité de Joséphine quand elle fait les honneurs de son salon. — Elle seconde habilement le général dans la préparation du coup d'État. — Soirée chez Bonaparte. — M. et Mme Gohier. — Le 18 Brumaire. — Aversion de Mme Bonaparte mère pour Joséphine.

Le général Bonaparte était donc en route pour Paris. Comme il était probable qu'il ne s'arrêterait pas en chemin, qu'il aurait hâte de se trouver à Paris, son arrivée devait être imminente. La France entière était dans la joie, dans le délire de le voir venir, et il s'avançait au milieu d'un débordement d'enthousiasme que rien n'a jamais égalé. On vit des gens en mourir de joie, entre autres le député Baudin, père de l'illustre amiral. Joséphine, elle, ne partageait pas l'enthousiasme général ; elle mourait d'inquiétude et non de joie, et se disait avec angoisse : « Comment m'accueillera-t-il ? » Car elle ne pouvait se dissimuler que ses beaux-frères, qui ne l'aimaient pas, avaient dû se donner le méchant plaisir de se faire ses dénonciateurs, qu'ils avaient sûrement parlé dans leurs lettres de sa liaison avec M. Charles, liaison qu'elle ne pouvait se flatter qu'ils eussent ignorée, car tout Paris la connaissait. Il était donc pour elle de la plus haute importance de ne pas être devancée auprès de son mari par qui que ce fût des Bonaparte, et cela dans un but bien facile à deviner. D'un autre côté, la famille Bonaparte pensait qu'il était indispensable que l'un des frères vît le général avant sa femme, et Louis fut dépêché au-devant de lui.

Et pendant que ces divers intérêts, où l'affection n'entrait pas pour grand'chose, agitaient tout ce qui lui tenait de près, le général Bonaparte roulait vers Paris. Au fur et à mesure qu'il approchait du terme de son voyage, il se rappelait les révélations de Junot à Messoudiah, et il redevenait la proie d'âpres et irritants soupçons : « De quel front osera-t-elle m'aborder? » se demandait-il avec rage.

La nouvelle du débarquement du général était parvenue à Paris, par le télégraphe, le 18 vendémiaire au soir. Le 19, Mme Bonaparte se mettait en route dès le matin et allait au-devant de son mari. Mais il y avait deux routes conduisant de Lyon à Paris. Par laquelle de ces deux routes reviendrait-il? On ne le savait pas. Comme elle se rappela qu'il aimait beaucoup la Bourgogne, Mme Bonaparte prit la route de Bourgogne pour aller à Lyon, dans l'espérance qu'il la prendrait de son côté pour venir à Paris et qu'ils se rencontreraient. Louis Bonaparte, allant au-devant de son frère, l'avait devancée sur cette route.

Mais « de Lyon, a dit Eugène dans ses *Mémoires*, Bonaparte se sépara de ses compagnons de voyage et partit dans une voiture légère pour arriver plus vite à Paris. Par un contre-temps fâcheux, ma mère, qui, à la première nouvelle de notre débarquement, était partie pour venir au-devant de lui jusqu'à Lyon, prit la route de Bourgogne tandis qu'il passait par le Bourbonnais. De cette manière, nous arrivâmes à Paris quarante-huit heures avant elle; en sorte que les ennemis de ma mère eurent le champ libre et mirent ce temps à profit pour lui nuire dans l'esprit de son mari[1]. »

Mais comment peindre la déception, le chagrin de Mme Bonaparte en apprenant que son mari avait pris une autre route et qu'elle ne le retrouverait qu'à Paris? Quel désespoir! Sa famille l'aura entouré dès son arrivée, et elle, sa femme, elle seule n'aura pas été là! Et alors quelles seront ses pensées? Devant les accusations de ses frères, de ses sœurs, qui donneront carrière à leurs méchants propos avec d'autant plus de violence qu'elle ne sera pas là pour les combattre, et que son absence leur donnera les couleurs de la vérité, il croira qu'elle n'a pas osé affronter ses regards et sa colère, que ces accusations sont fondées. Oh! les Bonaparte auront beau jeu à la noircir! Et cette absence ne sera-t-elle pas l'aveu tacite, mais éclatant de sa faute? Elle l'a fui... Oh! comme elle devait regretter, la malheureuse, ses légèretés passées! Et comme les paroles de M. Gohier devaient, en ce moment infernal, se présenter à sa mémoire comme écrites en lettres de feu : « Divorcez! divorcez! »

Il est certain que la famille Bonaparte avait l'intention d'user de toute son influence pour amener le général à un divorce. La stérilité de sa femme n'eût

1. Prince Eugène, *Mémoires*, t. I, p. 75.

pas été un motif suffisant, quoiqu'à cette époque on divorçât pour bien moins[1]; mais son inconduite notoire en était un plus que suffisant, et c'est avec une joie assez mal dissimulée que tous savouraient d'avance la satisfaction d'une revanche certaine, du moins ils le croyaient, sur cette femme qu'ils détestaient. Cette pensée leur était peut-être plus agréable, tant la haine en eux était forte, que celle de voir leur frère débarrassé d'une femme indigne.

Cependant, le 16 octobre, à six heures du matin, le général Bonaparte descend de voiture devant son petit hôtel de la rue de la Victoire. Il s'attend à tomber dans les bras de sa femme. Sa mère est là, ses frères, moins Lucien et Louis, sont là aussi, ses sœurs y sont également, toute la famille se presse autour de lui... seule, sa femme est absente. « Elle est malade? » s'écrie-il tout inquiet. On le rassure avec un sourire contraint et expressif, mais qui navre ce pauvre Eugène dont la situation devenait fort pénible, plus pénible même qu'elle ne l'avait été en Egypte, car il se demandait s'il n'avait pas vraiment à rougir de sa mère, et cela devant toute la famille Bonaparte, dont il n'avait pas à se plaindre personnellement, mais dont il n'ignorait pas le peu de sympathie pour elle.

Le lendemain, le *Moniteur*, après avoir donné la nouvelle de l'arrivée à Paris du général Bonaparte, disait : « Le Directoire vient de faire prévenir la citoyenne Bonaparte, qui est partie avec Joseph et Lucien Bonaparte pour aller rejoindre l'illustre voyageur et l'emmener à Paris [2]. »

1. « On se marie pour rire devant la municipalité, huit jours après on divorce... » (*Journal du temps.*)
2. JUNG, *Mémoires de Lucien*, t. I, p. 261.

L'impression que l'absence de Joséphine causa au général Bonaparte « fut terrible et profonde... Il pensa, en ne la trouvant pas au milieu de sa famille, appuyée sur ses sœurs, présentée par sa mère, qu'elle-même se sentait indigne de leur protection et qu'elle fuyait jusqu'à la présence de celui qu'elle avait outragé. L'erreur de route ne lui parut qu'un prétexte[1]. » Elle s'est donc enfuie avec ce Charles!.. pensait l'infortuné mari... Ces moments laissèrent dans son cœur des traces indestructibles.

Si Joséphine était arrivée en ce moment, il est probable que, dans sa colère, il l'eût renvoyée comme elle le méritait; il eût déposé sa demande en divorce et tout eût été fini entre ces deux époux dont il n'eût pas été difficile de compter les jours qu'ils avaient passés ensemble depuis leur mariage.

La colère du général était concentrée et terrible. « — Plus rien de commun, dit-il à Collot, qui était venu le voir, entre elle et moi. — Quoi! vous voulez la quitter? — Ne l'a-t-elle pas mérité? — Je l'ignore, mais est-ce le moment de s'en occuper? Songez à la France. Elle a les yeux fixés sur vous. Elle s'attend à voir tous vos moments consacrés à son salut; si elle s'aperçoit que vous vous agitez dans des querelles domestiques, votre grandeur disparaît, vous n'êtes plus à ses yeux qu'un mari de Molière. Laissez, laissez là les torts de votre femme. Si vous n'en êtes pas satisfait, vous la renverrez quand vous n'aurez pas autre chose à faire; mais commencez par relever l'État. Après, vous trouverez mille raisons pour justifier votre ressentiment; aujourd'hui la France n'en trouverait aucune, et vous connaissez trop bien nos mœurs pour ne pas sentir

1. Duchesse D'ABRANTÈS, *Mémoires*, t. II, p. 103.

combien il vous importe de ne pas débuter par un ridicule. »

« Bonaparte laissa parler assez longuement M. Collot et celui-ci croyait avoir produit sur lui quelque impression, quand tout à coup le général s'écrie : « — Non ! c'est un parti pris ; elle ne mettra plus le pied dans ma maison. Que m'importe ce qu'on en dira. On en bavardera un jour ou deux, on n'en parlera plus le troisième ; au milieu des événements qui s'amoncellent, que sera-ce qu'une rupture ? La mienne ne sera point aperçue. Ma femme ira à la Malmaison. Moi je resterai ici. Le public en sait assez pour ne pas se tromper sur les raisons de son éloignement. »

« M. Collot s'efforça vainement de le ramener à la modération ; Bonaparte s'exhalait en reproches et en injures. « — Tant de violence, lui dit M. Collot, me prouve que vous en êtes toujours épris. Elle paraîtra, s'excusera, vous lui pardonnerez, et vous serez plus tranquille. — Moi ? lui pardonner !... Jamais !... Vous me connaissez bien !... Si je n'étais pas sûr de moi, *j'arracherais ce cœur et je le jetterais au feu.* » « En disant ces mots, la colère étouffait presque Bonaparte et il avait de sa main saisi sa poitrine comme pour la déchirer.[1] »

Collot se retira, mais, avant son départ, Bonaparte l'invita à déjeuner pour le lendemain.

Cependant Mme Bonaparte arriva dans la nuit. Son mari ne voulut ni la recevoir, ni la voir ; et, en effet, il ne la vit point. Son courroux, loin de se calmer, s'exaspérait encore. « Elle veut me braver, maintenant ; elle s'est ravisée et se moque de moi. J'ai été

1. BOURRIENNE, *Mémoires*, t. IV, p. 146-148.

trop bon, en Italie. Mais maintenant jamais, non, jamais je ne la reprendrai! » Et il s'était enfermé dans son cabinet de travail où il se promenait à grands pas, en proie à la plus extrême agitation.

Mme Bonaparte tout échevelée, tout en larmes, alla frapper à sa porte. « Ouvre-moi, mon ami, mon bon ami, je vais tout t'expliquer... » Et des sanglots déchirants entrecoupaient sa voix. « Oh! il ne m'ouvre pas!... Qu'as-tu donc contre moi, dis?... Oh! mon ami, si tu savais tout le mal que tu me fais!... » Et les mots les plus tendres, les plus passionnés sortaient de ses lèvres, au milieu de sanglots à faire pleurer. Mais Bonaparte restait inébranlable et ne répondait point à ses objurgations. Le désespoir succéda aux prières, mais sans pouvoir attendrir davantage ce cœur dont elle s'était joué jusque-là si impunément. Ce fut pour elle une terrible nuit : elle se roulait, désespérée, sur le parquet, heurtant du front cette porte qui ne voulait pas s'ouvrir et derrière laquelle se trouvait un homme, son mari, dont elle avait méprisé l'amour, dont elle avait galvaudé l'honneur, pendant qu'il affrontait mille dangers, qu'elle aurait rendu ridicule, si un homme de génie pouvait être rendu tel par une sotte vulgaire... Et maintenant elle était là, à demi vêtue, en larmes, anéantie, véritable image de la douleur et de la désolation, implorant le pardon de celui à qui elle avait fait tant de mal. La Providence envoie parfois de bien justes châtiments, dès ce monde-ci, à ceux qui ont méprisé les saintes lois du devoir : en ces quelques heures, en cette éternité, Mme Bonaparte expia bien des choses. Mais, comme si le châtiment eût été assez fort et assez long, une idée, un éclair du génie illumina cet esprit qui semblait incapable désormais de concevoir une pensée.

Sa femme de chambre lui ayant dit d'envoyer ses enfants au général :

— « Oui, Bonaparte a du cœur, dit-elle ; je le tiens, il est à moi. »

Mme Bonaparte avait saisi parfaitement l'idée qui lui était suggérée. Elle comprenait à merveille la situation. Le général était au courant de ses légèretés, c'était évident ; il ne devait plus avoir conservé d'amour pour celle qui lui avait fait voir si clairement qu'elle n'en avait pas pour lui. Aussi était-il inutile qu'elle essayât de faire vibrer encore la corde d'amour. D'un autre côté, elle avait trop légèrement joué avec son honneur pour qu'elle pût s'adresser, elle, à ses sentiments. Mais il lui restait encore une arme, et bien puissante, celle-là, car Bonaparte en recevrait les coups et l'honneur lui faisait un devoir de ne pas les rendre ; il lui restait ses enfants, et la ressource de leurs prières et de leurs larmes. Bonaparte aimait le jeune Eugène en qui il avait remarqué d'heureuses qualités d'insouciance du danger et d'attachement ; il avait aussi de l'affection pour Hortense, dont la jeunesse annonçait les meilleures dispositions de l'esprit et du cœur. Eh bien ! pourrait-il, lui, qui considérait ces enfants et les aimait comme siens, pourrait-il leur dire : « Allez avec votre mère : je ne veux plus la voir ; elle m'a indignement trompé : elle ne m'inspire même pas de haine ; elle est digne tout au plus de mon mépris ! » Etait-ce possible ? Non, jamais Bonaparte ne dirait à ces enfants en pleurs que leur mère était une femme méprisable, et qu'ils ne pouvaient l'estimer.

Mme Bonaparte courut chercher son fils et sa fille. Personne ne dormait, cette nuit-là, à l'hôtel de la rue de la Victoire. Elle leur dit rapidement ce qu'elle attendait d'eux, ce *qu'il fallait* qu'ils fissent, et les lâcha sur son mari.

Elle avait vu juste. « Le moyen d'entretenir des enfants de l'âge d'Hortense et d'Eugène des torts de leur mère ? Bonaparte était contraint de se taire et ne pouvait combattre par aucun argument les armes irrésistibles de deux jeunes et innocentes créatures qui étaient à ses genoux, mouillaient ses mains de leurs larmes et lui répétaient : « — N'abandonnez pas ma mère ! Elle en mourra ! Et nous, pauvres orphelins, nous dont l'échafaud a déjà dévoré le protecteur naturel, faut-il que l'injustice nous prive de celui que la Providence nous avait envoyé ? [1] »

Le vainqueur des Autrichiens et des Turcs fut vaincu par ces faibles enfants. Lamartine a pourtant dit :

> Rien d'humain ne battait sous son épaisse armure.

« Eh bien ! allez chercher votre mère, dit-il. »

Ces pauvres enfants coururent et la trouvèrent à demi couchée sur les marches de l'escalier de service : elle était comme anéantie... son désespoir était effrayant.

« Maman, viens, dirent-ils ; le général t'attend. »

Elle courut, tomba dans ses bras sans pouvoir articuler un seul mot ; les larmes l'étouffaient... elle se laissa aller sans connaissance.

Bonaparte l'enleva dans ses bras, la porta sur son lit...

Et quand Lucien, le lendemain matin, vint voir son frère, il le trouva couché à côté de sa femme, dans le même lit.

1. Duchesse D'ABRANTÈS, *Mémoires*, t. II, p. 101.

La réconciliation entre les deux époux était faite. Mais Bonaparte y avait mis une condition. Pauvre général! il avait demandé « l'éloignement de M. Charles et la promesse qu'elle ne le reverrait jamais[1].

Joséphine lui avait accordé sa demande. Que lui faisait maintenant son amant? Elle le sacrifiait avec la même facilité qu'elle avait sacrifié précédemment l'honneur de son mari. Oh! inconséquence et légèreté de la femme!

Bonaparte présenta à sa femme un mameluck, nommé Ali, qu'il avait ramené d'Egypte pour elle, Ali était très laid et aussi méchant qu'il était laid. Plus tard, comme il s'était rendu insupportable à tout le monde, on dut l'envoyer à Fontainebleau comme frotteur des appartements.

Collot, vint, à dix heures du matin, déjeuner avec le général. Il avait appris, en entrant, et l'arrivée de Mme Bonaparte et la réconciliation. Bonaparte parut un peu embarrassé.

« Eh bien, dit-il à M. Collot dès qu'ils furent seuls, eh bien, elle est ici. — Tant mieux; vous avez fait pour vous et pour nous une fort bonne chose. — Ne croyez pas que j'aie pardonné!... De ma vie!... Je voulais avoir des doutes... Sa franchise!... Je l'ai chassée à son arrivée!... Et ce nigaud de Joseph qui était là!... Mais, que voulez-vous, Collot? Comme elle descendait l'escalier en pleurant, j'ai vu Eugène, Hortense, qui la suivaient en sanglotant. On ne m'a pas fait un cœur pour voir impunément couler des larmes. Eugène m'a accompagné en Egypte; je me suis accoutumé à le regarder comme mon fils adoptif;

1. Duchesse d'Abrantès, *Mémoires*, t. III, p. 210.

il est si brave, et c'est un si bon jeune homme! Hortense va entrer dans le monde; tout ce qui la connait m'en dit du bien. Je l'avoue, Collot, j'ai été profondément ému; je n'ai pas pu tenir aux sanglots de ces deux pauvres enfants; je me suis dit : doivent-ils être victimes des fautes de leur mère? J'ai retenu Eugène; Hortense est revenue avec sa mère; je n'ai rien dit. Que voulez-vous que je fasse à cela? On n'est pas homme sans être faible. — Soyez sûr qu'ils vous en récompenseront. — Ils le doivent, Collot, ils le doivent, car il m'en coûte assez [1]. »

Joséphine ne l'en récompensa pas autant que l'eût mérité une telle abnégation; quant à Bonaparte il ne récompensa pas Junot de lui avoir fait les révélations que l'on sait à Massoudiah : il pardonna à sa femme ses légèretés, mais il ne pardonna pas à Junot de les lui avoir apprises; il ne pardonna pas non plus à Collot d'avoir été témoin de sa faiblesse. Bourrienne, lui, prétend que, si cette conversation fut cause pour M. Collot de l'inimitié de Bonaparte, c'est qu' « il n'aimait pas ceux qui étaient trop initiés dans certains secrets de famille qu'il avait enfin pris la résolution de cacher [2]. »

Mme Bonaparte se remettait de la secousse qu'elle venait d'éprouver. Cette secousse avait été terrible pour elle. Elle s'était vue sur le point d'être répudiée par son époux qui l'avait tant aimée, elle, qui avait joué avec cet amour comme s'il ne devait jamais se lasser ni s'épuiser. En tout, d'ailleurs, n'agissait-elle

1. Bourrienne, *Mémoires*, t. IV, p. 110.
2. *Ibid.*, t. IV, p. 20.

pas avec la même insouciance? Et ne gaspillait-elle pas l'argent aussi étourdiment qu'elle avait gaspillé l'amour de son mari?

Maintenant, elle reprenait auprès du général la vie douce et paisible qu'il aimait par-dessus tout. Il avait pardonné, il paraissait avoir tout oublié. Mais la famille Bonaparte, elle, qui ne voyait pas les choses au même point de vue et ne pouvait partager les sentiments du général, n'oubliait rien et ne se gênait pas pour le laisser voir: « Celle de la famille qui ne put endurer en silence le pardon accordé par Bonaparte fut Mme Leclerc. C'était un véritable état de colère que le sien. Mme Bonaparte la mère n'en était pas plus contente qu'elle, mais du moins garda-t-elle le silence. Mme Joseph Bonaparte, toujours bonne et parfaite, ne s'était jamais mêlée de rien. Aussi se trouva-t-elle bien à son aise pour le rôle qu'elle avait à choisir, lorsque le beau jeu revint à Mme Bonaparte. Mme Baciocchi ne se contraignait pas et laissait voir toute son inimitié dédaigneuse. Aussi sa belle-sœur ne pouvait-elle la souffrir. Christine (femme de Lucien), ange de bonté, suivait l'exemple de Mme Joseph. Pour Caroline, elle était trop jeune pour que son opinion fût comptée pour quelque chose. Quant aux frères, ils étaient en guerre déclarée avec Mme Bonaparte et ne s'en cachaient pas. Jérôme lui-même, tout enfant qu'il était, — il avait à peine quinze ans, — voulut se mettre aussi dans l'opposition de famille et frondait tant qu'il avait de voix [1]. » Du reste, il avait pour cela des raisons qui lui étaient toutes personnelles. Tout en n'aimant que très modérément le jeune Eugène, les membres de la famille Bonaparte ne ces-

1. Duchesse d'Abrantès, *Mémoires*, t. II, p. 107.

saient de le lui jeter au nez comme un modèle à imiter, comme « une petite perfection[1]. »

La longue et terrible scène qui avait marqué son retour auprès du général revenu d'Égypte fut pour Mme Bonaparte une leçon profitable. Elle est maintenant devenue sérieuse, du moins elle paraît l'être. Ses larmes se sont séchées et le ménage à présent ne sera plus guère troublé : « Une fois apaisées les querelles des premières années, a dit Thibaudeau, c'était en tout un très bon ménage[2] ». C'est avec toute la grâce qui lui est naturelle qu'elle seconde les projets de son mari. Elle s'y met tout entière ; et, si Bonaparte doit beaucoup à son frère Lucien pour l'aide qu'il lui a donnée dans la journée du 18 brumaire, il doit également une certaine reconnaissance à sa femme pour l'adresse et l'intelligence avec lesquelles elle l'a secondé dans les préliminaires de ce coup d'État. Quand il s'agit d'intrigues et de duplicité, les femmes sont généralement plus fortes que les hommes ; quant à Joséphine, elle s'y trouvait dans son élément et évoluait avec autant d'aisance qu'une couleuvre dans un buisson d'épines. Quelques jours après la réconciliation, le général et Mme Bonaparte dinaient chez le président du Directoire ; c'était en petit comité, mais il y avait cependant quelques membres de l'Institut que Bonaparte avait prié Gohier d'inviter, et Sieyès, de l'Institut aussi, mais de la présence duquel le général se serait bien passé. — « Qu'avez-vous fait, dit Mme Bonaparte à Gohier en l'apercevant dans le salon. Sieyès est l'homme que Bonaparte déteste le plus, *c'est sa bête noire !* » En

1. Duchesse d'Abrantès, *Mémoires*, t. II, p. 12.
2. Thibaudeau, *Consulat*, t. I, p. 19.

effet, Bonaparte ne dit pas un mot à Sieyès, il affecta même de ne pas le regarder. Sieyès, en se levant de table, sortit furieux. « Avez-vous remarqué, dit-il à Gohier, la conduite de ce petit insolent envers le membre d'une autorité qui aurait dû le faire fusiller[1] ? »

Ces soins, tout politiques, ne l'empêchaient point de songer à d'autres projets, politiques également, mais de politique tout intime.

On a vu combien les rapports étaient tendus entre elle et la famille Bonaparte. Elle aspirait à voir s'améliorer ces rapports. Elle songeait même à se ménager un appui au sein de la famille Bonaparte. C'était bien nécessaire, mais c'était aussi bien difficile. Enfin elle conçut le projet de marier sa fille Hortense au jeune Jérôme Bonaparte. Elle avait remarqué une certaine sympathie qui semblait exister entre eux ; elle avait vu Jérôme jouer avec Hortense et courir dans le petit jardin de l'hôtel après sa jolie demi-sœur, comme il l'appelait quand il était de bonne humeur. Aussi avait-elle pensé que si elle pouvait, dès ce moment, fiancer ces deux enfants, ce serait là un coup de maître. Les préventions, les animosités tomberaient d'elles-mêmes devant ce projet d'union et l'accord existerait alors entre les deux familles. Car cette sorte de paix armée était-elle tolérable ? Quant au mariage, il se ferait plus tard, lorsque Jérôme serait en âge de prendre femme. Il paraît que ce conseil lui fut donné par Bourrienne, « son ministre dirigeant en toutes choses », comme l'appelle la duchesse d'Abrantès. Il était bon, bien certainement, mais le moment n'était pas encore venu de tenter le rappro-

1. GOHIER, *Mémoires*, t. I, p. 202-203.

chement que souhaitait si fort Mme Bonaparte. Lucien qui, député écouté au Conseil des Cinq-Cents, était le « ministre dirigeant », le *tintinajo*[1] de sa famille, comme on dit en Corse, n'avait pas encore désarmé et le projet ne put aboutir. Il sera repris plus tard, toujours dans la même espérance ; mais alors ce sera Lucien lui-même, puis Louis qui seront l'objet des vues de Mme Bonaparte, et Louis se laissera prendre au charme des tresses blondes et des yeux violets de la gracieuse Hortense.

Cependant le moment approchait où Bonaparte allait se voir obligé de brusquer la situation politique. Sa femme continuait à le seconder de son mieux, et, il faut le reconnaître, elle s'acquittait à merveille de sa part de besogne. La voyez-vous, dans son salon, recevant les conjurés et ceux qu'elle était chargée de décider à marcher avec son mari ? Pour chacun elle a un mot aimable et arrive à effacer sous une apparence de cordialité la froideur qui règne entre tous ces hommes agités de sentiments si divers, qui non seulement s'observent eux-mêmes, mais s'observent les uns les autres. Le poète Arnault, qui était un des habitués du salon du général Bonaparte, va nous soulever un coin des tentures de ce salon et nous montrer ce qui s'y passe. La pièce est comble. « Joséphine fait les honneurs de son salon avec plus de grâce que jamais. On y rencontre des hommes de tous les partis, des généraux, des députés, des royalistes, des jacobins, des abbés, un ministre, et le président même du Directoire. A voir l'air de supériorité du maître de la maison, ne dirait-on pas que c'est

1. On appelle ainsi, en Corse, un bélier qui a une clochette pendue au cou et que suit partout et d'instinct tout le troupeau de brebis.

déjà un monarque, au milieu de sa cour? Voici le ministre Fouché qui arrive et prend place sur le canapé, à côté de Mme Bonaparte.

GOHIER. — Quoi de nouveau, citoyen ministre?

FOUCHÉ. — De neuf? Rien en vérité.

GOHIER. — Mais encore.

FOUCHÉ. — Toujours les mêmes bavardages.

GOHIER. — Comment?

FOUCHÉ. — Toujours la conspiration.

GOHIER, *haussant les épaules.* — La conspiration!

FOUCHÉ. — Oui, la conspiration! Mais je sais à quoi m'en tenir. J'y vois clair, citoyen directeur; fiez-vous à moi; ce n'est pas moi qu'on attrape. S'il y avait conspiration, depuis qu'on en parle, n'en aurait-on pas eu la preuve sur la place de la Révolution ou dans la plaine de Grenelle? (*Fouché, en disant cela, éclate de rire.*)

Mme BONAPARTE. — Fi donc, citoyen Fouché; pouvez-vous rire de ces choses-là?

GOHIER. — Le ministre parle en homme qui sait son affaire. Mais tranquillisez-vous, citoyenne, dire ces choses-là devant les dames, c'est penser qu'il n'y a pas lieu à les faire. Faites comme le gouvernement, ne vous inquiétez pas de ces bruits-là. Dormez tranquille.

« Bonaparte écoute en souriant [1] ». L'affaire devait avoir lieu le lendemain!... Enfin, pour différentes raisons, elle est remise au 18. Pour étouffer jusqu'à l'ombre d'un soupçon dans l'âme du candide président du Directoire, le général s'invite à dîner chez Gohier avec sa famille, le 18 brumaire. « Je savais bien que Bonaparte était un ambitieux, a dit plus

1. ARNAULT, *Souvenirs d'un sexagénaire.*

tard Gohier; j'en avais les preuves, mais pouvais-je le croire d'une si noire perfidie[1]? »

Mais, continue Gohier, « à minuit, le 17 brumaire, Mme Bonaparte me fit remettre cette invitation par Eugène Beauharnais, son fils :

Au citoyen Gohier, président du Directoire exécutif de la République française.

« Venez, mon cher Gohier, et votre femme, déjeuner « avec moi, demain, à huit heures du matin. N'y « manquez pas; j'ai à causer avec vous sur des choses « très intéressantes.

« Adieu, mon cher Gohier, comptez toujours sur « ma sincère amitié.

« LAPAGERIE BONAPARTE. »

« L'heure qui m'était indiquée par la bonne Joséphine me fut suspecte. « Tu iras au rendez-vous, » dis-je à ma femme, « et tu diras à Mme Bonaparte que « je ne puis me rendre à son invitation, mais que, « dans la matinée, j'aurai l'honneur de la voir. »

« Bonaparte, voyant ma femme arriver seule, fronça le sourcil : « Quoi ! » dit-il, « le président ne vient pas?

« — Non, général; il ne lui est pas possible...

« — Il faut absolument qu'il vienne, » répliqua Bonaparte. « Écrivez-lui, madame, et je vais lui faire « porter votre lettre.

« — Je vais lui écrire, général, et j'ai des gens ici « qui se chargeront de ma lettre. »

« Ma femme prit la plume et m'écrivit ces mots :

« Tu as bien fait de ne pas venir, mon ami; tout ce

1. GOHIER, *Mémoires*, t. I, p. 234.

« qui se passe ici m'annonce que l'invitation était un « piège. Je ne tarderai pas à te rejoindre... »

« Dès que ma femme eut fait porter sa lettre, Mme Bonaparte vint à elle. « Tout ce que vous voyez « doit vous faire pressentir, madame, ce qui doit in- « failliblement arriver. Je ne puis vous exprimer, » lui dit-elle, « combien je suis désolée de ce que Gohier « ne se soit pas rendu à mon invitation, concertée « avec Bonaparte, qui désire que le président du Di- « rectoire soit un des membres du gouvernement « qu'il se propose d'établir. En lui envoyant ma lettre « par mon fils, c'était assez lui marquer toute l'im- « portance que j'y attachais.

« — Je vais, madame, aller le rejoindre, » lui ré- pond ma femme; « ma présence est de trop ici.

« — Je ne vous retiendrai pas, » continua Mme Bo- naparte. « En vous rendant auprès de votre mari, « dites-lui qu'il réfléchisse bien et réfléchissez vous- « même avec lui sur le vœu que j'ai été autorisée à « vous manifester. Ce n'est pas son intérêt seulement, « mais des intérêts qui lui sont plus chers encore, « que pourrait compromettre une opposition de sa « part. L'influence que Sieyès et les siens vont avoir « sur les événements qui se préparent dépend du « parti que prendra le président. Employez, je vous « en conjure, madame, toute votre influence pour « l'engager à venir.

« — Madame Bonaparte me connaît assez, connaît « assez mon mari, pour savoir que de mon influence « ne dépendra jamais sa conduite politique.

« — Je dois encore vous prévenir, » ajoute Mme Bo- naparte, « qu'en ce moment Talleyrand et Bruix sont « chez Barras pour lui demander sa démission, qu'il « ne refusera pas sans doute. Au reste, ils sont auto-

« risés à lui déclarer que Bonaparte est bien déter-
« miné à employer tous les moyens, la force même,
« s'il ose faire la moindre résistance[1]. »

Il était nécessaire de citer ce passage tout entier des *Mémoires* de Gohier pour qu'il fût possible de se rendre compte de l'ardeur que Mme Bonaparte avait mise à seconder les vues de son mari. Jamais elle n'avait été si en verve, jamais elle n'avait été si adroite, jamais non plus elle n'avait fait de si longs raisonnements, de si longs discours. Le général, après son retour d'Italie et avant son départ pour l'Égypte, lui avait défendu de parler politique, parce qu' « elle n'y entendait rien ». Il ne semble pas, en la voyant à l'œuvre pour préparer les journées des 18 et 19 brumaire, qu'elle y fût si nulle que son mari le voulait bien croire. Il est vrai que ce ne fut qu'une boutade, un feu de paille, qui l'amusa par sa nouveauté, peut-être aussi par les grands intérêts qui, pour elle, étaient engagés dans cette partie où le général jouait le tout pour le tout; mais cela ne dura pas. Une fois son mari devenu, de fait, le maître de la France, elle reprit sa vie de fêtes, de représentation, de frivolités et de riens qui, pour elle, étaient tout, et était, décidément, son véritable élément.

Après avoir essayé inutilement de faire venir Gohier chez elle, afin qu'il ne pût, s'y trouvant emprisonné, mettre des obstacles au coup d'État du général, Mme Bonaparte voulut faire une dernière tentative. Le général venait de s'en aller en disant: « Gohier n'est pas venu? Tant pis pour lui. » Restée seule avec Bourrienne, elle lui fit part des inquiétudes qui l'agitaient. Bourrienne la tranquillisa en lui disant que

1. Gohier, *Mémoires*, t. I, p. 234-236.

tout était si bien préparé que le succès était certain. « Connaissez-vous Gohier particulièrement? » lui dit-elle. Sur sa réponse négative, elle ajouta : « J'en suis fâchée; je vous aurais prié de lui écrire pour l'engager à ne pas faire d'éclat et à imiter Sieyès et Roger-Ducos qui vont donner leur démission volontairement, et à ne pas s'accoler à Barras qui, probablement, donne dans ce moment la sienne forcément. Bonaparte m'a dit qu'il ferait alors tout pour Gohier. Je vais me servir d'un autre moyen[1]. » Et elle fit prier une amie de Mme Gohier, Mme d'Houchin, de lui dire de nouveau combien elle serait fâchée de voir M. Gohier devenir victime d'une révolution qui, s'il voulait bien ne pas la combattre, lui procurerait une situation aussi brillante qu'il voudrait; le portefeuille de la justice lui fut même offert[2]. M. et Mme Gohier furent d'accord pour refuser ce que le général et Mme Bonaparte les priaient d'accepter.

Deux ans après, ils ne seront pas si difficiles, et Gohier acceptera sans scrupule, du tyran, une place de consul général en Hollande.

Malgré les espérances qu'elle avait conçues, Mme Bonaparte ne pouvait, par moments, s'empêcher de se laisser aller à de mortelles inquiétudes. Enfin, le 19 brumaire, sur les quatre heures du matin, Bonaparte revint, accompagné de Bourrienne, à son hôtel. Mme Bonaparte, cette fois, fut rassurée. Les incidents de la journée furent passés en revue et commentés. Joséphine, qui aimait beaucoup la famille Gohier, prononça avec intérêt le nom de ce Directeur. « Que veux-tu, ma bonne amie, lui dit Bonaparte, ce n'est

1. Bourrienne, *Mémoires*, t. III, p. 72.
2. Gohier, *Mémoires*, t. I, p. 262.

pas ma faute. Pourquoi n'a-t-il pas voulu? C'est un brave homme, un niais. Il ne me comprend pas! Je devrais peut-être le faire déporter. Il a écrit contre moi au Conseil des Cinq-Cents; mais j'ai sa lettre, et le Conseil n'en a rien su. Le pauvre homme!... Hier, il m'attendait à dîner!... Et cela se croit des hommes d'État!... N'en parlons plus[1]. »

Le succès du coup d'État des 18 et 19 brumaire avait achevé de faire oublier à Bonaparte les torts de sa femme; mais sa famille ne les oubliait pas aussi facilement. Mme Letizia, tout en gardant une convenable réserve vis-à-vis de la femme qui avait rendu si malheureux son fils, ne lui pardonnait pas son inconduite. Au milieu des événements des 18 et 19 brumaire, événements où trois de ses fils jouaient leur tête, elle brûlait du désir d'avoir des nouvelles de Saint-Cloud; ce n'est pas à l'hôtel de la rue de la Victoire qu'elle en voulut prendre. Et quand Mme Permon, amie d'enfance de Mme Letizia et mère de celle qui fut la duchesse d'Abrantès, s'étonnait qu'elle « n'eût pas été chercher sa belle-fille dans une pareille circonstance :

« — Signora Panoria, répondit-elle, ce n'est pas là « que je dois aller pour avoir le cœur content, c'est « chez Julie, chez Christine. Voilà où je vois mes fils « heureux; mais l'autre... non, non! »

« Et, en finissant sa phrase, elle serrait les lèvres et ouvrait les yeux, ce qui était un mouvement très caractéristique chez elle pour indiquer que ce qu'elle venait de dire l'intéressait fortement[2]. »

Malgré son aversion pour sa belle-fille, Mme Letizia

1. BOURRIENNE, *Mémoires*, t. III, p. 106.
2. Duchesse D'ABRANTÈS, *Mémoires*, t. II, p. 127.

finit bien par aller chez elle, et ce jour-là même. C'est encore la duchesse d'Abrantès qui nous le dit : elle avait conduit ses filles au théâtre Feydeau, pour tromper ainsi leur impatience des nouvelles, peut-être aussi pour en avoir plus tôt, et surtout pour agir sur le moral du public qui, en voyant la mère et les sœurs du général Bonaparte au théâtre, ne pourrait croire à la gravité de la partie engagée à Saint-Cloud, et qui n'était pas encore terminée. On jouait, ce soir-là, l'*Auteur dans son ménage.* « La pièce, dit Mme d'Abrantès, se jouait fort tranquillement, lorsque les acteurs s'arrêtèrent tout à coup et l'*auteur dans son ménage, lui-même,* s'avança sur le devant de la scène. Et ayant fait sa révérence au public, quoiqu'il fût en robe de chambre de basin blanc, il dit à très haute voix :

« — Citoyens, le général Bonaparte a manqué d'être « assassiné, à Saint-Cloud, par les traîtres à la patrie... »

« En entendant ces paroles, Mme Leclerc jeta un cri terrible qui fit à l'instant même tourner tous les regards vers la loge, malgré l'agitation qu'avait excitée cette nouvelle... Ma mère proposa alors à ses amies de les emmener... « Je vais vous reconduire chez « vous, lui dit ma mère, et puis je mènerai Paulette « (Mme Leclerc) chez elle.

« — Non, non, dit Mme Bonaparte, allons rue Chan- « tereine, chez ma belle-fille. Ce n'est que là que nous « aurons des nouvelles certaines[1]. »

On y alla et l'on en trouva de fort rassurantes.

1. Duchesse d'Abrantès, *Mémoires*, t. II, p. 133.

LIVRE DEUXIÈME

LA FEMME DU PREMIER CONSUL

CHAPITRE PREMIER

Mme Bonaparte s'installe au Petit-Luxembourg. — Retour vers l'ancienne politesse française. — Mme Bonaparte mère et Joséphine. — Joséphine engage Murat à demander la main de Caroline Bonaparte. — Négociations. — Mariage de Murat et de Caroline. — Portrait de Caroline. — Histoire d'un collier de perles. — Embarras de Joséphine. — Elle arrange tout par un mensonge. — Joséphine et les pots-de-vin. — Le Premier Consul quitte le Petit-Luxembourg pour les Tuileries. — Revue des troupes dans la cour du Carrousel. — Joséphine couche pour la première fois aux Tuileries. — Elle reçoit le corps diplomatique. — La voix de Joséphine. — Inimitié de Joséphine et de Lucien. — Lucien quitte le ministère de l'Intérieur pour l'ambassade de Madrid. — Soirée curieuse aux Tuileries. — Nouveaux projets de Joséphine pour marier Hortense. — Lucien ne s'y prête pas. — Hortense. — Son inclination pour Duroc. — Joséphine lui fait épouser Louis. — Fausseté d'un bruit odieux.

Le 20 brumaire, Mme Bonaparte vint s'établir au palais du Luxembourg, ou plutôt au Petit-Luxembourg. Le notaire Raguideau dut faire ce jour-là la réflexion que si sa cliente avait écouté ses conseils lorsqu'il l'engageait à épouser un homme riche de préférence à ce petit général qui n'avait que « la cape et l'épée », il eût peut-être rédigé un contrat plus avantageux, mais Mme Bonaparte n'y eût certes rien gagné. L'avenir réservait d'autres surprises à Me Raguideau et aussi à Mme Bonaparte. En attendant, le présent en donnait une bien inattendue à un simple soldat, si l'on en voulait croire le *Moniteur* du 20 brumaire. Le grenadier Pomiès, y est-il dit, avait eu à Saint-Cloud la manche de son habit déchirée en parant un coup de poignard destiné au général Bonaparte. Pour le remercier de son dévouement, le général l'avait invité à déjeuner, la citoyenne Bonaparte l'avait embrassé et lui avait donné une bague ornée d'un diamant d'une valeur de deux mille écus.

L'histoire est jolie, mais elle a le tort de n'être pas exacte. Le général Bonaparte n'avait été menacé par aucun poignard à Saint-Cloud : il n'avait donc eu à remercier personne de lui avoir sauvé la vie, et la citoyenne Bonaparte n'embrassa point le grenadier Pomiès. C'est Lucien qui avait imaginé cette histoire et l'avait envoyée au *Moniteur* pour faire de la popularité à son frère et gagner à sa cause les soldats de l'armée du Rhin qui étaient en grande rivalité avec ceux de l'armée d'Italie.

« Le général Bonaparte occupait, au Petit-Luxembourg, l'appartement du rez-de-chaussée à droite en entrant par la rue de Vaugirard. Son cabinet de travail se trouvait près d'un escalier dérobé conduisant au premier étage, où demeurait Joséphine[1]. » Bourrienne s'installa dans l'appartement au-dessus.

Bonaparte déjeunait avec sa femme, sa fille Hor-

1. *Mémoires de Bourrienne*, t. III, p. 129.

tense et Bourrienne, et retournait au travail tout de suite après le déjeuner. A cinq heures, il revenait pour dîner. Le dîner fini, il montait avec Joséphine dans ses appartements. C'est là qu'il commença à recevoir chaque soir quelques intimes. M. de Talleyrand, qui n'était plus ministre, mais qui ne devait pas tarder à le devenir de nouveau; les ministres Berthier, Gaudin, Forfait, Laplace, Fouché, Reinhardt étaient parmi les habitués. On y voyait aussi les frères du Premier Consul, Joseph et Lucien, Régnault (de Saint-Jean d'Angély), Defermon, Berlier, Monge, Boulay (de la Meurthe), Cambacérès. Ce fut au Luxembourg, dans le salon de Mme Bonaparte, que le mot de *madame*, démonétisé depuis si longtemps, commença à rentrer dans la circulation. Ce fait, bien anodin en lui-même, eut alors une grande signification et une immense influence. Paris était las des secousses qui, depuis dix ans, ébranlaient son existence; Paris était soûl des misères et des privations dont il souffrait depuis si longtemps. Il voulait maintenant de la sécurité, du travail, du luxe; il voulait de la joie et du bonheur, la vie plus facile, les rapports plus francs entre les citoyens; il voulait la confiance dans le lendemain. Tout cela, l'événement illégal du 18 brumaire le donna à la France. Alors on redevint sociable, on redevint Français; les salons s'ouvrirent peu à peu : on avait besoin d'échanger ses idées avec des gens à figure non soupçonneuse; on avait besoin de commenter les événements qui venaient de se passer; on avait besoin de se dire et de s'entendre dire qu'on ne souffrirait plus, que le règne de l'arbitraire était fini, que le règne de la loi allait commencer.

Voilà ce qu'annonçait et ce que signifiait l'avènement du mot *madame*. « Ce premier retour vers l'ancienne politesse française, dit Bourrienne, effaroucha quelques susceptibilités républicaines; on s'en consola plus tard aux Tuileries en se faisant appeler VOTRE ALTESSE, en grande cérémonie, mais tout simplement MONSEIGNEUR en famille[1]. »

Mme Bonaparte faisait les honneurs de son salon avec meilleure grâce que jamais : il est si facile, et en même temps si agréable d'être bon et aimable quand tout vous réussit, que tout le monde est à vos pieds, et qu'on nage dans le bonheur!

Ce bonheur subit un jour un petit accroc. On vit arriver au Luxembourg Mme Bonaparte mère qui, indignée des propos qui étaient tenus ou imprimés journellement sur son fils Lucien, venait demander au Premier Consul de prendre des mesures pour faire cesser un tel déchaînement contre son fils; elle attribuait cette animosité à la police et, comme Fouché était ministre de la police, c'est contre cet ancien oratorien avec lequel Lucien avait eu une altercation très violente le 18 germinal an VIII[2], que la mère du Premier Consul venait demander justice.

« Cette démarche, énergiquement maternelle, dit Lucien, occasionna une scène très vive où Mme Bonaparte (Joséphine, qui passait pour protéger le ministre de la police) pleura beaucoup et dans laquelle on dit, mais ce n'est pas la vérité, que le Consul, en prenant le parti de sa femme, aurait manqué de respect pour sa mère.

« Notre mère, d'ailleurs, se serait donné garde d'outrager sa belle-fille. Elle lui avait seulement dit,

1. *Mémoires de Bourrienne*, t. III, p. 132.
2. *Mémoires de Miot de Mélito*, t. I, p. 265.

en se retirant, qu'elle la priait d'avertir son ami Fouché (voilà où pouvait être la blessure[1]), qu'elle se croyait les bras assez longs pour faire repentir qui que ce fût qui calomnierait ses fils. A quoi le Consul avait répondu, en l'accompagnant jusqu'à sa voiture, qu'il s'apercevait qu'en fait de calomnies contre ses fils, elle ne lisait pas les journaux anglais, lesquels ne disaient pas seulement du mal de son cher Lucien, mais de lui et de toute la famille. « C'est possible, « avait répondu notre mère, mais je ne puis rien « contre les Anglais, au lieu que pour le citoyen Fou- « ché c'est tout différent[2]. »

C'est pendant le court séjour que le général et Mme Bonaparte firent au Petit-Luxembourg, que se négocia et se décida le mariage de Caroline Bonaparte avec le général Murat Joséphine n'y fut pas étrangère.

On se rappelle que, lorsqu'il fut chargé de l'honorable mission de porter au Directoire le traité de Cherasco, conclu entre le général Bonaparte et le roi de Sardaigne, Murat avait été reçu par Mme Bonaparte, à Paris, avec une grande bienveillance. Revenu en Italie avec elle, leur intimité et les incidents d'un déjeuner offert par Murat à des officiers de cavalerie avaient donné naissance à des cancans qui, rapportés immédiatement et avec malignité au général en chef, excitèrent chez lui, à tort ou à raison, des soupçons jaloux. Depuis, il avait manifesté de l'antipathie pour cet aide de camp, et la non-exécution par lui de l'ordre qu'il reçut de charger Wurmser, un jour, de-

1. Mme Bonaparte recevait de Fouché, ministre de la police, une subvention de *mille* francs par jour pour espionner son mari.

2. Th. Jung, *Lucien Bonaparte et ses Mémoires*, t. II.

vant Mantoue, l'avait mis définitivement dans la disgrâce de Bonaparte[1]. Lors de la formation du corps expéditionnaire d'Egypte, le général en chef ne fit pas figurer le nom de Murat sur la liste des officiers qu'il demandait au ministre de la guerre pour l'accompagner. Murat cependant reçut sa lettre de service pour l'armée d'Egypte. Bourrienne a dit qu'il fit la traversée sur l'*Orient*, que montait le général Bonaparte. C'est une erreur. Murat partit de Gênes sur la frégate l'*Artémise*. Il ne pouvait donc se trouver avec le général Bonaparte. Celui-ci avait appris que la nomination de Murat était due à des influences féminines; on lui cita des noms : Mme Tallien, Mme Bonaparte... Cela n'était pas fait pour lui faire oublier les soupçons du passé. Aussi Murat resta-t-il dans la disgrâce. En Egypte, il fut souvent éloigné du quartier général par des missions difficiles et périlleuses, et cette disgrâce se maintint, entretenue encore, paraît-il, par des propos qui vinrent aux oreilles du général en chef, « car, sans que Bonaparte me l'ait dit, rapporte Bourrienne, j'ai eu beaucoup de raisons de penser que le nom de Murat était sorti avec celui de Charles, de la bouche de Junot lors de ses indiscrétions aux sources de Messoudiah[2]. » A force de constance, d'actes d'intrépidité extraordinaires, Murat parvint à regagner l'estime de son général; sa bravoure insensée à la bataille d'Aboukir lui fit oublier le passé et le service tout personnel qu'il lui rendit, le 19 brumaire, en entrant dans la salle du Conseil des Cinq-Cents à la tête

1. « Murat avait perdu presque toute sa réputation de bravoure depuis son retour de Paris, par sa manière de servir; aussi Bonaparte lui avait-il refusé ses bontés. » (*Mémoires du duc de Raguse*, t. I, p. 244),

2. *Mémoires de Bourrienne*, t. III, p. 287.

de ses grenadiers et en dispersant les députés, lui concilia définitivement la faveur de Bonaparte.

Joséphine, qui avait une idée fixe, celle de se créer des appuis pour contrebalancer auprès de son mari l'influence de la famille Bonaparte, s'était, par ses bontés et sa bienveillance, acquis la reconnaissance et l'amitié de Murat. Elle eut la pensée de se l'attacher davantage, à elle et à son mari, en lui faisant épouser une des sœurs du premier consul. Elle aurait ainsi pour appui, dans la famille Bonaparte, deux époux qui, lui devant leur bonheur, la défendraient contre toute malveillance. Aussi prit-elle l'initiative et proposa-t-elle nettement à Murat ce projet d'alliance. Il ne lui fut pas difficile d'amener ce jeune officier général à demander la main d'une jeune fille qu'il aimait, « car Murat était fort amoureux de Mlle Bonaparte[1]. » Mais Murat voulut prendre conseil de M. Collot, qui était alors dans l'intimité de son général. M. Collot l'engagea fort à aller entretenir le Premier Consul lui-même de son projet, à lui demander officiellement et sans détour la main de sa sœur, en lui rappelant que Caroline, à Milan et à Montebello avait paru le voir avec quelque bienveillance. La vérité était que « Caroline Bonaparte aimait passionnément Murat[2]. » « Le Premier Consul reçut plus en souverain qu'en frère d'armes la demande de Murat, l'accueillit avec une gravité sévère, dit qu'il y penserait et ne fit pas tout de suite à Murat une réponse positive[3]. » Il voulait, cela se conçoit, consulter aupara-

1. *Mémoires de la duchesse d'Abrantès*, t. II, p. 241.
2. *Ibid.*, t. II, p. 241.
3. *Mémoires de Bourrienne*, t. III, p. 289. — « Cambacérès me disait un jour que Napoléon avait longtemps hésité pour

vant sa sœur et sa famille. La demande de Murat, au reste, n'était pas la seule à examiner : le général Lannes sollicitait de son côté la main de la belle Caroline, et le général Bessières, un des familiers les plus écoutés du Premier Consul, plaidait chaleureusement pour Lannes.

Le soir même, après dîner, Bonaparte soumit à sa femme, dans le salon du Petit-Luxembourg, la requête des deux jeunes officiers généraux. Eugène et Hortense étaient présents, ainsi que Bourrienne, et tous eurent voix au chapitre. Mme Bonaparte se montra, ce qu'elle était en effet, ravie de la demande de la main de sa belle-sœur, et elle mit en œuvre pour faire triompher la candidature de Murat tout ce qu'elle avait de grâce et de séduction dans la parole. Eugène et Hortense dirent comme leur mère. Bourrienne n'eut garde de dire autrement. On rappela que les deux jeunes gens s'aimaient depuis l'Italie, que Murat avait, le 19 brumaire, donné la preuve la plus éclatante de son dévouement au général ; qu'il était un des plus beaux hommes de l'armée ; qu'il en était aussi un des plus braves. — « Oui, répondit Bonaparte, j'en conviens, Murat était superbe à Aboukir. » Mais il n'est pas exact, comme l'a dit Bourrienne, que le Premier Consul ait dit que Murat étant le fils d'un aubergiste, il ne pouvait mêler son sang au sien [1]. Lannes était fils d'un teinturier et le Premier Consul l'eût vu avec plaisir épouser sa sœur Caroline, s'il n'eût point été un divorcé. Mais Mme Bonaparte redoubla ses instances ; elle plaida avec tant de grâce et de douce câlinerie la

donner sa sœur à Murat... » (*Mémoires du général Lamarque*, t. II, p. 190.

1. *Mémoires de Bourrienne*, t. III, p. 200.

cause de Murat et de Caroline, qu'elle la gagna séance tenante. « Toute réflexion faite, dit Bonaparte le soir même à Bourrienne, Murat convient à ma sœur ; et puis, on ne dira pas que je suis fier, que je cherche de grandes alliances. Si j'avais donné ma sœur à un noble, tous vos jacobins auraient crié à la contre-révolution. D'ailleurs, je suis bien aise que ma femme se soit intéressée à ce mariage-là ; vous en devinez bien les raisons... [1] ». Les raisons, le lecteur les connaît également.

« Caroline Bonaparte était une fort jolie jeune fille, fraîche comme une rose, ne pouvant nullement soutenir la comparaison de beauté, quant à la régularité des traits, avec Mme Leclerc, mais plaisant peut-être plus par l'expression de son visage et l'éclat éblouissant de son teint. Du reste, bien éloignée de cette perfection de formes de sa sœur aînée. Sa tête a toujours été en disproportion de grosseur avec son corps, pour lequel elle se trouvait beaucoup trop forte. Mais sa peau ressemblait à un satin blanc glacé de rose. Ses pieds, ses mains et ses bras pouvaient servir de modèles. Ses dents étaient charmantes comme toutes celles des Bonaparte. Quant à ses cheveux, ils n'étaient ni bien ni mal ; elle en avait même fort peu et leur couleur, qui tenait un peu du blond châtain, n'avait aussi rien que d'ordinaire [2]. »

Ce mariage faisait tomber tous les bruits qui avaient couru à Paris et en Italie sur Mme Bonaparte et le général Murat. C'était, en outre, un établissement fort convenable pour Caroline, qu'on avait déjà pensé à marier avec Moreau, puis avec Augereau, et que l'on

1. *Mémoires de Bourrienne*, t. III, p. 290.
2. *Mémoires de la duchesse d'Abrantès*, t. II, p. 231-235.

hésitait à donner à Lannes qui venait de divorcer. Toute la famille jugea de la même façon et le mariage se fit : « Il fut célébré au Luxembourg, dit Bourienne mais avec modestie ; le Premier Consul ne pensait pas encore que ses affaires de famille fussent des affaires d'État [1]. Bourrienne fait erreur : le mariage fut célébré dans la commune de Plailly, près de Mortefontaine, dans le département de l'Oise [2].

Le général Bonaparte se montra, au moment du mariage de sa sœur Caroline, bon frère, comme toujours. Il n'était pas riche alors ; il lui donna pourtant trente mille francs de dot. Il voulut, de plus, lui faire, selon l'usage, un cadeau de noces. N'ayant pas d'argent, il choisit, parmi les nombreux bijoux de sa femme, un collier de diamants et le donna à sa sœur. Mme Bonaparte était bonne, mais pas au point de se priver d'un collier de diamants pour une belle-sœur qui ne lui inspirait pas une grande tendresse. Aussi fut-elle très mécontente de l'arrangement imaginé par le général : elle oubliait que si son mari était dégarni d'argent, c'est qu'il venait de lui payer ses dettes. Elle rêva au moyen de remplacer son collier et ne fut pas longue à le trouver. Elle savait que Foncier, le bijoutier à la mode, avait dans ses vitrines la plus belle collection de perles fines qu'on pût imaginer. Ces perles avaient fait partie, disait Foncier, de l'écrin de la reine Marie-Antoinette. Mme Bonaparte savait aussi que Foncier ne les voulait pas vendre moins de deux cent cinquante mille francs, selon Bourrienne, de cinq cent mille francs, d'après Mme d'Abrantès [3].

1. *Mémoires de Bourrienne*, t. III, p. 291.
2. *Bourrienne et ses erreurs*, t. I, p. 259.
3. Duchesse d'Abrantès, *Histoire des salons de Paris*, t. III, p. 421.

Mais le prix des choses dont elle avait envie ne la préoccupait guère : elle satisfaisait d'abord son caprice, quitte à se trouver ensuite dans l'embarras. Est-ce que tout ne finit pas par s'arranger, en ce monde ? Elle en avait vu bien d'autres ! Elle acheta donc la parure de perles et confia aussitôt au général Berthier l'embarras dans lequel la jetait cette petite acquisition. « Je comptais payer Foncier sur mes économies, dit-elle, mais comme il est pressé d'avoir son argent, vous comprenez... » Berthier était un niais, a dit souvent Napoléon ; mais Joséphine ne fut pas de cet avis : Berthier comprit fort bien, et se prêta à ce que Mme Bonaparte attendait de lui. Il espérait qu'en récompense Mme Bonaparte déterminerait le Premier Consul à admettre aux Tuileries Mme Visconti, sa maîtresse, qu'il avait refusé déjà de recevoir. Berthier était ministre de la guerre, un virement de fonds était si facile à faire ! Une signature coûte si peu à donner ! Bref, les crédits pour la liquidation des comptes des hôpitaux d'Italie soldèrent la note du bijoutier.

Cette honnête combinaison, si simple, rendit tout le monde heureux, Foncier de vendre sa parure, Berthier de l'offrir à Mme Bonaparte, et celle-ci de la posséder dans son armoire à bijoux. Mais ce n'était pas tout que d'avoir cette superbe parure : ne pas la faire voir était pour Mme Bonaparte comme si elle ne l'avait pas. Il fallait donc la porter. Les occasions ne lui manquaient certes pas, mais le général Bonaparte connaissait tous les bijoux de sa femme ; il s'apercevrait bien, si elle mettait ses perles, que c'était là une parure nouvelle. Quelle explication lui donner alors ? Décidément, il était plus facile d'acheter pour 500,000 francs de perles sans bourse délier, que de les porter.

Et elle réfléchissait et employait toutes les ressources de son intelligence à trouver comment il fallait s'y prendre pour porter sa parure, en dissimuler l'achat à l'œil perçant de son mari, et répondre d'une façon satisfaisante aux questions que lui ferait sûrement Bonaparte à la vue de ces superbes perles. Mais c'est dans ces sortes d'affaires que l'imagination des femmes est fertile en expédients. Mme Bonaparte y était particulièrement de première force. Se desséchant de jour en jour à la pensée qu'elle possédait les plus belles perles de tout Paris et qu'elle ne pouvait les montrer, elle les mit un jour chez elle pour voir comment elles lui allaient. Mme de Rémusat était là. Elle ne connaissait point l'origine des perles, mais elle était trop fine et connaissait trop bien Mme Bonaparte pour ne pas se douter, devant ses bavardages et ses réticences, que cette origine n'était pas très catholique.

« Mon Dieu ! disait cette pauvre Joséphine, je ne sais comment faire pour porter ces perles ; Bonaparte me ferait une scène, et pourtant c'est le présent d'un père à qui j'ai fait avoir la grâce de son fils. »

Et elle était tout émue à la touchante histoire qu'elle venait d'inventer : pour un peu elle eût pleuré d'attendrissement et peut-être aussi de dépit.

Mme de Rémusat lui dit de son air le plus sérieux que pour un motif aussi juste, aussi beau, le Premier Consul ne dirait rien.

« Non, non ! s'écria Joséphine épouvantée ; ne lui en dites pas un mot, surtout ! Je frémis rien que d'y penser[1]. »

Elle eut alors une idée de génie. Elle fit venir le se-

1. Duchesse d'Abrantès, *Histoire des salons de Paris*, t. III, p. 422.

taire intime de son mari et lui dit : « Bourrienne, il y a demain une grande réunion, je veux absolument mettre mes perles ; mais, vous le connaissez, il grondera s'il s'aperçoit de quelque chose ; je vous en prie, Bourrienne, ne vous éloignez pas de moi, s'il me demande d'où viennent mes perles, je lui répondrai sans hésiter que je les ai depuis longtemps[1] ».

Mme d'Abrantès n'avait-elle pas raison de dire que Joséphine « mentait quand elle voulait[2] ». Oui, Mme Bonaparte était loin malheureusement d'avoir l'âme assez haute pour dédaigner toute compromission louche, tout subterfuge douteux, tout expédient déloyal, elle n'avait pas cette noblesse de caractère qui fait qu'on aime mieux reconnaître franchement un tort que de s'avilir en le dissimulant sous un mensonge. Elle mentait donc comme une femme de chambre prise en faute.

Bourrienne, qui avait une véritable prédilection pour les affaires peu délicates, se prêta de bonne grâce aux désirs de Mme Bonaparte. Elle mit, comme elle l'avait dit, la parure de perles. Son mari, comme elle l'avait prévu aussi, ne manqua pas de la remarquer. « Eh bien, qu'est-ce que tu as donc là ? Comme te voilà belle aujourd'hui ! Qu'est-ce que c'est donc que ces perles ? Il me semble que je ne te les connais pas. — Eh ! mon Dieu, c'est le collier que m'a donné la République cisalpine, que j'ai mis dans mes cheveux. — Il me semble pourtant... — Tiens, demande à Bourrienne, il te le dira. — Eh bien, Bourrienne, que dites-vous de cela ? Vous rappelez-vous ? — Oui, général, je me rappelle très bien les avoir déjà vues. »

1. *Mémoires de Bourrienne*, t. III, p. 293.
2. *Mémoires de la duchesse d'Abrantès*, t. II, p. 118.

Et Bourrienne ajoute jésuitiquement : « Je ne mentais pas, car Mme Bonaparte me les avait déjà montrées, et la vérité est d'ailleurs, que Joséphine avait reçu un collier de perles de la République cisalpine, mais elles étaient incomparablement moins belles que celles de Foncier[1] ».

On ne sait ce qu'il faut le plus admirer en cette petite scène et en toute cette affaire : ou la fertilité d'imagination de la belle créole et la désinvolture toute gracieuse avec laquelle elle joua cette comédie, ou la complaisance coupable du général Berthier, ou la trop facile obligeance du secrétaire intime du général Bonaparte et son indiscrétion plus tard de trahir ainsi dans ses *Mémoires* celle dont il était fier de se dire l'ami. Le Premier Consul ne se douta de rien, mais s'il avait su la façon dont il venait d'être joué !... S'il avait su de plus, que sa femme recevait mille francs par jour de Fouché pour qu'elle le tînt au courant de tout ce qui se passait chez lui aux Tuileries ![2] Pauvre Bonaparte ! il ne sut pas non plus que sa bonne Joséphine « reçut un pot-de-vin de 500,000 francs pour faire donner les fournitures de l'armée d'Italie à cette épouvantable Compagnie Flachat, dont les vols effrontés causèrent l'effroyable misère et la famine de nos troupes lors du siège de Gênes et forcèrent Masséna de traiter avec Mélas[3] ».

Quelques semaines ne s'étaient pas écoulées au Luxembourg, que le général Bonaparte, avec une sagacité politique parfaite, se jugeait l'homme néces-

1. *Mémoires de Bourrienne*, t. III, p. 293. — *Mémoires de la duchesse d'Abrantès*, t. III, p. 273.
2. *Mémoires de Fouché*, t. I, p. 178.
3. *Mémoires du général Thiébault*, t. III, p. 364.

saire du moment. Pour ceux qu'il appelait les Jacobins, il était le rempart contre la réaction royaliste, qui, s'il venait à disparaitre, relèverait audacieusement la tête ; pour les royalistes, il était une garantie que les révolutionnaires seraient tenus bride serrée. C'est ainsi que la France se mit si rapidement dans la main d'un seul homme ; mais c'était la main d'un homme de génie, sachant tenir le gouvernail et louvoyer avec une adresse infinie entre les écueils qui semaient la route qu'il se proposait de parcourir.

Il jugea, dans son ambition attentive et habile, que le moment était venu de quitter le Luxembourg et d'aller s'établir aux Tuileries. Le mot de « Tuileries » ne fut cependant pas prononcé : il eût rappelé les jours de la royauté et du despotisme ; on l'appela le Palais du Gouvernement, ce qui n'excita point de soupçon. Bonaparte s'y réserva pourtant les appartements royaux, mais il avait pris soin, pour ne pas être seul à habiter les Tuileries, de donner le pavillon de Flore au troisième consul Lebrun. Quant à Cambacérès, qui prévoyait déjà un déménagement prochain, il n'accepta pas d'être logé au château et s'installa dans l'hôtel qu'il a depuis toujours habité, en face du guichet du Carrousel.

Ce ne fut pas sans une certaine appréhension que le général Bonaparte prit cette grave détermination, qui ne lui donnait en apparence aucun pouvoir de plus, mais qui lui mettait, en fait, la puissance suprême dans la main. La poire allait être mûre : dans quatre ans, il devait la cueillir. En attendant, tout étant prêt de la veille, pour ce petit déménagement qui fut un grand événement, le Premier Consul dit, le matin du 30 pluviôse, à Bourrienne, dès qu'il l'aperçut : « Eh bien ! Bourrienne, c'est donc enfin aujourd'hui que nous allons coucher aux Tuileries! [1] » Et il pinçait et embrassait sa femme en disant ces mots.

On quitta le Petit-Luxembourg. Le départ se fit avec le plus de pompe possible. Toute la garnison de Paris était sur pied et formait la haie, comme au temps des rois, sur le passage du cortège. La voiture du Premier Consul était attelée de six chevaux blancs ; quand on sut dans le peuple, qui se pressait en foule pour voir un spectacle si nouveau, que ces chevaux étaient un présent diplomatique offert par l'empereur d'Allemagne au général signataire de la paix de Campo-Formio, ce fut un enthousiasme indescriptible. Le peuple regarda comme un présage de paix la prise de possession des Tuileries par un général traîné par des chevaux qui rappelaient sa gloire de négociateur pacifique au moins autant que sa gloire du champ de bataille. La voiture du Premier Consul était suivie de celle du Conseil d'État. Mais, comme il n'y avait pas alors dans Paris de voitures de maitres, on avait loué des fiacres dont les numéros étaient dissimulés sous du papier de la couleur de la caisse. Les quelques voitures convenables et les livrées qu'on avait pu trouver avaient été réservées aux ministres. Tout cela n'avait pas grand air. Le Premier Consul s'en aperçut bien et dit : « Avant peu, la cour sera remplie de voitures neuves, pourvu que j'y interdise l'entrée des cabriolets [2] ».

Le général Bonaparte, sachant combien le peuple raffole des fêtes où figure l'armée, avait habilement dissimulé cette prise de possession des Tuileries, demeure antique des rois de France, sous les dehors

1. *Mémoires de Bourrienne*, t. III, p. 319. — Duchesse d'Abrantès, *Histoire des salons de Paris*, t. III, p. 317.
3. *Souvenirs du baron de Barante*, t. I, p. 55.

éblouissants d'une superbe solennité militaire. Les troupes qui lui faisaient cortège étaient admirables. Au fur et à mesure qu'elles arrivaient dans la cour du Carrousel, elles allaient se ranger sur plusieurs lignes, tout étincelantes des éclairs de l'acier. La cour était comble. Le Carrousel ne ressemblait nullement alors à ce qu'il est aujourd'hui; c'était une toute petite place. Il y avait, à droite et à gauche, des maisons, des rues, enfin tout un quartier. Le Premier Consul, arrivé lui-même au Carrousel, descendit de voiture, sauta sur un cheval qu'on lui avait préparé et passa la revue de ces belles troupes. Le régiment des guides, ou chasseurs de la garde consulaire, commandé par Bessières et Eugène de Beauharnais, attirait surtout, par son bel uniforme et son allure martiale, l'attention de la foule.

Le Premier Consul passa lentement dans les rangs. Il eut soin d'adresser quelques mots brefs et élogieux à chaque chef de corps; il parla à plusieurs soldats et vint se placer, pour le défilé, auprès de la porte des Tuileries. Le général Murat était à sa droite, le général Lannes à sa gauche. Le défilé commença. Quand les drapeaux de la 96e, de la 43e, de la 30e demi-brigade passèrent, drapeaux qui n'étaient plus que des bâtons auxquels pendaient quelques morceaux d'étoffe noircis par cent combats et par quelques années de gloire, le Premier Consul ôta son chapeau et s'inclina avec une respectueuse émotion. Tout le monde le vit. Une sorte de commotion électrique passa instantanément du général dans le cœur de tous les officiers et soldats, et les longues acclamations d'un peuple en plein délire de gloire montrèrent à Bonaparte que cet hommage au drapeau lui avait conquis la France. Il pouvait, après cela, monter en maître l'escalier du palais des rois, tandis qu'une foule immense en faisait trembler les murs par ses acclamations frénétiques d'amour, de bonheur, et ses cris mille fois répétés de : Vive le Premier Consul ! Vive le général Bonaparte !

Mme Bonaparte, qui était partie du Petit-Luxembourg avant le cortège officiel, était arrivée avant lui aux Tuileries. Le consul Lebrun avait gracieusement mis à sa disposition les fenêtres de son nouvel appartement du pavillon de Flore ; elle était là avec sa nièce Mlle de Beauharnais, son autre nièce Mme de Lavalette, Mme Murat, sœur du Premier Consul, mariée depuis quelques jours seulement, et quelques femmes de généraux. Toutes portaient les toilettes les plus élégantes, aussi élégantes que le permettait la mode si étrange des robes à la grecque ; elles agitaient leurs mouchoirs aux fenêtres et faisaient gracieusement voltiger en l'air de légères écharpes de soie. Mme Bonaparte, en cette heureuse journée du 30 pluviôse an VIII, se faisait distinguer entre toutes par sa beauté, augmentée encore par l'éclat du bonheur ; son front semblait couronné d'une rayonnante auréole. Sa fille Hortense était à la même fenêtre qu'elle ; « elle était vraiment charmante à cette époque de sa vie, avec sa taille élancée, ses beaux cheveux blonds, ses grands et doux yeux bleus et sa grâce toute créole et toute française à la fois [1] ».

Cette journée fut une de celles qui marquèrent le plus dans les souvenirs du temps. Pour Mme Bonaparte, ce fut la première journée de sa puissance ; elle parut en véritable souveraine ; elle était aux Tuileries et les hommages qu'elle y reçut, aussi nombreux que flatteurs, de tout ce qui représentait le pays et son

1. Duchesse d'Abrantès, *Salons de Paris*, t. III, p. 329

armée, inaugurèrent son règne. Le soir venu, au moment de se coucher, le Premier Consul dit en riant à sa femme : « Allons, petite créole, venez vous mettre dans le lit de vos maîtres[1]. » C'est de ce jour aussi que se forma autour d'elle ce qu'on a appelé la cour du Premier Consul.

Deux jours plus tard, le 2 ventôse (21 février), Bonaparte, en véritable chef d'État, donna audience au corps diplomatique. Il y avait là le marquis de Musquiez, ambassadeur d'Espagne; M. Giustiniani, ambassadeur de Rome; le duc Serbelloni, ambassadeur de la République cisalpine, qui lui avait offert l'hospitalité dans son superbe palais de Milan ; M. de Schimmelpenninck, ambassadeur et ministre plénipotentiaire de la République batave; M. Zeltner, ministre plénipotentiaire de la République helvétique; le baron de Reitzenstein, ministre plénipotentiaire de Bade; M. Bonardi, ministre plénipotentiaire de la République ligurienne; M. Manthey, chargé d'affaires de Danemarck; M. Kopp, chargé d'affaires de Hesse-Cassel; M. Signeul, chargé d'affaires de Suède, et M. Classen, agent général du commerce de Danemarck. Lorsque l'audience fut terminée, les ambassadeurs furent introduits auprès de Mme Bonaparte, qui fit ainsi son apprentissage de souveraine. L'habitude s'établit : « En sortant des audiences officielles, on allait chez Mme Bonaparte comme autrefois chez la reine, après avoir été présenté au roi[2]. » Mme Bonaparte s'acquittait du reste à merveille de ses fonctions. Michelet l'a dit : « Il y a une reine dans toute Française. » Et toute reine a une cour. « Il n'y avait encore à cette cour naissante,

1. *Mémoires de Mme de Rémusat*, t. I, p. 170.
2. *Mémoires de Bourrienne*, t. IV, p. 5.

dit M. Thiers, ni dames d'honneur, ni chambellans; la tenue y était sévère, mais déjà un peu recherchée. On s'y gardait volontiers des usages du Directoire, sous lequel une imitation ridicule des costumes antiques, jointe à la dissolution des mœurs, avait ôté toute dignité à la représentation extérieure du gouvernement. On était silencieux; on s'observait; on suivait des yeux le personnage extraordinaire qui avait déjà exécuté de si grandes choses et qui en faisait espérer de plus grandes encore[1]. »

Cependant, dans les premiers temps qu'il habita les Tuileries, Bonaparte, qui avait les goûts simples, conserva ses habitudes et son genre de vie ordinaires. Le luxe qu'il eut plus tard était un des moyens de son système de gouvernement plutôt que la satisfaction d'un goût. « Il couchait avec sa femme. Tous les soirs il descendait chez Joséphine par un petit escalier donnant dans une garde-robe attenante à son cabinet et qui avait été autrefois l'oratoire de Marie de Médicis[2]. »

L'hiver de 1800 avait été très brillant, surtout si on le comparait à ceux qui l'avaient précédé. Le XIXe siècle s'ouvrait sous les meilleurs auspices. Depuis que le général Bonaparte avait pris d'une main ferme les rênes de l'État, la confiance revenait, la prospérité renaissait comme par enchantement, — tant il y a de ressources dans la vieille patrie française, de ressort et d'activité chez ses habitants! Les émigrés rentraient en foule, la pacification se faisait dans les esprits, l'argent se remettait à circuler et l'on commençait à entrevoir toute une série d'années de paix, de travail

1. Thiers, *Histoire du Consulat et de l'Empire.*
2. *Mémoires de Bourrienne*, t. III, p. 328.

et de sécurité. Les quatre années de Consulat sont les plus belles qu'ait jamais vues la France. Mais, toutes ces prospérités, il fallait encore les acheter par la guerre. L'Autriche, irritée de ses désastres en Suisse, faisait de grands préparatifs pour un dernier effort. Masséna avait été refoulé par des forces bien supérieures jusque dans Gênes, où il semblait perdu. Suchet, coupé de son général en chef, opérait sa retraite sur Nice; et les Autrichiens, sûrs que Masséna ne pouvait leur échapper, se disposaient à envahir la Provence, que Suchet n'avait pas assez de forces pour leur disputer.

Tout à coup et comme par un de ces changements à vue qui ne se font qu'au théâtre, la scène se transforme. Le génie du Premier Consul a transporté une armée française par delà les sommets glacés des Alpes : hommes, chevaux, canons, voitures, tout a passé, et le coup de foudre de Marengo termine dans une apothéose de gloire la plus merveilleuse et la plus courte des campagnes. L'Autriche était définitivement chassée de l'Italie et le Premier Consul revenait à Paris.

Rien ne peut peindre le bonheur, l'enthousiasme avec lesquels il fut accueilli : la France entière poussait des cris d'amour sur son passage; ces démonstrations l'émurent profondément, et Paris le reçut avec des marques d'admiration telles qu'il fut touché au cœur. « Avec quelle effusion, dit Bourrienne, il me dit un jour, en remontant de la parade : « Bourrienne, « entendez-vous le bruit de ces acclamations qui con- « tinuent encore; il est aussi doux pour moi que le « son de voix de Joséphine; que je suis heureux et fier « d'être aimé d'un tel peuple![1]. »

1. *Mémoires de Bourrienne*, t. IV, p. 228.

Il semblerait que le bonheur dût régner au sein de toute la famille Bonaparte, par suite de son élévation si rapide et de la prodigieuse fortune du général. Il n'en était rien cependant. Les rapports entre Mme Bonaparte et ses beaux-frères et belles-sœurs demeuraient extrêmement tendus. Lucien, très peu de temps après le coup d'État du 18 brumaire, avait été nommé par le Premier Consul en récompense de ses services à Saint-Cloud, le 19 brumaire, ministre de l'intérieur. Il succédait à Laplace, l'illustre auteur de la *Mécanique céleste*, qui, mathématicien de génie, ne put se plier aux minuties de l'administration et ne garda que quelques jours le portefeuille de l'intérieur.

C'est pendant que Lucien était ministre que des rapports perfides parvinrent sur lui à son frère. « On lui persuada l'existence de beaucoup de faits entièrement faux. « Je puis dire aujourd'hui, a écrit la duchesse d'Abrantès, qu'on alla jusqu'à donner au Premier Consul des inquiétudes sur sa sûreté. Je dois aussi à la vérité de dire que jamais ces inquiétudes ne l'ont eu en leur pouvoir, mais enfin la bouche qui accusait un frère était une bouche bien chère aussi. Lorsque Bonaparte tourmenté et nécessairement malheureux des agitations qu'on jetait ainsi dans son âme, croyait que de fâcheuses erreurs amenaient ces annonces d'orages, il disait néanmoins, comme Antiochus :

> Une main qui nous fût bien chère,
> Madame, est-ce la vôtre, ou celle de mon frère ?

« Mais la haine qui s'était allumée entre Mme Bonaparte et ses beaux-frères était un obstacle à tout bonheur domestique dans cette nombreuse famille[1]. »

1. *Mémoires de la duchesse d'Abrantès*, t. III, p. 25.

La duchesse d'Abrantès, femme de la plus haute intelligence unie à la plus scrupuleuse probité morale, ne semble pas savoir que les faits dont on parlait n'étaient pas tous faux, mais elle n'eût point avancé des allégations aussi graves que celles qui concernent Mme Bonaparte, si elle n'eût été certaine de leur exactitude et elle était, plus que personne, en situation de tout voir et de tout savoir; mais il fallait citer ce passage singulier de ses *Mémoires* pour donner une idée de la tension des rapports entre les deux familles et de l'animosité de Mme Bonaparte qui ne reculait pas devant la plus odieuse des calomnies pour nuire à Lucien dans l'esprit et dans le cœur de son frère. Le général souffrait beaucoup, lui qui eût voulut voir une bonne et cordiale entente régner entre les siens et sa femme, de cet état d'hostilité latente. Aimant son frère, impressionné péniblement par les dénonciations calomnieuses de sa femme, il avait « pour Lucien des moments de haine et d'amour, il éprouvait pour lui ce sentiment que vous fait sentir une maitresse adorée dont l'on croit avoir à se plaindre[1]. » Aussi, pour couper court à une situation si pénible pour lui, si gênante pour sa femme et si désagréable pour Lucien, qui était pourtant trop occupé à s'enrichir pour mériter les accusations portées contre lui par sa belle-sœur, il trouva, dans les spéculations honteuses de son frère[2], l'occasion de lui enlever le portefeuille de l'intérieur : il donnait ainsi une sorte de satisfaction à sa femme, une autre à l'opinion publique et se rassurait lui-même contre ce qui pouvait lui demeurer au fond de l'esprit des accussations par-

1. Stanislas GIRARDIN, *Journal et Souvenirs*, t. I, p. 197.
2. *Mémoires de Miot de Mélito*, t. I, p. 301.—*Mémoires de Constant*, t. I, p. 472.

venues à ses oreilles ; il se montrait de plus, comme toujours, bon frère en donnant en compensation à Lucien, qui n'en méritait aucune, l'ambassade de Madrid[1].

Le soir du jour où cette disgrâce de Lucien fut connue, le cercle des Tuileries fut curieux à étudier. Mme Bonaparte « était assise dans un grand fauteuil... Elle affectait un air réfléchi et cherchait à le conserver pour dérober à tous les regards sa satisfaction. Sa fille, moins habile encore dans l'art de feindre, ne dissimulait pas sa joie; elle était assise du côté opposé à sa mère. La gaicté répandue sur sa physionomie contrastait avec la tristesse profonde qui dominait tous les traits de Mme Baciocchi... Le cercle, peu nombreux en femmes, était composé de Mmes Lecourbe, Chauvelin, Clary; dans un coin du salon on jouait au reversi. Les hommes allaient et venaient, l'air plus ou moins embarrassé : les uns de leur chagrin, les autres de leur gaicté. Il y avait plusieurs généraux, entre autres Lannes, Murat, Lecourbe, plusieurs aides de camp ; en conseillers d'État, on remarquait Réal, Champagny, Miot; parmi les fonctionnaires publics, on comptait Dubois, préfet de police, Alexandre de la Rochefoucault, Chauvelin, Jaucourt, Chaptal, radieux de son triomphe[2]. » Il y avait aussi Stanislas Girardin. Voyant la douleur de Mme Baciocchi, il s'approcha d'elle et lui dit quelques paroles de consolation. « Je ne sais cacher mes peines, lui

1. Les écrivains favorables *quand même* à la famille Bonaparte attribuent la disgrâce de Lucien à l'imprudente publication de son *Parallèle entre César, Cromwell et Bonaparte*. Voir *Mémoires de Méneval*, t. III, p. 107.

2. *Journal et Souvenirs de Stanislas Girardin*, t. I, p. 103. — Chaptal remplaçait Lucien Bonaparte au ministère de l'intérieur.

répondit la sœur du Premier Consul; je sens que de nouvelles larmes sont prêtes à m'échapper. — Retenez-les, Madame, elles feraient trop de plaisir à certaines personnes... »

Pendant ce temps, le Premier Consul était en conférence avec son frère Lucien. Lorsqu'il entra dans le salon, il avait le visage défait, les traits bouleversés. Rien ne lui faisait plus de mal que ces dissentiments de famille et il en souffrait au plus profond de son cœur. Lucien, lui, affectait une grande gaieté, beaucoup trop grande pour être naturelle. Il alla auprès de sa belle-sœur, lui parla à l'oreille et, avant de prendre congé d'elle, lui demanda gracieusement ses ordres et ses commissions pour Madrid. Rien de plus curieux que cette femme et cet homme, se détestant au dernier point et se faisant malgré tout bon visage.

« Elle me recommande, dit-il dans ses *Mémoires*, de remporter ou d'envoyer des éventails de ce pays-là, qui sont les plus renommés, ce que j'ignorais complètement... Au reste, ma belle-sœur et sa fille Hortense sont très gracieuses au moment des adieux, comme à l'ordinaire[1]. » Mais Lucien ne se faisait, malgré ces apparences de cordialité, aucune illusion sur les sentiments réels que lui portait sa belle-sœur. « C'est, dit-il, à cette inimitié pour moi, qu'elle n'eut pas la force, ou la sagesse, ou la volonté de réprimer, que naquit, ou, pour parler plus vrai, que s'accrut l'antipathie de son mari pour moi[2]. » Il ne pouvait, du reste, s'empêcher de parler avec amertume à ses amis de la froideur qu'il trouvait parfois chez le

1. Th. JUNG, *Lucien Bonaparte et ses Mémoires*, t. I, p. 387.
2. *Ibid.*, p. 213.

général, et disait: « Mon frère croit plutôt les insinuations perfides d'une femme qu'il doit assez connaître pour ne pas lui sacrifier sa famille[1]. » Quelques jours après, le 18 brumaire, un an jour pour jour après le coup d'Etat auquel il avait pris sa bonne part, Lucien partait pour l'Espagne, à la très grande satisfaction de sa belle-sœur qui avait vu avec inquiétude la publication du parallèle entre César, Cromwell et Bonaparte[2] où elle avait cru trouver une provocation au divorce de son mari avec elle; elle en avait pleuré avec Mme Benezech[3], aussi vit-elle avec plaisir l'éloignement de l'auteur de la brochure et de ses inquiétudes.

On a vu, un peu plus haut, que Mme Bonaparte, après les scènes éclatantes de jalousie qui marquèrent le retour d'Egypte de son mari, avait eu la pensée, pour opérer un rapprochement avec la famille Bonaparte et y trouver un appui, de fiancer sa fille Hortense au jeune Jérôme. Mais ce petit mauvais sujet n'avait alors que quinze ans et il n'avait pas été donné de suite à ce projet. Lorsque Lucien fut à Madrid, elle se reprit à former un nouveau projet pour sa fille : cette fois, c'est son ennemi même qu'elle voulut désarmer, Lucien, le plus écouté dans la famille Bonaparte après Napoléon, en lui donnant Hortense. Elle fit taire ses ressentiments, oublia ses torts et attendit le retour du jeune ambassadeur pour entamer cette délicate négociation diplomatique. Chose étrange! Tandis qu'elle ruminait mariage, Lucien, de son côté, formait en Espagne des projets matrimoniaux. Le bruit s'en était répandu à Paris et l'on s'imaginait qu'il allait

1. *Mémoires de la duchesse d'Abrantès*, t. III, p. 26.
2. *Mémoires de Méneval*, t. III, p. 107.
3. *Mémoires de Rœderer*, t. III, p. 349.

profiter de sa haute situation d'ambassadeur et de frère du Premier Consul de la puissante et glorieuse République française pour épouser une infante. « Il s'agissait bien de marier une infante, a dit Lucien dans ses *Mémoires*, mais c'était avec *un autre* que moi. Grâce à l'indiscrétion de *cet autre*, cela a motivé jusqu'à un certain point la haine que m'a toujours témoignée Joséphine[1]. » Il était tout naturel que Mme Bonaparte, apprenant de la bouche même de son mari, que Lucien négociait un mariage pour son frère Napoléon, qui était marié, ne se montrât enthousiaste ni de son projet, ni de son auteur. Comme la bigamie est interdite en France, ce projet supposait nécessairement le divorce préalable du Premier Consul, par conséquent, entraînait la perte, pour elle, de sa haute situation et de tous les avantages et privilèges qui y étaient attachés. Une pareille perspective était, on le devine, peu faite pour lui plaire. « Un peu plus, dit un jour Bonaparte à son frère Lucien, Joséphine devenait pour vous une ennemie mortelle. Il est vrai qu'elle n'a pas plus de fiel qu'un pigeon. — Pourquoi le lui avez-vous dit? répliqua Lucien; ma belle-sœur était en droit d'en être chagrine[2]. »

Quant à Lucien, il obéissait peut-être à ce qu'il croyait être l'intérêt de son frère et de la famille Bonaparte, peut-être aussi l'intérêt de la France, en projetant cette union entre le Premier Consul et l'infante Isabelle, fille de la reine d'Espagne et qui ressemblait infiniment plus à Emmanuel Godoï, prince de la Paix, amant de la reine, qu'au roi Charles IV.

1. Jung, *Lucien et ses Mémoires*, t. II, p. 67-68.
2. *Ibid.*, t. II, p. 284.

Mais peut-être trouvait-il surtout dans ce projet un moyen, une occasion de prendre une éclatante revanche sur la femme de son frère, cette intruse que tous détestaient dans la famille Bonaparte et qu'un bon divorce balayerait de leur chemin[1]. Enfin le projet était excellent; Lucien y trouvait intérêt et satisfaction de vengeance :

Son bien premièrement, et puis le mal d'autrui.

Il n'est certainement pas charitable, ce sentiment, mais il est humain. Du reste, le Premier Consul, à son retour d'Egypte, n'avait-il pas déclaré hautement son intention de divorcer? Si sa volage épouse avait mis quelques heures de plus à revenir, si elle n'avait pas joué si habilement de ses larmes et de ses enfants, c'était une chose décidée. Pourquoi ne ferait-il pas maintenant ce qu'il avait voulu faire un an auparavant? C'est ce qu'on disait à Paris, et un jour que Volney, en plaisantant, le répétait à Bonaparte, celui-ci lui dit : « Si j'étais dans le cas de me marier encore une fois, je n'irais pas chercher une femme dans une maison qui tombe en ruines[2]. »

Le Premier Consul ne fit aucune réponse écrite au projet de mariage que lui soumettait son frère, mais il est permis de croire que sa vanité s'en trouva flattée. En tout cas, ce n'est pas ce projet qui lui aliéna Lucien.

Quant à Mme Bonaparte, elle attendit que son beau-frère fût revenu de son ambassade pour donner suite à son idée de le marier avec Hortense. Ce n'était pas la première fois qu'il s'agissait de mariage pour elle.

1. Jung, *Lucien Bonaparte et ses Mémoires*, t. II, p. 67-68.
2. *Mémoires de Miot de Mélito*, t. I, p. 297.

Le fils du directeur Rewbell, ami de jeunesse de Jérôme, qui devait plus tard devenir général, se compromettre dans des affaires d'argent et des spéculations véreuses, puis, finalement, être cassé de son grade, l'avait déjà demandée. Elle le refusa, « et ce refus raisonnable, dit Mme de Rémusat, fut le résultat d'une des erreurs de son imagination, qui rêva dès sa première jeunesse qu'une femme qui voulait être sage et heureuse ne pouvait épouser que l'homme qu'elle aimerait passionnément[1]. » Ce n'est pas ce motif qui lui fit repousser la demande de M. le comte de Mun, ancien émigré dont Mme Bonaparte avait obtenu la radiation et à qui l'avenir réservait la dignité de pair de France. Mme Bonaparte, qui avait un faible tout particulier pour les gens de l'ancien régime, aurait vivement souhaité ce mariage pour sa fille et elle fit tout au monde pour le faire réussir. M. de Mun avait retrouvé en France toute sa fortune, qui était considérable, et c'était, sous tous les rapports, pour Mlle de Beauharnais, un parti fort sortable. Néanmoins, ce projet ne plaisait que peu au Premier Consul et pas du tout à Hortense. Elle avait ouï dire que M. de Mun, pendant l'émigration, avait été amoureux de Mme de Staël, et depuis elle ne voulut plus entendre parler de lui. Sa mère eut beau faire, rien ne put vaincre son opiniâtreté.

Enfin Lucien revint d'Espagne, et il en revint fort riche. Sa belle-sœur ne s'inquiéta pas de savoir si l'origine de cette fortune était honorable ou non; elle oublia aussi les spéculations qui avaient été cause de la disgrâce de Lucien auprès du Premier Consul; elle était toute à son idée. Hortense avait vingt-deux

1. *Mémoires de Mme de Rémusat*, t. I, p. 157.

ans, Lucien en avait vingt-sept; son intérêt, à elle, lui paraissait être de les marier : toutes les convenances se trouvaient donc réunies. Aussi invita-t-elle son beau-frère à déjeuner, dès les premiers jours de son arrivée. Hortense était là, et, comme sa mère ne lui avait pas laissé ignorer l'objet de ce déjeuner tout diplomatique, une gracieuse rougeur venait de temps en temps animer la blancheur de ses joues. Mme Bonaparte fut aussi aimable que possible, et, sans en émettre positivement la proposition, elle sut adroitement faire entendre à son invité qu'elle le verrait avec plaisir aspirer à changer son titre de beau-frère contre celui plus intime de gendre. Lucien ne s'était pas improvisé diplomate pour ne pas comprendre les choses à demi-mot. Son intention n'était nullement d'épouser Hortense. Aussi ses réponses furent-elles évasives, mais tournées de façon à faire entendre à Mme Bonaparte, sans cependant la blesser, qu'elle n'avait pas à compter sur son assentiment à un pareil projet. « Joséphine n'insista pas, dit Lucien dans ses *Mémoires*. Mon refus, d'ailleurs, n'était pas plus positif que sa proposition. Je tenais seulement à faire comprendre que je n'avais pas l'intention de me remarier. La conversation entre Joséphine et moi s'en ressentit naturellement, et il fallut l'arrivée du Premier Consul pour mettre fin à un embarras devenu gênant[1]. »

Joséphine n'avait jamais aimé Lucien, quoiqu'elle eût désiré en faire son gendre : elle l'aima bien moins encore après avoir échoué dans sa négociation. Elle avait jadis englobé dans son aversion pour lui cette

1. Th. Jung, *Lucien Bonaparte et ses Mémoires*, t. II, p. 268.

bonne Christine, sa première femme, qui mourut si jeune, parce que le Premier Consul, toujours bon et aimable, l'avait obligée de faire cadeau à sa belle-sœur d'une très belle parure de son écrin[1]. Elle ne pardonna jamais à Mme Lucien le cadeau qu'elle avait été obligée de lui faire. Un jour, à un bal chez Lucien, on remarqua une certaine froideur hautaine de fort mauvais goût et de fort mauvais cœur aussi chez Joséphine. Elle commençait à prendre les allures d'une souveraine; quand elle entrait dans un salon, toutes les femmes se levaient; quand elle sortait, toutes les femmes se levaient aussi. Entrant donc chez sa belle-sœur, cette pauvre Christine suivit Joséphine, qui allait prendre possession du siège qui lui était réservé; elle la suivit, comme un chien suit son maître, à travers les salons, et chacun remarqua que « Mme Bonaparte aurait pu accorder les convenances du monde avec celles de famille en donnant le bras à Mme Lucien au lieu de s'en faire suivre ou précéder. Mais Christine s'appelait Mme Lucien et ce nom n'éveillait aucun bon sentiment dans l'âme de Mme Bonaparte; entre elle et Lucien, c'était une guerre à mort[2] ». Que de larmes elle versa, cette pauvre Christine, par la faute de cette *bonne* Joséphine!

Mme Bonaparte, qui avait averti sa fille de l'intention dans laquelle elle était en invitant Lucien, ne s'était guère préoccupée cependant de consulter ses goûts. Toute à son projet politique d'alliance entre les Bonaparte et les Beauharnais, les inclinations et les aversions que pouvait avoir Hortense n'étaient entrées pour rien dans ses combinaisons. La bonne Joséphine

1. *Mémoires de la duchesse d'Abrantès*, t. II, p. 148.
2. *Ibid.*, t. II, p. 181.

« était la seule, a dit la duchesse d'Abrantès, qui semblât ne pas reconnaître tout ce qu'il y avait de charmant et d'attrayant dans sa fille. Je ne prétends pas, continue-t-elle, dire qu'elle ne l'aimait pas. Dieu me garde d'émettre une pareille pensée! Toutefois, j'ai mes souvenirs, et ces souvenirs me retracent des mots, des faits, des choses enfin qui, je le crois, n'admettent pas un amour de mère comme celui que devait inspirer Hortense [1]. » Mme de Rémusat confirme ce jugement quand elle dit : « Il y avait de l'amitié entre Mme Bonaparte et sa fille, mais elles se ressemblaient trop peu pour s'entendre... Ces deux personnes se sont aimées, mais je crois qu'elles ne se sont jamais comprises [2]. » Il faut pour aimer, même ses enfants, mais les aimer avec toute la force, et non l'indifférence que peut comporter le mot aimer, avoir moins de légèreté dans le cœur que n'en avait Mme Bonaparte. L'amour d'une mère pour sa fille, ses devoirs envers elle, ne consistent pas seulement à mettre celle-ci dans la pension à la mode, à lui donner des bonbons, de jolies robes et faire d'elle une sorte de poupée bien attifée et sachant dire, quand il faut et comme il faut, des phrases de convention; ils consistent encore moins à se servir d'elle et à la sacrifier pour la réussite plus ou moins certaine de projets où la mère seule doit trouver son intérêt. Le rôle d'une mère, d'une vraie mère, est bien autrement élevé; c'est à elle d'inculquer au cœur de ses enfants ces solides principes, d'honneur chez les garçons, de vertu chez les filles, qui doivent former la base inébranlable de ce qu'on appelle l'éducation, et sur les-

1. *Mémoires de la duchesse d'Abrantès*, t. II, p. 416.
2. *Mémoires de Mme de Rémusat*, t. III, p. 250.

quels doivent s'appuyer toutes les actions de la vie. Elle doit aussi veiller à l'entourage de sa fille, afin de la remettre pure de toute déception ou désillusion entre les mains de celui qu'un choix judicieux et entendu, agréé librement et en toute connaissance de cause, chargera du bonheur de son enfant pour toute son existence. Mais peut-on demander à une femme ce qu'elle n'est capable ni de voir, ni de comprendre? Mme Bonaparte envisageait le mariage de sa fille avec la même légèreté qu'elle avait envisagé le sien. Elle n'était pas, du reste, il faut lui rendre cette justice, une exception en cela. Fille du XVIIIe siècle, elle en avait, comme la plupart des femmes de son temps, les préjugés et la frivolité. Pouvait-on lui demander de consulter le cœur de sa fille avant de l'engager dans des liens qu'elle-même ne considérait pas comme fort sérieux et que le divorce, institué par la Révolution, donnait de si grandes facilités de dénouer? Quant au cœur, qu'avait-il, je vous le demande, à faire en tout ceci? Elle trouvait ou croyait trouver son avantage à donner sa fille à un Bonaparte : ce projet l'arrachait aux idées de divorce qui hantaient son imagination; elle eût été bien étonnée si on lui eût dit de consulter sa fille tout d'abord et de renoncer à ce projet s'il n'avait pas son agrément.

Le fait est que Lucien ne plaisait guère à Hortense. Lorsque, déçue de ce côté, Mme Bonaparte jettera son dévolu sur Louis, celui-ci lui plaira encore moins. Il ne faut pas oublier, au reste, comme l'a dit Lucien[1], qu'elle était « fort avancée pour son âge dans la connaissance des choses d'ici-bas », ce qui est rarement

1. Th. JUNG, *Lucien Bonaparte et ses Mémoires*, t. II, p. 268.

un gage de bonheur pour un mari. La vérité est que son cœur était déjà pris ailleurs. Voyant tous les jours les jeunes et brillants aides de camp du Premier Consul, déjeunant et dînant souvent avec eux, jouant aux barres avec eux, la journée; faisant la partie de reversis, le soir, avec eux; jouant la comédie, dansant avec eux, toujours avec eux, il n'était pas étonnant qu'elle eût distingué l'un de ces jeunes officiers. C'est le général Duroc qui avait été l'objet de cette préférence. Soit par suite de la froideur naturelle de son caractère, soit pour ne pas abuser de sa situation de confiance auprès du Premier Consul, soit plutôt qu'Hortense ne lui plût qu'à moitié, Duroc ne répondit qu'avec assez peu d'empressement au sentiment dont s'était éprise pour lui la gracieuse fille de Mme Bonaparte. Cela ne l'empêchait pas, cependant, d'avoir avec elle une correspondance très suivie. Le Premier Consul connaissait cette inclination sans en savoir probablement tous les détails, et était d'avis de marier Hortense avec Duroc. Mais Joséphine, qui ne voyait dans cette union aucun avantage pour sa politique personnelle et égoïste, ne partageait pas la manière de voir de son mari. Elle mena une campagne active auprès de lui pour lui faire abandonner ce projet. Elle voulut, comme toujours, mettre Bourrienne dans ses intérêts; mais elle s'y prenait trop tard. Bourrienne, qui avait entendu le Premier Consul parler du projet d'union entre Hortense et Duroc, avait, dans la conviction de ne déplaire à personne, promis ses bons offices aux deux jeunes gens, et, en bon camarade de tous les deux, il favorisait de son mieux leur petit roman. Duroc avait été envoyé à Saint-Pétersbourg pour complimenter, au nom du Premier Consul, l'empereur Alexandre sur son avènement au trône. « Pendant cette absence de Duroc, dit fort indiscrètement Bourrienne, la correspondance des jeunes amants passait par mes mains, de leur consentement; je faisais presque tous les soirs une partie de billard avec Mlle Hortense, qui y jouait très bien. Lorsque je lui disais tout bas : « J'ai une lettre », le jeu cessait aussitôt, elle courait à sa chambre où j'allais la lui remettre. Ses yeux se remplissaient de larmes et elle ne redescendait plus que longtemps après dans le salon, où je l'avais précédée. Tout fut sans résultat pour elle; il fallait à Joséphine dans *la famille* un soutien contre *la famille*. La voyant dans cette ferme résolution, je m'engageai à ne plus contrarier ses vues, que je ne pouvais désapprouver; mais je lui fis observer qu'il ne m'était plus possible de garder le silence et la neutralité dans ces petits débats. Elle me parut satisfait..

« Pendant notre séjour à la Malmaison, poursuit Bourrienne, les intrigues continuèrent. J'en supprime les détails, car c'était toujours les mêmes scènes et les mêmes irrésolutions. Quand nous rentrâmes aux Tuileries, les choses étaient dans le même état, mais les probabilités étaient pour Duroc. Je le félicitais même déjà, et il recevait assez froidement mes compliments. En peu de jours, Mme Bonaparte parvint à tout changer. Voulant absolument le mariage de sa fille avec Louis, elle ramena le Premier Consul à son idée par ses instances, ses prières, son habileté, ses caresses et tous les ressorts qu'elle savait si bien faire mouvoir. Le Premier Consul monta le 4 janvier, après son dîner, dans notre cabinet; j'y travaillais. « — Où est Duroc? — Il est sorti. Je le crois à l'Opéra. — Dites-lui, dès qu'il sera de retour, que je lui ai promis Hortense, il l'épousera. Mais je veux que ce soit au plus tard dans deux jours. Je lui donne cinq cent mille francs : je le nomme commandant de la huitième division militaire. Il partira le lendemain de son mariage pour Toulon, avec sa femme, et nous vivrons séparés. Je ne veux pas de gendre chez moi. Comme je veux en finir, dites-moi, ce soir même, si cela lui convient. — Je ne le crois pas. — Eh bien, elle épousera Louis. — Le voudra-t-elle? — Il le faudra bien. » « Le Premier Consul me fit cette ouverture d'un ton assez brusque, ce qui me fit croire qu'il y avait eu une discussion vive dans l'intérieur du ménage, et que c'était de guerre lasse et pour ne plus en entendre parler qu'il était venu proposer son ultimatum. Duroc rentra à dix heures et demie du soir. Je lui rapportai mot pour mot la proposition du Premier Consul. — *Puisque c'est comme cela, mon cher ami, dit-il, il peut bien garder sa fille; je vais voir les...*; et, avec une indifférence que je ne pus pas m'expliquer, il prit son chapeau et s'en alla. Le Premier Consul fut informé avant son coucher de la réponse de Duroc, et Joséphine reçut l'assurance du mariage de sa fille avec Louis; ce mariage eut lieu peu de jours après. Voilà exactement comment les choses se sont passées, au grand chagrin de Mlle Hortense et, probablement, à la satisfaction de Duroc. Louis s'est laissé imposer sa femme. Elle l'avait jusqu'alors évité autant que possible. Elle lui témoignait toujours une indifférence au moins égale à la répugnance qu'il montrait pour elle. Ces sentiments ne se sont pas effacés[1]. »

Il était nécessaire de faire cette longue citation pour montrer l'influence que Mme Bonaparte avait encore, à ce moment, sur son mari; car, comme l'a dit Bour-

1. *Mémoires de Bourrienne*, t. IV, p. 319-321.

rienne, le boudoir, aux Tuileries, était souvent plus fort que le cabinet[1]. C'est, en effet, Mme Bonaparte qui empêcha le mariage de sa fille avec Duroc. « Ma fille, disait-elle, ne doit épouser qu'un prince ou un Bonaparte. » Le général Duroc, qui sut l'opposition qu'elle avait mise à ce projet d'union, en conserva un très vif ressentiment[2], bien qu'il n'eût qu'une médiocre inclination pour Hortense. Il se consola d'ailleurs fort vite de cet échec, purement d'amour-propre. Mais, il faut le remarquer en passant, c'était une chose tout au moins fort singulière que cette facilité de mœurs chez la fille de Mme Bonaparte, cette aisance avec laquelle elle nouait et menait, en dépit des convenances et des usages reçus dans la bonne compagnie, une intrigue amoureuse avec un des aides de camp de son beau-père, qui n'était pas plus que cela décidé à l'épouser. On savait que, toute jeune encore, Hortense avait été en coquetterie avec M. Charles de Gontaut, que ses parents éloignèrent pour empêcher cette petite idylle de tourner au mariage. On savait aussi qu'un certain comte de Paulo, amnistié après le 18 brumaire, lui avait beaucoup plu, et encore plus à sa mère : le Premier Consul avait exilé le galant en Languedoc. Tout cela se savait et faisait réfléchir les épouseurs sérieux. Mme Bonaparte, du reste, était fort large sous ce rapport comme sous tous les autres : le général Tercier ne raconte-t-il pas dans ses *Mémoires* que jeune, vif, ardent, il recherchait, à la Martinique, toutes les occasions de s'amuser et que, étant fort lié avec la famille Tascher de la Pagerie, allant souvent passer quelques jours dans cette famille, il voyait

1 *Mémoires de Bourrienne*, t. IV, p. 322.
2. *Mémoires de la duchesse d'Abrantès*, t. VI, p. 750.

13.

forcément celle qui, plus tard, devait être la femme de « l'homme des siècles. » « Elle était jeune alors, dit-il, et je l'étais aussi... [1] »

L'éditeur de ces *Mémoires*, commentant cette petite phrase terminée par des points qui ont peut-être plus de fatuité que de transparence, dit dans sa préface : « Au cours de son existence agitée, Tercier dut évoquer parfois l'image de la sensible créole dont il semble avoir intéressé le cœur... Il revécut sans doute par le souvenir les heures de plaisir et de galante tendresse où sa jeunesse insoucieuse se berçait de longs espoirs. »

Pour en revenir à Hortense, il est incontestable qu'elle n'aimait pas Louis et qu'elle avait même de la répulsion pour lui. Sa mère réussit cependant à le lui imposer pour mari. Quant à Louis, à en croire Constant, il aurait eu, « à l'époque de son mariage, un vif attachement pour une personne dont on n'a pu découvrir le nom [2]. » Mais Joseph affirme que Louis était très amoureux d'Hortense [3]; Lucien, dans ses *Mémoires*, l'affirme aussi. Voici, en effet, ce qu'il dit à Louis qui venait lui demander conseil : Joséphine

1. *Mémoires politiques et militaires du général Tercier* (1770-1816), p. 15. — Un officier de Royal-Vaisseaux qui se trouvait à la Martinique en même temps que Tercier, le comte de Montgaillard, fort mauvaise langue à la vérité, mais qu'on peut croire ici, puisque son témoignage s'accorde avec celui du très véridique Tercier, dit de Joséphine, alors âgée de *treize* ans : « ... dansant comme une fée, amoureuse comme la colombe, et d'une légèreté, d'une coquetterie, pour ne pas dire plus, à étonner, même dans les colonies... » (*Souvenirs de Montgaillard*, p. 11).

2. *Mémoires de Constant*, t. I, p. 108. — *Cf. Méneval*, t. I, p. 104-105.

3. *Bourrienne et ses erreurs*, t. I, p. 276 : « Lorsque Louis épousa Hortense, il en était très amoureux ; ses lettres en font foi. »

lui avait fait les mêmes avances qu'elle avait faites quelques jours avant à Lucien, et Louis n'avait pas été aussi insensible que son frère aux charmes de la gracieuse Hortense. « J'engage mon frère, dit Lucien, à attendre une autre occasion, lui confie mon refus ou à peu près, sans pourtant le lui motiver. *C'est trop délicat.* Il me semble qu'il a suffisamment entrevu ce dont je crois, moi, avoir la certitude.

« A la suite d'une nouvelle sollicitation de conseil, je cède à son désir d'être mieux renseigné dans l'espoir qu'il profitera de l'avis qu'il me force, pour ainsi dire, à lui donner, si peu fondé qu'il puisse être.

« Il convient qu'il a le même soupçon, que son amie Mme de F... lui a dit de se tenir en garde, qu'il y va du bonheur de toute sa vie, surtout de sa liberté, de son autorité de chef de sa propre et personnelle famille, de son honneur. Bref, il jure qu'il n'épousera pas, et j'avoue que j'en suis enchanté pour ce pauvre frère.

« Mais rien ne devait y faire.

« Louis revint une troisième fois à la charge. Je réponds de façon embarrassée.

« — Que veux-tu, répliqua Louis. Mais... c'est que... parce que... enfin je suis amoureux.

« — Tu es amoureux? Eh! que diable viens-tu me demander des conseils? Alors oublie ce que je t'ai dit, ce que je t'ai conseillé. Epouse, et que Dieu te bénisse! »

« Huit jours plus tard, le 6 janvier, Louis était marié. Le cas était urgent [1]. »

C'est ici le lieu de détruire cette légende, accueil-

1. Th. Juno, *Lucien Bonaparte et ses Mémoires*, t. II, p. 269.

lie avec trop de légèreté par Lucien, que le Premier Consul était l'amant d'Hortense. Fouché en est persuadé aussi et il ne craint pas d'ajouter que c'est Joséphine elle-même qui jeta sa fille dans les bras de son mari[1]. Ces allégations sont démenties de la façon la plus formelle par Bourrienne, qui ne se pique guère, pourtant, de justice envers celui dont il reçut tant de bienfaits : « ... On a menti par la gorge, comme disaient nos anciens preux, a-t-il écrit, quand on a prétendu que Bonaparte avait eu pour Hortense d'autres sentiments que ceux d'un beau-père pour sa belle-fille[2]. » Mme de Rémusat elle-même, qui n'est pas tendre non plus pour Napoléon, après l'avoir peut-être été trop, a dit : « La manière dont l'Empereur parlait d'elle dément bien formellement les accusations dont elle a été l'objet. Devant elle, ses paroles étaient toujours plus mesurées et plus décentes. Il l'appelait souvent comme juge entre sa femme et lui[4]. » Constant, dans ses *Mémoires*[5], Mlle Avrillon, la duchesse d'Abrantès, la générale Durand dans les leurs[6], démentent énergiquement aussi cette prétendue liaison que rien, parmi tous les documents qui

1. *Mémoires de Fouché*, t. I, p. 315. — M. le comte d'Hérisson reproduit, dans le *Cabinet noir*, des fragments d'un manuscrit de Mounier, disant que Joséphine aurait avoué à M. Capelle, l'ancien amant d'Élisa, sœur de Napoléon, que sa fille Hortense aurait eu des rapports intimes avec son mari. « L'histoire me semble difficile à croire, ajoute le baron Mounier, mais elle montre l'opinion que Joséphine avait ou voulait qu'on eût de Napoléon. » (*Cabinet noir*, p. 129).
2. *Mémoires de Bourrienne*, t. IV, p. 322-323.
3. *Mémoires de Mme de Rémusat*, t. I, p. 160.
4. *Mémoires de Constant*, t. I, p. 109.
5. *Mémoires de Mlle Avrillon*, t. I, p. 152. — *Mémoires de la générale Durand*, p. 2.—*Mémoires de la duchesse d'Abrantès*, t. VI, p. 312.

nous sont parvenus, ne permet d'admettre. Hortense a prêté à une très juste critique pour sa liaison, toute platonique, du reste, avec Duroc; on doit aussi la blâmer d'avoir obéi à sa mère en épousant un homme pour lequel elle ne ressentait que de l'éloignement. Elle avait bien su résister lorsqu'elle voulait lui faire épouser le comte de Mun! Elle fut irréprochable, malgré les larmes qu'elle versa le jour de son mariage et bien d'autres jours encore, dans les premiers temps de son union; plus tard, ce sera différent, mais il faut être juste : son éducation, ou plutôt son manque d'éducation première, quoiqu'elle ait été élevée chez Mme Campan, en est en grande partie la cause, et la faute en est à sa mère; ensuite ce sera la faute de son mari et; en dernier lieu, ce sera la sienne[1].

Dans le milieu léger et frivole où elle vivait, après avoir assisté aux scènes violentes qui marquèrent le retour d'Égypte du général Bonaparte, où elle entendit celui-ci, son beau-père, porter contre sa mère de terribles accusations, — on oublie trop que les enfants n'oublient rien, — dans ces scènes, la pauvre fille, terrifiée, fut appelée à jouer un rôle et à intercéder pour sa mère; ses illusions d'enfance, si saintes et si respectables, n'avaient-elles pas dû s'envoler dans ces lamentables scènes? Le respect d'une fille pour sa mère, base de toutes les vertus, n'avait-il pas dû subir une rude atteinte en ce jour? Et ce n'est ni la vie frivole qu'elle continua à mener, ni le peu

1. Le grave chancelier Pasquier, si bienveillant pour Joséphine et pour Hortense, dit dans ses *Mémoires* (t. I, p. 397) : « Marié (Louis-Bonaparte) avec la fille de Joséphine, la pente de son esprit jaloux l'avait promptement conduit à concevoir, sur la conduite de sa femme, les soupçons les plus offensants, justifiés bientôt par les manières beaucoup trop libres de celle qu'on lui avait donnée pour compagne... »

d'affection ou du moins l'affection mal entendue que lui témoigna sa mère, ni son manque de surveillance, ni son abus d'autorité en lui imposant un mari qu'elle ne pouvait souffrir, qui pouvaient lui faire voir la vie sous son aspect véritable, sous un aspect autre que celui de la jouissance quand même en ne se refusant ni une fantaisie ni un caprice. Comme l'homme, la femme est ce que la fait sa mère. Hortense, à moins d'être douée de qualités hors ligne, et on les lui prêta parce qu'elle était un peu au-dessus de l'ordinaire, pouvait-elle être autrement?

Pour en revenir à ce que dit Lucien, que *le cas était urgent*, c'est une erreur qu'il est facile de réfuter matériellement, si les preuves morales ne suffisaient amplement à détruire tout soupçon. M. Frédéric Masson s'est donné la peine de le faire. « Le contrat de mariage d'Hortense a été passé le 13 nivôse an X (3 janvier 1802); son mariage a été célébré le 14 (4 janvier), son fils est né le 18 vendémiaire an XI (10 octobre 1802). Elle n'était donc point enceinte au moment de son mariage et *le cas* n'était pas *urgent*, comme l'a écrit Lucien Bonaparte, puisqu'il s'est écoulé deux cent quatre-vingt jours entre le mariage et l'accouchement. La grossesse régulière dure, comme on sait, deux cent soixante-dix jours : la conception serait donc du 24 nivôse (14 janvier). Or, le 18 nivôse (8 janvier) à minuit, le Premier Consul est parti pour Lyon, et il n'est revenu à Paris que le 12 pluviôse (1er février). Ce sont là des preuves matérielles...[1] »

1. Fr. Masson, *Napoléon et les femmes*, p. 178.

CHAPITRE II

Mariage d'Hortense. — Réflexions de Joséphine. — Le Premier Consul réforme l'entourage de sa femme. — Chagrin de Joséphine. — Salon des Tuileries. — M. de Talleyrand. — Noyau de la cour consulaire. — Formation d'un personnel d'honneur. — Introduction de l'étiquette. — Dames pour accompagner Mme Bonaparte. — Mme de Rémusat. — Réception à la cour consulaire. — Mme Bonaparte et les royalistes. — Les femmes *d'ancien régime*. — Lettre de Monsieur, comte de Lille. — Un ambassadeur extraordinaire : la duchesse de Guiche. — Déjeuner à la Malmaison. — Joséphine heureuse d'être employée à une négociation. — Réponse du Premier Consul. — La duchesse de Guiche reçoit l'ordre de quitter Paris. — Erreur de Bonaparte sur l'influence de Joséphine dans le faubourg Saint-Germain. — Mme de Montesson. — Dissentiments de famille. — Joséphine superstitieuse.—Scène de la tabatière brisée.

Le Premier Consul partit pour Lyon, où il devait assister à la Consulte, ou assemblée des délégués italiens, immédiatement après le mariage de son frère Louis avec Hortense. Il avait profité de cette cérémonie, qui eut lieu dans le petit hôtel de la rue de la Victoire, pour faire donner la bénédiction religieuse à l'union de sa sœur Caroline avec le général Murat, qui s'étaient mariés deux ans auparavant devant le maire de leur arrondissement. On remarqua que le Premier Consul, qui se trouvait vis-à-vis de sa femme dans le même cas que Murat avec la sienne, s'abstint de faire bénir par l'Église le mariage purement civil qui l'unissait à Joséphine. Et cela malgré les larmes de Mme Bonaparte pour obtenir que son mari consentît à faire sanctionner leur mariage par une cérémonie religieuse. Ce n'était pas seulement pour satisfaire à un honorable scrupule de conscience que Mme Bonaparte voulait que son union avec le Premier Consul fût bénie par l'Église, c'était aussi et surtout pour conserver plus sûrement sa superbe situation. Le Premier Consul avait-il l'arrière-pensée de se ménager la possibilité d'un divorce, qu'il avait déjà été sur le point de faire prononcer à son retour d'Égypte, et que la sanction religieuse eût rendu plus difficile ? Personne ne peut le savoir, mais cette abstention fit faire bien des réflexions dans son entourage, mais surtout à Joséphine, et tout Paris en parla [1].

En attendant, et comme mise en goût par ce mariage, Joséphine voulait marier tout le monde, comme si cela devait l'empêcher de se démarier un jour. Elle a marié Lavalette, elle veut marier Méneval, et elle finira avant peu par marier M. de Talleyrand.

Le Premier Consul fut à peine installé aux Tuileries qu'une immense quantité d'affaires dévora tout son temps. Il lui fallut en trouver cependant pour une chose, futile en apparence, fort importante en réalité

1. *Mémoires de Bourrienne*, t. IV, p. 316. — *Mémoires du duc de Rovigo*, t. I, p. 402-403. — *Mémoires de Miot de Mélito*, t. II, p. 49 : « Il me semble que le Premier Consul a mis ce moyen (le divorce) en réserve par son refus de céder aux instances de sa femme, qui sollicitait vivement cette garantie de leur union. »

dans la situation nouvelle qu'il s'était faite : il lui fallut organiser le salon de sa femme. Les relations de Mme Bonaparte étaient alors plus nombreuses que choisies; épaves de toutes sortes, nobles déclassés ou ruinés; fournisseurs enrichis, chevaliers de l'agio et de la banqueroute, aventuriers ramassés au hasard, à la diable, dans les salons suspects de Barras, femmes divorcées sept ou huit fois, femmes séparées, vieux beaux qui allaient jadis rue Chantereine, mais se gardaient bien d'y mener leurs femmes, on y trouvait un peu de tout, mais plus d'hommes, comme on l'a dit, que de maris. Mme Bonaparte n'avait pas été difficile, oh ! non, sur le choix de ses relations, au temps où elle cherchait un mari de bonne volonté pour la tirer de la situation embarrassée où elle se débattait. Maintenant que ce mari, trouvé à point, était parvenu à la première magistrature de la République, toute cette bande s'était attachée à elle et entendait bien s'implanter au logis. Mais Bonaparte ne l'entendait pas ainsi, lui. Il était passé, le temps où il suppliait sa Joséphine et craignait de la fâcher pour la plus petite des choses; il était passé le temps de l'Italie! Maintenant, il allait parler en maître. Mais à qui la faute, aussi? Elle n'avait pas voulu de l'amour de son mari; elle ne voulait que son amitié. Eh bien, elle l'avait, son amitié, et bien heureuse encore d'avoir cette amitié toujours si parfaite, si bienveillante et si indulgente. C'était d'ailleurs un service qu'il lui rendait en chassant d'auprès d'elle la meute de ses amis, de ces gens qui, il le sentait bien, déshonoraient son salon, salissaient son nom, qu'ils prononçaient à tout propos, et nuisaient à la considération du gouvernement à la tête duquel il avait l'honneur de se trouver. Ce ne fut pas sans difficultés, par exemple, qu'il donna ce coup de balai nécessaire; comme beaucoup de maris, Bonaparte aura de la peine à être maître chez lui. Joséphine aimait tout ce monde-là; elle pleura sur ses amis que la tyrannie de son mari voulait l'empêcher de recevoir. Mais le Premier Consul fut impitoyable : à la porte, la Tallien, malgré ses fréquents « retours à l'honnêteté »! à la porte, la Hamelin, cette lanceuse des *nudités gazées*, cette grande-prêtresse des *sans-chemises!* [1] à la porte, toute la séquelle des admirateurs et admiratrices de ces femmes, dont une indulgence inconcevable avait fait les amis de sa femme! A la la porte!... Que de larmes, par exemple, à cette exécution!... Est-ce que le Premier Consul allait la réduire à la seule société des femmes honnêtes? C'était inimaginable! C'était ridicule! Ce serait à périr d'ennui! « Elle en pleurait, elle en rougissait même,

1. C'est ici le lieu de détruire une légende sur Mme Bonaparte. Cette légende prétend que celle-ci se promena un jour avec Mme Tallien, aux Champs-Elysées, toutes deux habillées de gaze transparente. Un fait-divers du journal *La Petite poste ou le prompt informateur*, numéro du 3 messidor an V (22 juin 1797), a sans doute été l'origine de cette légende dont le sujet a été reproduit par un tableau, fort joli, du reste, qui a eu beaucoup de succès au Salon, il y a une quinzaine d'années. Voici le fait-divers de ce petit journal : « Dimanche dernier était aussi le jour de la décade. C'était fête pour toutes les religions, et chacun s'était empressé de prendre l'air par un beau temps et après quelques jours de pluie. Les Champs-Elysées regorgeaient d'endimanchés et de décadés. Deux femmes descendent d'un joli cabriolet, l'une mise décemment, l'autre les bras et la gorge nus, avec une seule jupe de gaze sur un pantalon couleur de chair. Elles n'ont pas fait deux pas qu'elles sont entourées et pressées. La femme à demi nue est insultée, l'un tire la jupe, etc... » Il est possible que Mme Tallien ait été l'une de ces deux femmes, mais l'autre n'était certainement pas son amie, car, à ce moment, Mme Bonaparte était en Italie, avec son mari.

réduite qu'elle était aux femmes des grands employés du gouversement, qui n'ont pas de grâce et se mettent fort mal[1]. »

Joséphine en voulut beaucoup à son mari d'avoir fait, en dépit de ses larmes, cette exécution nécessaire, et il est probable qu'elle l'importuna plus d'une fois de ses réclamations, car Bonaparte a dit, à la séance du Conseil d'Etat du 5 vendémiaire : « Ne devrait-on pas ajouter (à la loi en préparation) que la femme n'est pas maîtresse de voir quelqu'un qui ne plaît pas à son mari? Les femmes ont toujours ces mots à la bouche : Vous voulez m'empêcher de voir qui me plaît ! [2] » Ce n'était là, de sa part, qu'une boutade provoquée par des plaintes de Joséphine, car il savait bien que la loi ne peut entrer dans tous ces détails de ménage, elle les comprend dans une phrase générale : La femme doit obéissance à son mari. La loi défend l'adultère, mais peut-elle l'empêcher?

Il ne fut ni bien difficile, ni bien long au Premier Consul de remplacer, dans le salon de sa femme, les vides que sa juste sévérité y avait produits. Les ministres, cela va sans dire, étaient assidus aux Tuileries. Les généraux que leur service retenait ou appelait à Paris, y venaient avec empressement, ceux de l'armée du Rhin pour le voir, ceux de l'ancienne armée d'Italie pour le revoir; les hauts fonctionnaires, flatteurs ordinaires du pouvoir, ne manquaient pas non plus de venir s'y montrer. Ils amenaient avec eux leurs femmes : presque toutes étaient jeunes et beaucoup étaient jolies. Les contemporains ont fait la remarque qu'on n'avait jamais vu

1. Th. JUNG, *Lucien Bonaparte et ses Mémoires*, t. II, p. 250.
2. THIBAUDEAU, *Consulat*, p. 436.

une si grande quantité de jolies femmes qu'à cette époque. Parmi elles, on distinguait Mme Murat, sœur du Premier Consul, mariée depuis peu de mois; Mme Louis Bonaparte, mariée depuis peu de jours; Mme Maret, mariée de la veille; « Mme de la Rochefoucauld, petite bossue, bonne personne, quoique spirituelle, et parente, je ne sais comment, de Mme Bonaparte; Mme de Lavalette, douce, bonne, toujours jolie en dépit de la petite vérole[1] et du monde qui la trouvait encore trop bien, malgré son malheur; Mme de Lameth, sphérique et barbue, deux choses peu agréables pour des femmes, mais bonne et spirituelle, ce qui leur va toujours bien; Mme de Laplace, faisant tout géométriquement, jusqu'à ses révérences, pour plaire à son mari; Mme de Luçay; Mme de Lauriston, bonne, toujours égale dans son accueil et généralement aimée; Mme de Rémusat, femme supérieure et d'un grand attrait pour qui la savait comprendre; Mme de Talhouët, qui se rappelait trop qu'elle avait été jolie et pas assez qu'elle ne l'était plus; Mme d'Harville, impolie par système et polie par hasard. Voilà les femmes qui formèrent d'abord le cercle le plus habituel de Joséphine à l'époque du consulat *préparatoire*, ainsi que j'appelle le consulat de l'année 1800 et de 1801[2]. »

Lorsque, après la victoire de Marengo, et, six mois plus tard, après celle de Hohenlinden, une partie des armées du Rhin et d'Italie revint en France, les généraux, les colonels, affluèrent en grand nombre aux

1. Pendant que M. de Lavalette était en Egypte, comme aide de camp du général Bonaparte, sa femme, à Paris, avait eu la petite vérole.

2. Duchesse d'Abrantès, *Histoire des salons de Paris*, t. III, p. 332.

Tuileries. Tous étaient jeunes. La plupart d'entre eux envisageant, après cette longue série de guerres, un long avenir de paix et de tranquillité, se marièrent; leurs jeunes femmes vinrent augmenter le nombre des gracieuses habituées du salon de Mme Bonaparte. C'est à partir de ce moment que le Premier Consul « commença à donner à sa femme un rang dans l'État [1]. » Elle tenait, du reste, sa place avec une grâce parfaite, avait toujours un mot aimable pour chacun, une indulgence toute charmante pour la timidité de certains braves qui, volontaires en 1792, généraux en 1800, n'avaient encore vu que la guerre, et se trouvaient moins à l'aise sur le parquet des salons, sous les yeux d'une foule de jolies femmes, qu'à cheval, sous les balles et les boulets du champ de bataille. Tous proclamaient à l'envi sa grâce, sa bonté, et les jeunes femmes du cercle de Mme Bonaparte, encore timides de la pension ou des recommandations de leurs mamans, cherchaient à se modeler sur une aussi parfaite maîtresse de maison, un peu banale, par exemple, un peu terre à terre, mais on pardonne tant aux gens haut placés! Véritablement, c'était à n'y pas croire, elle était en tout une nouvelle Joséphine, une Joséphine sérieuse, une Joséphine honnête!

Le Premier Consul, parlant un jour des généraux et des officiers de l'armée, avait dit: « Ce qui les soutient, c'est qu'ils remplacent les anciens nobles. » C'est la même pensée que Junot formula encore mieux: « Pourquoi donc tous ces nobles se montrent-ils si jaloux de notre élévation? avait-il dit; la seule différence entre eux et nous, c'est qu'ils sont des descen-

1. *Mémoires de Mme de Rémusat*, t. I, p. 175.

dants, et nous, nous sommes des ancêtres! » Et, comme pour donner une confirmation à ces paroles, tous ces parvenus de l'héroïsme et de la victoire s'évertuaient à laisser dans l'antichambre les façons par trop sans gêne de l'égalité révolutionnaire de la rue ou des camps et prenaient ou reprenaient, sans trop de peine du reste, les manières polies et le langage élégant de l'ancien régime.

Quand on va dans une maison, il faut bien se mettre au ton de cette maison. Mme Bonaparte le donnait aux Tuileries, mais elle fut admirablement secondée dans son rôle par le ministre des relations extérieures, M. de Talleyrand, dont chacun connaissait l'œil pénétrant, l'esprit moqueur, malicieux, impertinent même, au besoin, mais dont on aimait aussi l'aisance exquise et la conversation pleine de charme. Ce n'est pas seulement sur les habitués des Tuileries que M. de Talleyrand eut une influence considérable : sa grâce parfaite dans le monde, la distinction délicate de ses manières, furent imitées de Paris tout entier et servirent de modèle, tant dans les fêtes qu'il donna, que dans celles où il se rendait. On ne fut pas long à calquer ce grand seigneur qui savait faire valoir par sa science du monde et la perfection de ses manières, une capacité qui a été trop vantée mais qu'il savait admirablement mettre en valeur par un des esprits les plus pratiques qui furent jamais.

Cependant, il n'y avait encore aux Tuileries aucun cérémonial, aucune espèce d'étiquette. Il n'existait pas encore de « dames pour accompagner », mais on ne devait plus tarder beaucoup à en nommer. Quelques personnes, malgré tout, se formalisaient du luxe qu'elles voyaient chez le Premier Consul et le trouvaient excessif. « Il fait le petit roi[1] » disait Mme Permon, amie d'enfance de Mme Letizia Bonaparte et mère de celle qui devait être plus tard la duchesse d'Abrantès; et, le « petit roi » avait sa cour, quoique le mot de cour ne fût pas encore prononcé; on ne l'eût point osé, du moins aux Tuileries, là où elle se trouvait. Le corps diplomatique, qui commençait à être assez nombreux à Paris, depuis l'avènement du gouvernement consulaire, et surtout depuis la paix avec l'Autriche, allait régulièrement aux Tuileries. Le premier noyau de la cour consulaire avait considérablement grossi. Parmi les personnes les plus assidues, on voyait Mme Regnault (de Saint-Jean-d'Angely), qui avait déjà fait partie de la cour de Mme Bonaparte à Milan. « Elle était, certainement, une fort belle personne, mais sa figure de face était beaucoup moins bien que de profil, ce profil ayant toute la perfection, toute l'élévation des belles têtes grecques; ni moi ni d'autres ne l'avons jamais vue que de profil; elle s'était bien étudiée sans doute et était parvenue à ne se montrer que de flanc[2]. »

Le Premier Consul ne la tolérait qu'à cause de son mari : elle avait, en effet, à tort ou à raison, la réputation d'être fort légère. Il y avait ensuite Mme Lannes, dont la beauté était alors dans tout son épanouissement, et qu'on citait pour sa bonté non moins que pour sa grâce; Mme Savary, la future duchesse de Rovigo, née de Faudoas, et quelque peu parente de Mme Bonaparte; c'était « une fort belle personne, mais ayant la malheureuse manie de ne pas vouloir être brune, ce qui lui faisait faire des choses tout à fait

1. *Mémoires de la duchesse d'Abrantès*, t. II, p. 397.
2. *Mémoires d'une inconnue*, p. 114.

contraires à sa beauté; elle était bien faite, fort élégante quoique un peu poupée de la foire lorsqu'elle entrait dans un bal[1]; Mme Mortier, qui fut plus tard la duchesse de Trévise, « avait une extrême douceur et son commerce était si facile et si doux qu'on l'aimait en la connaissant[2] »; Mme Bessières, qui devint la duchesse d'Istrie, « était gaie, bonne, égale, jolie, d'une politesse prévenante, de bonne compagnie, ce qui faisait qu'on lui savait gré d'avance, parce qu'il était visible qu'elle le faisait par un mouvement attractif[3] ». Duroc, qui ne tarda pas à épouser Mlle Hervas, après la rupture de son projet de mariage avec Hortense, vint, un an plus tard, conduire sa jeune femme dans ce cercle si brillant : général de division, grand maréchal du palais, il eût semblé naturel que sa femme fût de l'intimité du salon des Tuileries; mais Mme Bonaparte, qui n'aimait pas Duroc, engloba Mme Duroc dans l'aversion qu'elle avait pour son mari, et jamais cette jeune femme ne fut vue du même œil que les autres ; Mme Ney, fille de Mme Auguié, l'ancienne femme de chambre de la reine Marie-Antoinette, et qui avait été, comme la plupart de ces jeunes femmes, élevée avec Hortense et Caroline chez Mme Campan; Mme Marmont, fille du riche banquier Perregaux, Mme Junot, la future duchesse d'Abrantès, vinrent aussi augmenter par leur amabilité, leur jeunesse, leur esprit, les agréments de cette cour naissante.

Les réceptions que donnait le Premier Consul nécessitaient un peu de représentation et avaient rendu

1. Duchesse d'Abrantès, *Histoire des salons de Paris*, t. III, p. 333.
2. *Ibid.*, p. 333.
3. *Ibid.*, p. 334.

indispensable la formation d'un personnel d'huissiers, ce qui parut alors une innovation hardie. Ce qui sembla plus étonnant encore, ce fut de voir M. Benezech, conseiller d'État, ancien ministre de l'intérieur, nommé à la direction du service intérieur et du personnel des Tuileries. Mais on s'y fit vite, comme on se fait à tout, et ceux qui avaient le plus crié contre cette résurrection de l'ancien régime, ne furent pas des derniers à demander une place au palais, quand on multiplia les emplois de la domesticité consulaire et impériale. En attendant, la maison du Premier Consul, sous la direction de M. Benezech, commençait à avoir tout à fait bon air. Les étrangers, qui de toutes parts affluèrent à Paris après la conclusion de la paix, en furent singulièrement frappés. On avait tant dit de vilaines choses sur la Révolution dans toutes les cours de l'Europe, les émigrés avaient fait de telles peintures de nos discordes civiles et des ruines qu'elles entraînèrent, qu'ils s'attendaient, en vérité, à trouver le Paris de 1793 et 1794. Ils ne dissimulaient pas leur étonnement et aussi leur admiration, en voyant que la sécurité régnait partout, que Paris était loin d'être dévasté comme on avait voulu le leur faire croire, que les magasins de modes étaient aussi achalandés qu'aux plus beaux jours du règne de Louis XVI, et que les théâtres étaient combles chaque soir.

La société cependant ne se reformait que bien lentement à Paris; il y avait à cela plusieurs causes dont la principale était le manque d'argent. Les salons ne s'ouvrant encore que fort peu, c'est aux théâtres que l'on aimait alors à se rencontrer. Mme Bonaparte y allait tous les jours avec Hortense, pour passer sa soirée. Après le spectacle, dont le plus ordinairement elle n'attendait pas la fin, et où elle prêtait plutôt attention au public et aux acteurs qu'à la pièce, elle rentrait aux Tuileries et terminait sa soirée par une partie de whist, ou, s'il n'y avait pas assez de monde, par une partie de piquet avec le consul Lebrun ou Cambacérès. Les femmes des aides de camp du Premier Consul venaient aussi lui tenir compagnie : Mme Lannes, Mme Savary, Mme Mortier, Mme Bessières. C'était chaque jour les mêmes personnes, les mêmes jeux. Comme il n'y avait pas de cérémonial réglé, la femme du Premier Consul ne pouvait recevoir encore que peu de femmes ; son mari redoutait, si elle avait étendu davantage le cercle de ses invitations, de froisser certaines susceptibilités chez les femmes du corps diplomatique qui, habituées au luxe et à l'étiquette des cours, eussent pu n'avoir point pour la femme du premier magistrat de la Républipue française, les égards qu'elles lui devaient : il y a tant de nuances dans la façon de recevoir les politesses et dans celle d'y répondre !

Devant ces difficultés, dont le public ne se rendit pas alors un compte exact, le Premier Consul fut obligé de reconnaitre que M. Benezech ne suffisait plus, tout seul, à la représentation indispensable dans sa haute situation. Aussi, au mois de mars 1802, se décida-t-il à introduire chez lui le règne de l'étiquette. Dès ce jour, l'étiquette fut un des facteurs, un des agents de son système de gouvernement. « Il y avait un gouverneur du palais, qui était le général Duroc. Ce général avait dans ses attributions l'ordonnance des dépenses, la police et la surveillance du palais. Il tenait table pour les officiers et dames de service et pour les aides de camp. La maison militaire se composait alors de quatre généraux commandant la garde des consuls, les généraux Lannes, Bessières,

Davout et Soult; de huit aides de camp, les colonels Lemarrois, Caffarelli, Caulaincourt, Savary, Rapp, Fontanelli, officier italien, et le capitaine Lebrun, fils du troisième consul. Il y avait quatre préfets du palais : MM. de Luçay, Rémusat, Didelot et Cramayel, et quatre dames : Mmes de Luçay, Talhouët, Rémusat et Lauriston. Un des généraux de la garde était de service chaque semaine chez le Premier Consul, ainsi qu'un aide de camp et un préfet du palais.

« Les préfets du palais étaient chargés du service intérieur, du règlement de l'étiquette et de la surveillance des spectacles. Les dames étaient chargées d'accompagner Mme Bonaparte; les présentations des femmes des ambassadeurs étrangers et autres étaient faites par elles. Une dame était de service chaque semaine auprès de Mme Bonaparte. Dans les cérémonies ou dans les circonstances extraordinaires, les préfets du palais et les dames étaient tous présents.

« Le général de la garde de service tenait table pour les officiers qui étaient de garde au palais [1]. »

Les dames pour accompagner avaient bien un rôle officiel en faisant à la femme du Premier Consul les présentations des femmes des ambassadeurs; mais elles devaient être surtout dans l'esprit de celui qui les instituait, un obstacle aux inconséquences et aux légèretés de celle à qui elles avaient l'honneur de tenir compagnie. Il est permis de le croire de celui qui a dit, au Conseil d'État : « L'adultère est une affaire de canapé », et qui, plus tard, fera garder Marie-Louise par les *femmes rouges*, comme les sultans font garder leurs favorites par des eunuques.

1. MÉNEVAL, *Mémoires sur Napoléon et Marie-Louise*, t. I, p. 121.

Les quatre dames de compagnie avaient été, on le voit, choisies parmi les familles de la noblesse : le Premier Consul l'avait fait autant par goût et par politique, que pour être agréable à sa femme. Il avait nommé Mme de Luçay pour sa parfaite bonté et Mme de Talhouët pour sa réputation de beauté; il faisait un cas particulier de Mme de Lauriston; mais Mme de Rémusat effaçait complètement ces trois dames par la vivacité de l'esprit, la hauteur de l'intelligence, et une instruction fort rare chez une femme, surtout à cette époque. Mme de Rémusat était la petite nièce de M. Gravier de Vergennes, qui fut ministre du roi Louis XVI. Son père, haut fonctionnaire de l'administration, périt sur l'échafaud en 1794. Mme de Vergennes, veuve, se consacra dès lors exclusivement à l'éducation de ses deux filles et, contrairement à la plupart des autres mères, elle sut habilement développer les heureuses dispositions de ses enfants. Elle avait eu, avant la Révolution, quelques relations avec Mme de Beauharnais. Pendant la Terreur, étant venue chercher un asile à Croissy, petit village des environs de Paris, elle y avait retrouvé Mme de Beauharnais, sortie de la prison des Carmes après le 9 Thermidor. Ayant toutes deux perdu leur mari sur l'échafaud, appartenant toutes deux à la petite noblesse, toutes deux mères d'enfants à peu près du même âge, elles trouvaient dans leur situation commune bien des motifs de rapprochement : rien, du reste, ne rend plus liant que le malheur. Les relations ne cessèrent point après le mariage de Mme de Beauharnais avec le général Bonaparte, et lorsque le Premier Consul s'installa au palais du Luxembourg, puis aux Tuileries, Mme de Vergennes, qui connaissait la vie et était prévoyante, ne fut pas des dernières à venir complimenter son ancienne amie. Elle amenait avec elle sa fille, qu'elle avait mariée, dès l'âge de seize ans, à M. de Rémusat, ancien avocat général à la cour des aides de Provence. C'est peut-être Mme de Vergennes et Mme de Rémusat que le Premier Consul voyait avec le plus de plaisir venir visiter sa femme; c'est peut-être aussi avec Mme de Rémusat qu'il aimait le mieux causer. Cette préférence attira à la jeune femme bien des jalousies, mais sa supériorité les fit taire promptement. D'un visage agréable éclairé par deux beaux yeux noirs pleins de malice en même temps que de bonté, réfléchie malgré son jeune âge et sa vivacité, elle était la preuve éclatante de ce que peut faire une éducation dirigée avec intelligence, car le développement de ses facultés à leur plus haute perfection fut l'œuvre de sa mère. Mme de Rémusat s'en rendit si bien compte que, dans sa bonté, elle voulut faire profiter tout le monde de cette expérience: elle écrivit plus tard un traité sur l'*Éducation des femmes*, qui n'est que l'exposé de la méthode d'après laquelle elle fut élevée elle-même. Et elle était si convaincue que la bonne et prévoyante direction imprimée dès le tout jeune âge à un enfant influe sur sa vie tout entière, qu'elle consacra le peu de temps que lui laissaient son service au palais et une santé malheureusement trop délicate, à l'éducation de son fils. Elle alla jusqu'à apprendre le latin pour le lui enseigner et pouvoir causer avec lui de ses études et de ses *devoirs*. Elle ne tarda pas à recueillir les fruits d'une si sage prévoyance : le plaisir, du reste, qu'elle avait à former son fils la récompensait amplement de ses peines, si l'on peut appeler de ce nom l'occupation qui donne en ce monde le plus de jouissances. A vingt ans, Charles de Rémusat était déjà un homme remarquable;

il devint un des plus grands philosophes du XIXe siècle; il fut ministre sous le gouvernement de Juillet et l'Académie s'honora de le compter parmi ses membres.

Mme de Rémusat s'attacha à Mme Bonaparte; elle fut pour elle une amie dévouée et il eût été à souhaiter que la maîtresse prît, en bien des points, exemple sur sa dame de compagnie et suivît ses conseils. La sœur de Mme de Rémusat, qui épousa le général de Nansouty, un des grands cavaliers des guerres de la Révolution et de l'Empire, fut, elle aussi, une femme du premier mérite.

La petite cour consulaire était à peine formée que les ambassadeurs et leurs femmes, ainsi que les étrangers de distinction qui se trouvaient alors à Paris, furent reçus par le Premier Consul. « La réception eut lieu dans les appartements de Mme Bonaparte, au rez-de-chaussée sur le jardin. Elle fut nombreuse. Tout ce que nos voisins avaient de plus aimables femmes, y parut avec un luxe de pierreries dont notre cour naissante n'avait pas encore d'idée. Le corps diplomatique y assista tout entier. Enfin, l'affluence fut telle que les deux salons du rez-de-chaussée purent à peine suffire au concours que cette cérémonie avait attiré. Quand tout fut prêt, que chacun eût pris sa place, Mme Bonaparte entra, précédée du ministre des relations extérieures qui lui présenta les ambassadeurs étrangers. Elle fit ensuite le tour du premier salon, toujours précédée par le ministre, qui lui nommait successivement les personnes qui se trouvaient sur son passage. Elle achevait de parcourir le second, lorsque la porte s'ouvrit tout à coup et laissa voir le Premier Consul qui se présentait au milieu de cette brillante assemblée. Les ambassadeurs le connaissaient déjà, mais les dames l'apercevaient pour la première fois. Elles se levèrent spontanément et avec un mouvement de curiosité très prononcé. Il fit le tour de l'appartement, suivi des ambassadeurs des diverses puissances, qui se succédaient l'un à l'autre et nommaient les dames de leurs pays respectifs[1] ».

Cette citation des *Mémoires* du général Savary, alors aide-de-camp du Premier Consul, donne bien une idée de ces réceptions des Tuileries, où Mme Bonaparte brillait de tout l'éclat, qui n'est pas sans séductions, d'une beauté à son déclin, mais d'une grâce qui semblait croître chaque jour. Le Premier Consul prit l'habitude de recevoir tous les mois, dans les appartements de sa femme, les ambassadeurs et leurs femmes. Mme Bonaparte aimait à y paraître. Elle s'asseyait un moment, le Premier Consul soutenait la conversation plus ou moins longtemps et se retirait ensuite après une légère révérence[2].

Pendant la campagne d'Italie, on avait remarqué que, par calcul ou par bonté naturelle, le général Bonaparte avait été d'une grande indulgence pour les émigrés qui étaient tombés en son pouvoir. De son côté, Mme Bonaparte avait reçu à Milan les femmes d'émigrés avec autant de bonté que les femmes des officiers et des fonctionnaires de l'armée. Une fois qu'ils furent installés aux Tuileries, ces bonnes dispositions à l'égard des malheureux émigrés se maintinrent. Le Premier Consul fit d'abord cesser toutes les poursuites qui étaient dirigées contre eux; puis il favorisa, provoqua même leurs demandes en radiation et, quand les biens de ceux qu'il faisait rayer de la

1. *Mémoires du duc de Rovigo*, t. I, p. 455.
2. *Mémoires de Mme de Rémusat*, t. I, p. 118.

liste des émigrés n'étaient pas vendus, il les leur faisait restituer.

Une telle conduite provoqua rapidement une foule de demandes. Presque tous les émigrés avaient depuis longtemps épuisé leurs dernières ressources ; aussi leurs parents et leurs amis s'employaient-ils à faciliter leur retour en France et la récupération de leurs biens ou de ce qui pouvait en rester. Mme Bonaparte sembla à ces malheureux et à ceux qui favorisaient leurs démarches, l'intermédiaire toute désignée, elle qui avait appartenu un peu à l'ancien régime et paraissait toute-puissante sous le nouveau, pour recevoir et appuyer leurs demandes. Bienveillante par nature, Mme Bonaparte s'y employa avec d'autant plus d'empressement qu'elle avait un faible tout particulier pour les gens de l'ancienne noblesse ; elle savait en outre qu'en le faisant elle secondait les vues politiques de son mari. Le général Bonaparte, en effet, voulait amener la réconciliation des partis en France ; le retour des émigrés et la restitution de leurs biens faisaient partie de son programme et devaient amener la pacification définitive des esprits dans le pays.

Si Mme Bonaparte avait eu l'esprit observateur, elle eût pu se livrer à une foule de remarques intéressantes. Beaucoup de personnes qu'elle n'avait jamais vues et qui s'adressaient à elle comme à une vieille amie, personnes qui ne lui auraient peut-être pas rendu son salut si elle fût demeurée modestement la veuve Beauharnais, venaient la trouver avec mille flatteries et flagorneries et sollicitaient toutes sortes de faveurs. Mme Bonaparte promettait tout ce qu'on lui demandait et le Premier Consul accordait ce qu'il croyait devoir accorder.

Devant cette bonté, naturelle chez Bonaparte, mais

plus politique encore chez le Premier Consul, les menées du parti royaliste s'étaient momentanément assoupies. On était en une sorte de paix armée, état précurseur d'une reprise d'hostilités ou d'une paix définitive, que Bourrienne appelait avec raison un *état de persuasion.* Les royalistes cherchaient à circonvenir l'entourage de Bonaparte et se flattaient que, cet entourage gagné à leur cause, le Premier Consul serait circonvenu lui-même et traiterait avec le frère de Louis XVI. Il ne s'agissait de rien moins que de lui livrer la France et le trône que les Bourbons considéraient, en vertu du principe de la monarchie légitime, comme leur bien propre, comme leur patrimoine. Mme Bonaparte surtout était l'objet des efforts des agents royalistes qui s'imaginaient, parce que, cela flattait leurs espérances de le croire, qu'elle avait un grand empire sur son mari. Les femmes qui l'étaient venues implorer n'avaient-elles pas obtenu les grâces et les faveurs qu'elles sollicitaient?

C'est de ces solliciteuses mêmes que les royalistes avaient résolu de se servir. Elles n'avaient eu garde cela se conçoit, de manquer à venir remercier, qu'elles eussent réellement ou qu'elles n'eussent point de reconnaissance. Mme Bonaparte les avait fort aimablement engagées à revenir, et elles étaient revenues. Mais c'est plus particulièrement le matin qu'elles se rendaient aux Tuileries. Mme Bonaparte les recevait, ainsi que toutes les personnes qui la venaient voir, dans son appartement du rez-de-chaussée, où elles se trouvaient mêlées aux femmes des hauts fonctionnaires et des officiers généraux; mais ces femmes d'*ancien régime*, comme on les appelait, qui entretenaient Joséphine dans des idées favorables au rétablissement des Bourbons, ne montaient guère dans le salon où se montrait le Premier Consul[1]. Elles se bornaient à glisser mystérieusement à son oreille l'idée que si son mari voulait préparer le terrain pour une restauration monarchique et faire revenir les Bourbons en France au moment opportun, moment qui maintenant ne pouvait plus être bien éloigné, il devait compter sur la reconnaissance éternelle du roi Louis XVIII et de toute la maison de Bourbon pour lui et pour tous les siens.

Parmi ces intrigantes, il y en avait une qui avait failli épouser, quelques dix ou douze ans auparavant, le comte d'Antraignes, et qui, devenue veuve et remariée récemment, avait conservé des relations amicales avec son ancien prétendu. Celui-ci, révolutionnaire sous Louis XVI, royaliste sous la Révolution, avait émigré et était devenu un agent secret du parti des princes à l'étranger. Cette femme entretenait une correspondance politique avec lui et le tenait au courant de tout ce qu'elle pouvait apprendre. Cela l'amusait. Elle parle beaucoup, dans ses lettres, de Mme Bonaparte; et ses appréciations sont assez curieuses pour être rapportées ici. Elle la montre « vivant auprès de son mari jour et nuit et initiée, mais sans suite, à tous les secrets de la politique. Tête sans cervelle, prompte à rire ou à pleurer, elle est du moins fidèle à ses affections et à ses relations ; presque timide avec ses anciennes connaissances, elle ne se ménage point pour obtenir les places et les grâces, et elle réussit. Elle parle sans gêne du bon temps où elle était la petite Beauharnais, et, avec sa naïve immoralité de créole, nomme ses anciens amants comme Scipion du Roure

1. *Mémoires de Bourrienne*, t. V, p. 140. — *Mémoires de Mme de Rémusat*, t. I, p. 184.

ou Cresnay[1]; plus souvent elle se lamente, en femme étonnée et embarrassée de sa grandeur présente.

« Tout a été placé de force dans sa tête, à force de l'entendre dire à Bonaparte... Elle vous dit quelquefois de ces phrases qui vous étonnent. On croit tenir le fil de quelque chose... Mais on est tout attrapé de voir qu'elle ne sent pas la force de ce qu'elle dit... On lui peut tout dire ; il n'y a pas d'exemple qu'elle ait jamais rapporté un mot à son mari, jamais, jamais[2]. »

Voilà comment parlait de Mme Bonaparte, — et ce jugement est presque toujours fort juste, — une femme qui allait chez elle et obtenait peut-être des faveurs par son entremise obligeante !

Toutes les femmes d'ancien régime reçues aux Tuileries ne parlaient peut-être pas de Mme Bonaparte avec une telle indépendance, et pourtant !... Mais toutes cherchaient à l'envelopper dans la toile d'araignée royaliste qu'elles tissaient autour d'elle.

C'est en ce temps que le Premier Consul reçut des ouvertures de Mittau et de Londres. Monsieur, le futur roi Louis XVIII, qui se faisait alors appeler le comte de Lille, lui écrivit une lettre qui lui fut remise par Lebrun, lequel la tenait de l'abbé de Montesquiou, agent secret du frère de Louis XVI, à Paris. Le comte de Lille demandait à Bonaparte, en termes fort nets, de l'aider à monter sur le trône de ses pères.

Le Premier Consul fut très agité à la réception de cette lettre. Joséphine, qui avait eu connaissance de

1. *Cf. Mémoires de Mme de Rémusat*, t. I, p. 138 : « Sa réputation de conduite était fort compromise. » En 1791, revenant de la Martinique, Mme de Beauharnais avait fait la traversée avec un officier de marine de ses amis, M. Scipion du Roure. (*Lettre de d'Antraigues à Louis XVIII*).

2. Léonce PINGAUD, *Un agent secret sous la Révolution et l'Empire : Le comte d'Antraigues*, p. 267.

la démarche du comte de Lille, soit par ses amies d'*ancien régime*, soit par Bourrienne, supplia le Premier Consul de ne point refuser d'une manière définitive, mais de gagner du temps et de ne s'engager en aucune façon. Hortense joignit ses prières à celle de sa mère. M. de Vitrolles raconte que le premier Consul plaisanta un jour la jeune Hortense, qu'il appelait sa *petite vendéenne*, sur son royalisme. Hortense, prenant de sa petite main l'épée de son beau-père, lui aurait dit : « Il y en a une autre qui vous irait bien mieux. — Et laquelle? — Celle de connétable [1]. »

Le Premier Consul sourit, mais cette boutade lui donna à réfléchir sur les menées de l'entourage de sa femme. Enfin, les instances de celle-ci et d'Hortense furent telles que Bonaparte dit : « Ces diables de femmes sont folles ! C'est le faubourg Saint-Germain qui leur tourne la tête : elles se sont faites l'ange tutélaire des royalistes. Mais cela ne me fait rien ; je ne leur en veux pas [2]. »

Le Premier Consul avait répondu à la lettre du comte de Lille d'une façon bienveillante, mais qui ne lui laissait aucun espoir d'être aidé par lui à mettre sur sa tête la couronne royale, lorsque le comte d'Artois, frère de Monsieur, se crut plus habile en envoyant, non pas une lettre au Premier Consul, mais bien un ambassadeur extraordinaire à Mme Bonaparte.

Cet ambassadeur était en effet extraordinaire : c'était une femme, la charmante duchesse de Guiche, dont la nièce, Mme de Polastron, fut célèbre par sa liaison avec le comte d'Artois. Par sa grâce personnelle, elle devait faire donner plus d'attention, sinon plus de

1. *Mémoires du baron de Vitrolles*, t. I, p. 30.
2. *Mémoires de Bourrienne*, t. IV, p. 76.

serieux aux négociations qu'elle venait entamer. Il ne lui fut pas difficile de pénétrer auprès de la femme du Premier Consul: son nom était une clef qui ouvrait toutes les portes, surtout celle de Mme Bonaparte. Celle-ci, que Mme de Guiche trouva dans les dispositions les meilleures du monde, tant elle avait été travaillée par ses bonnes femmes d'ancien régime, fut charmée, flattée même, de sa visite. Elle l'invita à déjeuner à la Malmaison. On parla des Bourbons. Mme de Guiche dit à Joséphine, qui l'écoutait avec une naïve admiration d'enfant, que se trouvant, il y avait seulement quelques jours, chez M. le comte d'Artois, quelqu'un avait demandé à ce prince ce qu'il ferait pour le général Bonaparte s'il rendait aux Bourbons leur trône de famille. Le comte d'Artois avait répondu : « Nous le ferions d'abord connétable et tout ce qui s'en suit, si cela lui plaisait. Mais nous ne croirions pas que cela fût encore assez; nous élèverions sur le Carrousel une haute et magnifique colonne sur laquelle serait la statue de Bonaparte couronnant les Bourbons[1]. »

Joséphine, qui depuis son mariage avec le général Bonaparte s'était trouvée mêlée à des événements bien autrement importants et glorieux, était fière cependant de se voir jouer un rôle dans une négociation à laquelle elle attachait une grande importance, d'abord parce qu'elle y était employée, ensuite parce que son objet flattait assez, sans qu'elle essayât de s'en expliquer la raison, ses instincts et ses goûts d'ancien régime. Aller à la cour avait toujours été son rêve et ce rêve ne s'était pas réalisé; elle vivait dans un rêve bien autrement beau et ne s'en apercevait

1. *Mémorial de Sainte-Hélène*, t. I, p. 219.

pas. Si Bonaparte acceptait ce qu'offraient les Bourbons, elle irait alors à la cour, et elle y serait elle-même courtisée! Aussi est-ce avec joie qu'elle conta la chose à son mari. « Et le prince a dit, ajouta-t-elle, qu'il t'élèvera une superbe colonne avec ta statue en haut. — Et as-tu répondu, dit Bonaparte, que cette colonne aurait pour piédestal le cadavre de ton mari? »

La charmante duchesse de Guiche reçut dans la nuit l'ordre de quitter Paris. Elle était trop jolie pour que Mme Bonaparte, qui commençait à devenir jalouse, — et il faut avouer que son mari lui en donnait parfois sujet, — essayât d'intervenir en sa faveur. Cette affaire n'eut pas de suite.

Devant ces tentatives des Bourbons pour récupérer le trône de France, qu'ils considéraient comme un patrimoine dont on les avait frustrés, le Premier Consul sentit la nécessité de s'attacher la noblesse. Cela rentrait du reste dans son système de conciliation et de gouvernement. Les nobles, qui y trouvaient leur intérêt, se prêtaient avec assez d'empressement aux idées du Premier Consul et venaient à lui sans trop se faire prier. Joséphine était en cela une aide naturelle assez utile, mais dont Bonaparte s'exagérait singulièrement l'importance. Il avait cru sincèrement, lorsqu'il épousa la veuve du général de Beauharnais, qu'il s'alliait à l'une des plus grandes familles de France. « La circonstance de mon mariage avec Mme de Beauharnais, a-t-il dit plus tard, m'a mis en point de contact avec tout un parti qui m'était nécessaire pour concourir à mon système de fusion, un des principes les plus grands de mon administration et qui la caractérisa spécialement. Sans ma femme, je n'aurais jamais pu avoir avec ce parti aucun rapport naturel. » Bonaparte est ici dans l'erreur et s'en fait accroire à lui-même, à moins qu'il ne parle ainsi pour rehausser Joséphine dans l'esprit de la postérité. Il aurait épousé, comme le fit Lucien, la fille d'un aubergiste, que son système de fusion se serait exécuté de la même façon qu'avec Joséphine. La noblesse vint à lui parce qu'elle avait besoin de lui, parce qu'il était dans ses traditions et dans ses goûts de servir un maître[1], — et non pas parce qu'il avait épousé Mme de Beauharnais. Il s'en rendit parfaitement compte lorsque M. de Narbonne se rallia loyalement à lui et rectifia ses idées erronées sur la noblesse française. C'était ce même comte Louis de Narbonne, qui fut peut-être l'homme le plus spirituel de son temps, et certainement un des plus héroïques, qui, ayant un jour une lettre à remettre à Napoléon, dont il était devenu l'aide de camp, la lui présenta sur le revers de son chapeau, ce qui lui fit dire ce mot assez cruel : « Décidément, il n'y a que la noblesse pour savoir servir. »

Un certain nombre de personnes appartenant à ces familles, qu'on appelait le faubourg *Saint-Germain*, semblaient en effet se rallier au régime nouveau ou plutôt à la personne du Premier Consul. Quelques illustrations nobiliaires même s'y faisaient remarquer. Parmi celles-ci il faut citer Mme de Montesson. Cette femme, épave de l'ancien régime, était fort intelligente, mais intrigante au delà de toutes les bornes et poussant l'audace à ce point qu'elle s'était mise au dessus de toutes les convenances. Veuve du marquis

1. Napoléon dit plus tard un mot cruel et assez injuste sur les nobles : « Je leur ai ouvert les rangs de mon armée et aucun ne s'y est présenté ; je leur ai ouvert mes antichambres et ils s'y sont précipités en foule. »

de Montesson mort lieutenant général, elle avait epousé secrètement, « de la main gauche », dit méchamment le duc de Rovigo[1], le duc d'Orléans, père de Philippe-Égalité. Sa maison, « qui se tenait tout à l'extrémité de la décence[2] » avait amusé tout ce qu'il y avait alors d'hommes dissipés et de femmes évaporées. Mme de Montesson était fort liée avec Mme de Beauharnais, qui admirait, bouche bée, les armes de la famille d'Orléans, accolées aux siennes sur les panneaux de sa voiture. Arrêtée sous la Terreur et sauvée, comme cette amie, par le 9 Thermidor, les relations entre elles n'avaient jamais cessé. La vieille marquise allait même quelquefois déjeuner chez Mme Bonaparte aux Tuileries. Le Premier Consul la comblait de témoignages de respect; il se mettait en frais pour elle comme on ne l'a jamais vu faire pour aucune femme. La duchesse d'Abrantès dit que Mme de Montesson, veuve du duc d'Orléans, lui semblait une princesse de sang royal de France![3] Il y avait certainement un peu de cette idée dans les égards dont le Premier Consul entourait cette vieille intrigante, mais Bonaparte n'était pas homme à perdre son temps à une admiration dont il n'eût tiré aucune utilité. Il se méprenait sur l'influence que pouvait avoir Mme de Montesson sur le faubourg Saint-Germain, qu'il voulait se concilier; mais ses amabilités et ses égards tendaient moins à faire la conquête de la noble dame que celle du noble faubourg. D'après son frère Lucien, le Premier Consul regardait Mme de Montesson comme une autorité dans la science

1. *Mémoires du duc de Rovigo*, t. I, p. 364.
2. *Mémoires de M. de Talleyrand*, t. I, p. 49.
3. Duchesse d'Abrantès, *Histoire des salons de Paris*, t. II, p. 102.

de l'étiquette, et il se proposait de mettre à contribution ses lumières lorsqu'il ferait revivre aux Tuileries les usages et l'étiquette de l'ancienne cour. Lucien, qui n'a pas dépouillé, en écrivant ses *Mémoires*, la vieille rancune qu'il avait contre son frère Napoléon, ajoute que « le véritable motif du crédit de Mme de Montesson tenait à ce mot qu'elle avait dit à Joséphine : « N'oubliez pas que vous êtes la femme d'un « grand homme [1] ». Quoi qu'il en soit, Mme de Montesson était bien vue et bien accueillie du Premier Consul, qui lui rendit les 60,000 livres de rente que lui avait léguées le duc d'Orléans et qui avaient été confisquées à la Révolution.

Si Bonaparte commençait à se concilier quelques personnes et même quelques familles du faubourg Saint-Germain, il était, d'un autre côté, non pas aimé, le mot serait trop faible, mais adoré de tout le peuple de Paris. Et cependant sa vie se trouvait à chaque instant menacée par des conspirations. Contre ces complots, il avait formé sa garde consulaire commandée par le général Lannes et il avait appelé au poste de gouverneur de Paris le général Junot, qui lui était fanatiquement dévoué. Il était donc tranquille de ce côté-là. Mais des dissentiments de famille lui causaient de grands chagrins. Le Premier Consul, dans un mouvement d'humeur contre son frère Lucien, qui lui adressait des reproches, se laissa aller à lui dire : « Je te briserai, vois-tu, comme je brise cette boîte ! » Et en même temps il jetait à terre une tabatière d'or sur le couvercle de laquelle était le portrait de Joséphine peint par Isabey. La boîte ne se brisa pas parce qu'il y avait un tapis sur le parquet, mai-

1. Th. Juno, *Lucien Bonaparte et ses Mémoires*, t. II, p. 250.

le portrait se détacha du couvercle. Lucien ramassa boite et portrait et les présenta à son frère en disant d'un ton frondeur : « C'est dommage, c'est le portrait de votre femme que vous avez brisé, en attendant que vous brisiez mon original. » Mme Bonaparte, qui sut cet incident, se montra fort inquiète en apprenant que son portrait s'était détaché de la boite. « Oh! dit-elle, c'en est fait! c'est signe de divorce! Bonaparte se séparera de moi comme la tabatière s'est séparée du portrait! » — « Joséphine, a écrit la princesse de Canino, veuve de Lucien, comme la plupart des créoles était fort superstitieuse. En ce temps-là elle vivait dans la crainte presque continuelle que le Premier Consul, désirant avoir des enfants qu'elle n'était plus en état de lui donner, n'en vînt à un divorce. Il en avait été question en rentrant d'Egypte, sous prétexte, non de stérilité, mais de légèreté de conduite.

« Au temps de la tabatière brisée, Joséphine, pleine de confiance en Mlle Lenormand, déjà fameuse tireuse de cartes, mais qu'elle contribua beaucoup à mettre à la mode, l'alla consulter.

« Elle proposa de couvrir le portrait qui avait couru le risque d'être brisé, d'un autre absolument pareil et peint également par Isabey. » Et la princesse de Canino ajoute : « On nous dit que la boite à double portrait est aujourd'hui entre les mains de la duchesse de Bragance, petite-fille de l'impératrice, par son père Eugène de Beauharnais, un prince de Leuchtenberg[1]. » En 1819 et 1820, la reine Hortense racontait, encore chez Mme Letizia, sa belle-mère, à Rome, combien Mme Bonaparte avait été alarmée de cet incident si insignifiant en lui-même.

1. Th. Juno, *Lucien Bonaparte et ses Mémoires*, t. II, p. 178-179.

CHAPITRE III

À la Malmaison. — Désœuvrement de Joséphine. — Embellissements à la Malmaison. — Mme Bonaparte donnant des audiences. — Elle accorde sa protection sans discernement. — Affaires véreuses. — Larmes de Joséphine. — Une recommandation auprès de Mme Bonaparte. — Mme Hulot à la Malmaison. — Mécontentement du Premier Consul. — Charmante scène d'intérieur. — Un nain. — Plaisanteries de Bonaparte. — Joséphine ne goûte pas ces plaisanteries. — Théâtre de la Malmaison. — Frayeurs de Joséphine. — Une alerte. — Promenade au Butard. — Mauvaise humeur. — Dépenses de Joséphine. — Trente-huit chapeaux par mois ! — Mme Bonaparte n'ose pas avouer le chiffre de ses dettes ! — Brigandage des fournisseurs. — Chagrin du Premier Consul devant le désordre de sa femme. — Robes de Joséphine. — Mme Bonaparte toujours à court d'argent.

L'hiver passa vite. Avec les beaux jours, le Premier Consul, qui affectionnait beaucoup la Malmaison, alla s'y installer. Mme Bonaparte en fut très contente, et pourtant la vie qu'on y menait était bien bourgeoise. Le Premier Consul passait auprès de sa femme le temps qui n'était pas pris par le travail; mais ce temps n'était guère que le temps des repas et l'on sait que le général ne s'attardait pas à table. Quand l'heure du coucher arrivait, Mme Bonaparte suivait son mari dans sa chambre; le général se couchait;

Joséphine s'asseyait alors au pied de son lit et lui faisait quelque temps la lecture. Elle lisait bien et Bonaparte l'écoutait de préférence à tout lecteur ou lectrice. Mais pendant la journée, quel désœuvrement que le sien! Le rien faire prenait le plus clair de son temps. Elle avait beau changer de chemise trois fois par jour, faire cinq toilettes dans la même journée, recevoir des visites, faire des promenades dans le parc, elle ne parvenait pas à occuper tout son temps. Souvent elle sortait du parc, dont la beauté et le calme l'ennuyaient et, bien que cela déplût à Bonaparte, elle allait avec Hortense, qui avait les mêmes goûts que sa mère, se promener dans la poussière de la grande route pour voir passer du monde et des voitures; quelquefois elle se mettait devant son métier à tapisserie, mais sans grand enthousiasme, « faisant un ouvrage dont les trois quarts sortaient des mains de Mlle Dubuquoy et dont j'ai fort le soupçon, dit Mme d'Abrantès, que la bonne femme lui avait inspiré le désir de s'occuper en lui répétant combien la reine Marie-Antoinette était habile en ces sortes d'ouvrages [1]. » Puis, après quelques points, lassée de sa tapisserie, elle se mettait à sa harpe. Comme le travail, l'application n'était pas son fort; elle faisait tout sans suite. Elle n'avait jamais pu apprendre qu'un air et c'est cet air unique qu'elle jouait chaque fois qu'elle prenait sa harpe dans son cabinet. Mais la musique la lassait aussi vite que la tapisserie. « Elle n'avait pas de talents agréables, elle ne dessinait pas, n'était pas musicienne [2]. » Aussi, s'ennuyant souvent, elle s'occupait, par désœuvrement peut-être

1. *Mémoires de la duchesse d'Abrantès*, t. II, p. 402.
2. MÉNEVAL, *Mémoires sur Napoléon et Marie-Louise*, t. III, p. 11.

autant que par goût du luxe et de la dépense, à faire faire des embellissements à son parc; elle fit creuser des bassins qu'elle peupla de poissons rouges, de flottilles de canards exotiques et de cygnes de diverses espèces; elle fit, de plus, construire des serres magnifiques. Tous ces travaux se faisaient avec l'autorisation du Premier Consul qui, accompagné de Joséphine, allait quelquefois en surveiller l'exécution et constater les progrès. Mais, au grand désespoir de Joséphine, « Napoléon avait une carabine dans son cabinet, avec laquelle il tirait constamment par la fenêtre sur les oiseaux rares qu'elle entretenait dans les bassins du parc[1]. » Comme tous les jeunes Corses qui ne savent s'occuper dans leur île et qui passent leur temps à briser et détériorer les bancs, les arbres des promenades à Bastia et surtout à Ajaccio, Bonaparte avait, malgré ses occupations surhumaines, conservé le besoin, la manie de la destruction ; il tailladait sans cesse, avec un canif, les bras de son fauteuil, la basane qui recouvrait sa table de travail : cela était, comme on le pense, parfaitement indifférent à sa femme, mais ce qu'elle ne pouvait voir sans chagrin, c'est que, « le malin génie de la destruction le possédait au point qu'il n'entrait jamais dans la serre chaude de la Malmaison sans couper ou arracher quelqu'une des plantes précieuses qu'on y cultivait[2]. »

Mais comme les impressions, surtout quand elles étaient désagréables, ne subsistaient pas longtemps dans cet esprit léger, une visite survenant avait vite fait de lui changer les idées. Car Mme Bonaparte

1. Chaptal, *Mes souvenirs sur Napoléon*, p. 331.
2. *Ibid.*

accordait des audiences, en dépit de la volonté bien formelle de son mari ; elle apostillait des demandes, recommandait des pétitions, s'intéressait à toutes les personnes, à toutes les choses sur lesquelles on appelait sa bienveillance ; mais cet intérêt, tout de politesse, ne durait guère et, à peine avait-on tourné le dos, qu'elle avait oublié les promesses qu'elle venait de faire. Cette bonté, qu'on a tant vantée, était trop générale pour n'être pas plutôt une sorte de *bienveillante indifférence*. Mme Bonaparte accordait sa protection à tous ceux qui la lui demandaient, son intérêt à toutes les affaires sur lesquelles on l'appelait, et cela indistinctement, sans examen, sans choix, sans discernement.

Le Premier Consul la réprimandait souvent, et vertement même, de ce qu'elle se mêlait de choses qui ne la regardaient pas ; mais c'était peine perdue. On revenait, on sollicitait une recommandation, et Joséphine la donnait avec la même insouciance, la même facilité que si son mari ne lui avait pas défendu de le faire.

Cette facilité à accorder sa protection fut vite connue et il ne manqua pas de gens peu scrupuleux pour essayer d'en tirer parti. Bourrienne qui se trouvait toujours, comme Joséphine, à court d'argent, était sans cesse mêlé à des affaires véreuses et, sans que Joséphine s'en doutât, il usait de sa complaisance pour faire réussir ses spéculations qui étaient généralement d'une nature plus que douteuse. Un jour, on vint demander à Mme Bonaparte de vouloir bien appeler la bienveillante attention du ministre de la guerre sur un homme qui proposait de fournir quelques milliers de chevaux à un prix fort inférieur à celui que le ministère avait coutume de payer les chevaux de troupe. Le marché paraissait bon; les chevaux ne l'étaient sans doute pas autant; mais enfin on ne les voyait pas dans les bureaux du ministère. Joséphine non plus ne les voyait pas; mais elle ne voyait pas davantage les dessous que pouvait cacher une affaire qui se présentait d'une façon si avantageuse, et recommandée tout spécialement par Bourrienne. Et puis, comment pouvait-elle ne pas être bonne, cette affaire, puisque, tout reconnaissant du service qu'on lui permettait ainsi de rendre à l'Etat, l'homme qui proposait les chevaux lui avait fait tenir, par Bourrienne, un superbe bijou, en la priant de l'accepter comme souvenir de ce service. Joséphine fit de bonne grâce la recommandation. Mais le Premier Consul eut la mauvaise grâce, lui, de rejeter purement et simplement ce projet de marché, avantageux certainement pour tout le monde, excepté pour l'armée et pour l'Etat. Il avait reconnu dans cette affaire la main de Bourrienne. Joséphine avait cru bien faire en s'y intéressant : elle fut réprimandée par son mari, ne comprit pas pourquoi, pleura à verse et se consola avec la même aisance qu'elle avait pleuré.

Une autre affaire de recommandation, qui ne la fit pas pleurer et qui fit rire plusieurs personnes, excepté toutefois le jeune homme qui en fut le héros, sinon la victime, est la suivante :

Une certaine Mme d'Houdetot, créole, qui était en relations avec Mme Bonaparte, avait un frère nommé M. de Céré. Voulant faire profiter ce frère du crédit qu'elle pouvait avoir auprès du Premier Consul, par l'entremise de sa femme, elle le recommanda chaudement et obtint pour lui une mission. Il s'agissait d'aller à Bordeaux et d'en revenir, une fois la mission remplie dans un nombre de jours déterminé. Au retour, M. de Céré devait être attaché comme aide de camp au Premier Consul.

M. de Céré était jeune, fort bien de sa personne, et avait en outre de très bonnes manières; malheureusement il était un peu léger. Il part, remplit sa mission, mais il a l'inconcevable négligence de ne venir en rendre compte que quinze jours après le terme qui lui avait été fixé. Le général Bonaparte était furieux. La douce Joséphine elle-même dit avec aigreur à Mme d'Houdetot, venue pour arranger les choses : « C'est sa faute, aussi! Pourquoi est-il resté trois fois plus de temps qu'il ne fallait? Maintenant ses amis ne peuvent plus rien pour lui. »

Le pauvre M. de Céré était bien triste et s'en voulait à mort de sa légèreté. Son cœur s'en allait quand il voyait passer, à cheval, le groupe brillant des officiers du Premier Consul. Enfin, au bout de quelques mois, pensant que sa bévue est oubliée, il prie sa sœur de recommencer des démarches auprès de Mme Bonaparte. Mme d'Houdetot retourne à la Malmaison. « Mais certainement, dit Joséphine; que votre frère m'apporte dès demain sa demande, je la remettrai au Premier Consul et la lui recommanderai tout particulièrement. » M. de Céré est enchanté. Le lendemain, sa demande dans sa poche, il descendait l'escalier lorsqu'il rencontre son tailleur venant lui présenter son mémoire. Il lui répond qu'il l'examinera et le met dans sa poche, à côté de sa pétition. Il monte aussitôt en cabriolet et, plein d'espoir, arrive à la Malmaison. Mme Bonaparte, comme toujours, est charmante et gracieuse au possible. Elle prend la pétition et promet de l'appuyer de tout son pouvoir. Le jeune homme est aux anges. Il se voit déjà dans son bel uniforme d'aide de camp du Premier Consul; toute la journée il en rêve. Il pense même à le commander de suite, cet uniforme. Mais cela le fait ressouvenir du mémoire de son tailleur : « Voyons, dit-il, ce que je lui dois, à ce voleur-là. » Et, mettant la main à sa poche, il en tire... sa pétition au Premier Consul! Il avait remis la note du tailleur à Mme Bonaparte!

Quelle nuit il passa, le pauvre garçon! Dès le jour, il alla conter sa mésaventure à ceux qui s'intéressaient à lui. Tous furent d'avis qu'il devait retourner à la Malmaison, expliquer bien franchement ce qui était arrivé; Mme Bonaparte était si bonne qu'elle ne demanderait pas mieux que de réparer ce malencontreux incident. Mais que d'ennuis pour M. de Céré! Il se décida enfin à se présenter de nouveau à la Malmaison. A peine Mme Bonaparte le voit-elle qu'elle va à lui et lui tend la main : « Que je suis heureuse! lui dit-elle. J'ai remis votre pétition au Premier Consul. Nous l'avons lue ensemble. Elle était à merveille, ajouta-t-elle avec un air approbateur et souriant. Elle a fait beaucoup d'impression sur lui. Il m'a dit qu'il allait faire faire le rapport à Berthier et d'ici à quinze jours tout sera terminé... Je vous assure, mon cher, que cette réussite, car je puis regarder l'affaire comme faite, m'a rendue la personne la plus heureuse du monde toute la journée d'hier[1]. »

Le pauvre jeune homme n'en revenait pas... Il comprit que son affaire était enterrée et que Mme Bonaparte ne s'occuperait plus de lui. Il l'avait mérité certainement par son incurie. Mais il ne put s'empêcher d'admirer, en s'en allant, l'aisance avec laquelle cette excellente femme savait dire le contraire de la

1. *Mémoires de la duchesse d'Abrantès*, t. III, p. 280.

vérité, tout en se donnant le mérite d'avoir fait une démarche qu'elle n'avait même pas tentée. Car elle n'en tentait plus auprès de son mari, quand elle savait qu'elle le mécontenterait, — ce en quoi elle n'avait pas tort et était une bonne femme.

Elle apportait cependant encore de l'irréflexion à accepter les invitations qu'elle recevait, et un jour le Premier Consul dut lui faire sérieusement des représentations sur ce qu'elle était allée déjeuner chez Mme Devaisnes; non pas que cette femme ne fût parfaitement estimable et posée, et qu'il fût contrarié qu'elle y fût allée, mais parce qu'elle ne lui en avait rien dit. Connaissant « l'extrême facilité de Mme Bonaparte à accueillir tout ce qui se présentait à elle[1] », il ne lui permettait d'accepter aucune invitation sans son autorisation. Cette « extrême facilité à accueillir tout ce qui se présentait à elle » lui causa plus d'une fois des désagréments; en voici un entre autres, conté par Bourrienne et par la duchesse d'Abrantès[2] : Lorsque la femme du général Moreau apprit à Paris la nouvelle de la victoire de Hohenlinden, elle se rendit aux Tuileries. Elle ne put être reçue. Venue une seconde fois, un nouvel obstacle s'opposa à ce qu'elle fût admise. Elle revint une troisième fois avec sa mère, Mme Hulot. Après avoir attendu quelque temps, ces dames se retirèrent froissées, bien justement, il faut en convenir. Mme Hulot ne put dissimuler sa mauvaise humeur et dit tout haut, devant d'autres personnes qui attendaient leur tour d'être admises, que « la femme du vainqueur de Hohenlinden n'était pas faite pour attendre de la sorte et que les Directeurs eussent

1. *Mémoires de la duchesse d'Abrantès*, t. IV, p. 457.
2. *Mémoires de Bourrienne*, t. IV, p. 250.—Mme d'Abrantès, *Histoire des salons de Paris*, t. III, p. 345-317.

été plus polis. » Ces paroles parvinrent aux oreilles du Premier Consul et le mécontentèrent vivement. « Comment, dit-il, Mme Hulot regrette le beau temps du Directoire parce que le chef de l'État ne peut disposer du temps qu'il donne à des travaux sérieux pour bavarder avec des femmes !... » A quelque temps de là, Mme Hulot vint à la Malmaison; c'était pour demander de l'avancement pour son fils aîné, qui servait dans la marine. Mme Bonaparte la reçut avec une amabilité charmante, promit, comme toujours, tout ce qu'elle demanda et la retint à dîner. Mais le Premier Consul, qui n'avait pas oublié le propos tenu par Mme Hulot dans le salon d'attente des Tuileries, qui oubliait encore moins que Mme Hulot avait osé se permettre à la Malmaison « des plaisanteries amères sur une intimité scandaleuse qu'on soupçonnait entre Bonaparte et sa jeune sœur Caroline[1] », lui fit fort mauvaise mine, ne lui parla presque pas et, après le dîner, lui tourna le dos. Mme Hulot vit bien que sa présence n'était pas agréable au général Bonaparte et s'imagina qu'il était jaloux de son gendre; quant à Joséphine, elle essayait d'arranger tout à force de bonne grâce; elle disait : « Bonaparte[2] est si occupé !... Et puis il attend un courrier qui est en retard, et cela le préoccupe, comme vous le voyez, beaucoup. » Le Premier Consul n'était, en réalité, nullement préoccupé et il n'attendait aucun courrier extraordinaire; mais il n'aimait pas Mme Hulot, femme jalouse et ambitieuse, qui dirigeait sa fille qui, à son tour, faisait faire à son mari tout ce qu'elle voulait; le général Moreau, d'un caractère faible, était tenu en lisières

1. *Mémoires de Mme de Rémusat*, t. I, p. 102.
2. Elle désignait toujours son mari par son nom de Bonaparte.

par sa femme et sa belle-mère. Ces deux femmes sont cause de la conduite coupable et maladroite qui le conduisit sur le banc des accusés et, plus tard, de son crime lorsqu'il revint d'Amérique pour porter les armes contre sa patrie. « Mme Hulot et sa fille, disait le Premier Consul, sont les deux mauvais anges de Moreau : elles le poussent à mal faire et c'est sous leur direction qu'il fait toutes ses fautes. » N'en est-il pas généralement de même pour tout homme qui ne fait que ce que sa femme lui fait faire ou lui permet de faire? Quoi qu'il en soit, Bonaparte en voulut beaucoup à Joséphine de l'avoir fait dîner en compagnie de la belle-mère du général Moreau; mais Mme Bonaparte se défendit avec tant de grâce que le Premier Consul la prit dans ses bras, l'embrassa trois ou quatre fois sur le front, sur les joues, sur les yeux et ne la laissa aller qu'après lui avoir pincé très fortement l'oreille. Joséphine jeta un petit cri de douleur et se sauva à l'autre bout de la pièce; mais elle revint presque aussitôt; elle passa, toute câline, un bras autour du cou de son mari et posa, avec la grâce d'une jeune chatte, sa tête sur son épaule. Napoléon eut un sourire de bonheur, et Mme Hulot eût été bien étonnée d'apprendre qu'elle était la cause de cette gracieuse petite scène d'intérieur.

Mme Bonaparte était enchantée quand une petite chose inattendue, quelle qu'elle fût, venait faire diversion à la monotonie de son existence, monotonie bien voulue cependant, et dans laquelle se complaisait par paresse, aussi bien intellectuelle que physique, sa nature indolente de créole. Les plus intéressants moments de la journée étaient, pour elle, ceux où les marchands de modes et de bijoux venaient lui présenter leurs nouvelles créations. Elle achetait tout ce qu'on lui montrait. Un jour cependant on vint lui présenter un panier dont elle n'acheta pas le contenu ; non pas, peut-être, que l'envie lui en eût manqué : c'était si drôle ce qu'il y avait dans ce panier !... mais ce n'était pas à vendre. Elle alla, suivie d'un huissier porteur du mystérieux panier, frapper à la porte du cabinet du Premier Consul. Elle entra, l'huissier déposa son colis sur la table et se retira discrètement. « Qu'est-ce que signifie cette cérémonie? » dit Bonaparte. Joséphine avec toute la satisfaction d'une petite fille qui jouit d'avance d'une surprise qu'elle va faire à ses parents, souleva alors l'étoffe qui recouvrait le panier, et le général vit se dresser lentement, péniblement, un misérable petit être, un nain qui, s'appuyant sur l'anse du panier, regardait de ses petits yeux souffreteux le Premier Consul et Joséphine. C'était pitié de voir ce pauvre avorton, dans lequel l'intelligence n'était pas plus développée que le corps et qui ne semblait doué que de la faculté de souffrir ; et cela, à côté de l'homme auquel la nature avait donné les facultés les plus étendues, les plus complètes, et auquel la vie prodiguait les jouissances les plus hautes et les plus intenses de l'ambition et de la gloire. Joséphine ne vit peut-être pas ce contraste. La vue du nain l'amusait comme aurait pu le faire celle d'un animal étrange, d'un bibelot curieux et rare. Bonaparte, lui, en souffrait. Il ne dit pas un mot, mais pria sa femme de faire emporter le pauvre être dont la vue lui était si pénible.

Si Bonaparte ne partageait pas les joies et les amusements puérils de sa femme, en revanche Joséphine ne se prêtait pas avec beaucoup d'enthousiasme aux plaisanteries de son mari. Bonaparte, il est vrai, avait la plaisanterie lourde ; mais les calembours et les singeries de M. Charles, qui avaient tant plu, quelques années avant, à Mme Bonaparte, étaient-ils plus spirituels ?

Un jour, à la Malmaison, le Premier Consul avait reçu à déjeuner quelques généraux. Pendant le repas, l'idée lui vint d'offrir à ses invités une chasse dans le parc. Voilà Mme Bonaparte tout émue : « Une chasse en ce moment-ci ?... Mais vous n'y pensez pas : toutes nos bêtes sont pleines ! — Allons, répliqua le Premier Consul assez irrévérencieusement, il faut y renoncer ; tout ici est politique, excepté Madame[1]. »

Un autre jour, encore à la Malmaison, le Premier Consul était d'une grande gaieté. Le temps était superbe. Aussi avait-il fait servir le dîner en plein air, sous les grands arbres qui couronnaient un petit monticule à gauche de la prairie devant le château. Joséphine avait, ce jour-là, mis de la poudre, ce qui, ainsi qu'à presque toutes les femmes qui ont passé le temps de la jeunesse, lui allait fort bien. Mais le général n'aimait pas la poudre, du moins celle-là ; aussi sa femme fut-elle bientôt l'objet de ses taquineries. Elles n'étaient pas bien méchantes, ces taquinneries : il lui dit qu'elle pouvait ainsi jouer la comtesse d'Escarbagnas. La plaisanterie, qui n'était pas plus spirituelle qu'elle n'était méchante, ne fut pas du goût de Mme Bonaparte, qui fit une petite moue significative. « Eh bien ! qu'est-ce ? dit le Premier Consul ; crains-tu de manquer de cavaliers ? Voilà M. le marquis de Carabas qui te donnera le bras. » C'est Junot, que Bonaparte appelait ainsi, à cause, disait-il, de son goût pour la représentation. Junot sourit à la plaisanterie de son général, qui se plut à la continuer. Il prit son

1. *Mémoires du comte Dufort de Cheverny*, t. II, p. 430.

verre, regarda sa femme, s'inclina et but en disant : « A la santé de Mme la comtesse d'Escarbagnas! » Pour le coup, les larmes vinrent aux yeux de la pauvre Joséphine. Mais Bonaparte s'en aperçut et, pour arranger les choses, il se tourna du côté de Mme Junot, s'inclina et dit en levant son verre : « A la santé de Mme la marquise de Carabas! » Mme Junot alors se mit à rire, tout le monde en fit autant et Mme Bonaparte fit comme tout le monde; « mais elle avait le cœur gros, dit Mme d'Abrantès qui rapporte ce petit épisode; je n'avais que seize ans et elle en avait quarante [1]. »

Une des grandes distractions de la Malmaison, c'était la comédie que l'on y jouait en famille. Le Premier Consul, qui aimait à y voir des pièces interprétées par des personnes de son intimité, y prenait un très grand divertissement et cela délassait agréablement son esprit, toujours tendu par le travail et les affaires. « Il y avait, les dimanches, de petits bals où le Premier Consul se livrait au plaisir de la danse [2]; » et, en outre, il y avait tous les mercredis un dîner presque de cérémonie. Bals et dîners étaient généralement suivis ou précédés d'une représentation, au théâtre de la Malmaison. Mme Bonaparte prenait, comme le Consul, beaucoup de plaisir à ces représentations. Ces jours-là, la société était toujours nombreuse; les rafraîchissements les plus exquis et les plus variés étaient servis à profusion, et Mme Bonaparte faisait les honneurs de ces réceptions intimes, quoique nombreuses, avec tant d'amabilité, parlait à tout le monde si gracieusement, que chacun s'imaginait qu'elle l'avait remarqué tout spécialement et s'en allait le cœur content. Tout

1. *Mémoires de la duchesse d'Abrantès*, t. I, p. 89.
2. MÉNEVAL, *Mémoires sur Napoléon et Marie-Louise*, t. I, p. 138.

cela donnait une grande animation au château de la Malmaison, et c'était chaque jour un mouvement interminable de va et vient sur la route de Paris à Rueil.

Malgré tout ce mouvement, cette route n'était pas sûre. Des carrières, que le Premier Consul fit fermer ou combler plus tard, servaient d'asile à une foule de vagabonds et de malfaiteurs. Le général Junot et sa femme, rentrant un jour, à la tombée de la nuit, à Paris, avaient failli être attaqués par des individus qui, prenant sans doute leur voiture pour celle du général Bonaparte, avaient jeté un fagot sous les pieds des chevaux pour les faire tomber. Mme Bonaparte, à qui ses femmes ne manquaient pas de raconter toutes les histoires de voleurs et de brigands qui parvenaient à leurs oreilles, vivait dans des transes continuelles. Un jour, elle eut une bien grande peur. Le parc de la Malmaison était bordé, du côté de la route, comme il l'est encore, par un saut de loup qu'on pouvait franchir aisément; aussi les gens du pays ne se faisaient-ils pas faute de le traverser pour voir ce qui se passait dans le parc. Ce jour-là, Mme Bonaparte se promenait de ce côté avec Mme de Lavalette, tandis que le Premier Consul se livrait à une partie de barres effrénée sur la pelouse, avec Hortense, Bourrienne, Didelot, le général et Mme Junot, Eugène et les autres familiers de la maison. Mme Bonaparte et sa compagne étaient arrivées à la balustrade en fer, qui ne s'élevait qu'à hauteur d'appui et qui fermait le parc de ce côté, lorsqu'elles aperçurent deux hommes, auxquels elles trouvèrent mauvaise mine, qui regardaient de loin la partie de barres. Mme Bonaparte, un peu troublée, envoya Mme de Lavalette chercher son mari ou quelque autre homme, et prit le bras de Mme Junot, qui venait de les rejoindre.

« Voulez-vous quelque chose, citoyens? demanda-t-elle toute tremblante à ces deux hommes.

— Oh! mon Dieu, non, citoyenne. Nous regardons. Est-ce qu'il n'est pas permis d'être dans ce champ?

— Si fait, si fait! répondit Mme Bonaparte; mais...

— Ah! parce que nous regardons le Premier Consul? C'est que c'est une chose étonnante de voir le premier magistrat de la République s'amuser là comme le citoyen le plus pauvre... »

A ce moment, le général Rapp, que Mme de Lavalette avait rencontré, arrivait. Il demanda à ces deux hommes ce qu'ils étaient, ce qu'ils voulaient. C'étaient de braves gens, deux frères, dont l'aîné avait servi dans le régiment des guides et avait même perdu un bras en Italie; il avait pris la liberté de venir présenter son frère à son ancien général pour qu'il reçût son engagement dans ce même régiment des guides. La chose expliquée, Rapp conduisit ces deux braves à Bonaparte; ils furent fêtés et par lui et par Eugène, colonel des guides, et le Premier Consul but avec eux aux succès futurs du nouveau soldat.

Cependant, Mme Bonaparte avait été si effrayée par la vue de ces deux hommes, que rien ne pouvait la rassurer. L'attentat de Ceracchi, celui de nivôse, n'étaient pas si éloignés que ses craintes ne fussent en partie justifiées. Bref, le soir, une fois les invités repartis pour Paris, on se mit à raconter tout ce qu'on savait sur ces attentats, et personne n'en ignorait la plus petite particularité; de là à raconter des histoires de voleurs et de brigands, il n'y avait qu'un pas, et on le fit. Ces récits donnèrent le frisson à Mme Bonaparte, qui se mit à pleurer en pensant aux dangers qui menaçaient son mari, « car, a dit la duchesse d'Abrantès, elle s'était rattachée à lui de toute la force qu'une reconnaissance sentie par un bon cœur fait naître[1]. » Enfin on alla se coucher et tout le château était plongé dans un profond sommeil, excepté peut-être la châtelaine que la frayeur tourmentait encore, quand soudain un coup de feu éclate. Tout le monde aussitôt de sauter à bas de son lit : ce n'est qu'hommes en pantalon et femmes en chemise courant dans les corridors et se demandant ce qui était arrivé, lorsque Bonaparte, en robe de chambre, un flambeau à la main, s'écrie :

« Qu'on ne s'effraie pas, ce n'est rien ! »

Ce n'était rien en effet : le cheval d'un guide s'était abattu en mettant le pied sur une taupinière, au milieu de la pelouse, pendant qu'on faisait une ronde autour du château, et la carabine du cavalier, tombant à terre, était partie toute seule.

Joséphine se rassura, mais elle avait eu une belle peur. Et pourtant, le lendemain, les hommes disaient qu'en cette circonstance c'étaient les femmes qui s'étaient *le mieux montrées !*

Cependant le Premier Consul commençait à trouver trop petit son domaine de la Malmaison ; il voulut l'agrandir. Il désirait s'étendre sur la droite, mais une certaine Mlle Julien, propriétaire des terrains ambitionnés par le général, ne voulut les vendre à aucun prix. Il se rabattit alors sur les terres qui étaient à gauche et en avant du parc et acheta les bois du Butard. Il voulut aussitôt y conduire les intimes de la Malmaison ; il était, en cela, comme tout propriétaire qui aime à montrer les agrandissements et les embellissements qu'il fait à ses terres. Il tenait surtout à faire voir à Joséphine un pavillon dont il voulait faire

1. *Mémoires de la duchesse d'Abrantès*, t. III, p. 202.

un pavillon de chasse. Malheureusement, Mme Bonaparte était sujette à de fréquentes migraines, et, ce jour-là, elle en eut une terrible. Elle voulait aller se coucher, mais le général prétendit que le grand air était le meilleur remède contre la migraine, et force fut à la pauvre Joséphine de monter avec Mme de Lavalette et Mme Junot dans une calèche attelée à la Daumont qui l'attendait devant le perron. Bonaparte était en avant, à cheval avec Bourrienne; il galopait, revenait auprès de la voiture, prenait gentiment la main de sa femme, lui lançait un sourire et repartait en avant: c'était un tableau charmant.

La voiture était arrivée devant un ruisseau dont les deux rives, en pente assez raide, rendaient le passage difficile à une voiture. Les canons en franchissent de plus raides au galop, à la guerre, mais les calèches ne sont pas destinées à sauter des obstacles.

« Je ne veux pas aller plus loin, s'écria Mme Bonaparte, vous allez me faire tomber dans le *précipice !* Qu'on aille dire au Premier Consul que je rentre au château. »

Effectivement, elle fit tourner bride et l'on était sur le chemin de la Malmaison lorsqu'un galop précipité fit retourner les têtes. C'était le général Bonaparte.

« Qu'est-ce que c'est? s'écria-t-il avec cette physionomie froncée qu'il prenait lorsqu'on ne l'avait pas obéi comme il l'entendait; qu'est-ce que c'est que ce nouveau caprice? Retournez d'où vous venez. »

Il toucha du bout de sa cravache l'épaule du postillon et la voiture fit demi-tour. Elle se retrouva bientôt devant le ruisseau.

« Allons, dit le général au postillon, un bon élan, et puis rends la main et tu passeras. »

Mme Bonaparte poussa des cris de terreur. « Non ! Non ! je veux descendre ! Qu'on me laisse descendre ! Bonaparte, je t'en prie,en grâce, laisse-moi descendre, oh ! je t'en prie, dis... »

Et elle joignait les mains et pleurait comme une petite fille ; c'était pitié. Mme Junot en fut attendrie ; comme elle était enceinte et qu'elle craignait, non pas pour elle, mais pour l'enfant qu'elle portait, elle pria le Premier Consul de les laisser descendre.

« Vous, oui, dit-il. Et, comme il avait mis pied à terre depuis le commencement de cette petite scène, il s'approcha de la voiture et aida gracieusement Mme Junot à descendre.

— Et Mme Bonaparte ? dit Mme Junot, qui avait pitié de sa frayeur, une secousse pourrait lui faire du mal, car enfin... si elle était comme moi ?... »

Le général la regarda d'un air si drôle que Mme Junot ne put s'empêcher de rire, comme on rit de tout à vingt ans. Bonaparte, de son côté, fit entendre « un éclat de rire unique, mais si bruyant, si clair, que nous en tressaillîmes[1]. » Mme Junot descendue, Bonaparte fit relever le marche-pied. Sa femme était toute pâle devant ces apprêts.

« Allons, venez, dit Bonaparte, que je vous fasse passer *ce fleuve épouvantable, ce précipice effrayant.* »

Et, secondé par Bourrienne, il aida Mme Junot à traverser le ruisseau sur quelques pierres placées à cet effet. Une fois de l'autre côté, Bonaparte vit que la calèche n'avait pas bougé. Joséphine pleurait tant,

1. *Mémoires de la duchesse d'Abrantès*, t. III, p. 300.

suppliait tant, que le postillon n'avait pas osé mettre ses chevaux en mouvement.

« Ah ça ! drôle, dit le général, veux-tu exécuter mes ordres ?

Et il lui cingla les épaules d'un violent coup de cravache. »

Cette fois le postillon n'écouta plus rien. Il lança ses chevaux : la voiture partit, s'inclina, fut ballotée de droite et de gauche, d'avant en arrière et monta victorieusement la rive opposée. Ce ne fut pas sans quelques légères avaries, par exemple, mais le visage de Mme Bonaparte sortit encore moins indemne de cette épreuve. Il était littéralement bouleversé : ses yeux s'étaient *pochés*, ce qui la vieillissait singulièrement, les larmes les avaient rougis et, à force de les essuyer avec son mouchoir, Joséphine avait enlevé les petits artifices qu'elle savait si bien employer

Pour réparer des ans l'irréparable outrage.

Ses joues étaient devenues flasques et tombantes : bref, elle était laide, laide à ne pas se montrer. Elle le devina, car elle s'enveloppa le plus qu'elle put dans le grand voile de mousseline qu'elle avait et continua à pleurer et à sangloter jusqu'à l'arrivée au Butard.

Le Premier Consul vint lui donner la main pour l'aider à descendre. Il fut très mécontent de voir que les larmes duraient toujours, et il témoigna sa mauvaise humeur en tirant violemment sa femme de la voiture ; il l'emmena un peu à l'écart, dans le bois ; on l'entendit la gronder de ce qu'elle lui gâtait une journée qu'il avait compté passer gaiement à se délasser de ses travaux et de ses soucis. Mais Joséphine ne se laissait pas gronder sans répondre ; au reste « il parait qu'elle avait d'autres reproches à lui faire[1] », et l'occasion était trop bonne pour n'en pas profiter. Bonaparte lui imposa silence. « Allons, embrasse-moi et tais-toi ; tu ne sais ce que tu dis ; tu es laide quand tu pleures, je te l'ai déjà dit ».

Mme Bonaparte avait eu le tort de prendre au tragique le caprice de son mari, qui, lui, avait eu le tort de le lui imposer. Chacun le sentit vraisemblablement, et comme on n'aime pas à reconnaitre qu'on s'est mis dans son tort, le reste de la partie s'en ressentit et l'on rentra de mauvaise humeur à la Malmaison.

Un accord parfait et tout cordial ne cessait de régner cependant entre les deux époux, malgré quelques petites sauvageries de caractère, dans le genre de celle qu'on vient de lire, chez le Premier Consul, et qui tenaient essentiellement à son origine corse. La Corse est un pays de premier mouvement, où les âmes et les cœurs sont volcaniques comme le sol; la race est moins affinée, mais elle est moins éteinte aussi que les hommes du continent sur lesquels pèsent quelques siècles de civilisation, de bourgeoisisme et de vie toute faite, hommes frelatés par cette vie artificielle, atrophiante et toute de convention, hommes domestiqués et qu'on peut comparer à ces plantes soi-disant perfectionnées par des jardiniers industrieux et dont les changements successifs font oublier la primitive origine. En Corse, où les influences dissolvantes d'une société civilisée n'avaient que peu pénétré au siècle dernier, les bienfaisantes délicatesses de cette même civilisation étaient aussi moins connues : on n'y avait pas encore beaucoup

1. *Mémoires de la duchesse d'Abrantès*, t. III, p. 302.

idée des égards que l'on doit aux femmes. Mme Bonaparte s'était peut-être aperçue du singulier contraste qui existait entre les manières toujours mesurées et rigoureusement correctes de M. de Beauharnais, son premier mari, et celles toute *nature*, et nature fougueuse, du général Bonaparte, et cela aussi bien dans son amour pour elle que dans le train de vie journalier et dans les scènes qu'il lui faisait quelquefois. Oh! ces scènes du général! Comme elle en avait peur! Et pourtant elle ne faisait rien pour les éviter, au contraire. C'était presque toujours pour ses folles dépenses, qui dépassaient de beaucoup le chiffre de la pension que lui faisait son mari et aussi les bornes de la raison, qu'elle provoquait ces scènes chez Napoléon. Elle était surchargée de dettes. Aussi redoutait-elle le moment où elle devait les déclarer. Et il fallait toujours en arriver là. Ne s'inquiétant guère de proportionner ses dépenses à ses revenus, Mme Bonaparte achetait, achetait toujours tout ce qu'elle voyait, tout ce qu'on venait lui présenter, bijoux, dentelles, tableaux, objets d'art, objets de toilette, bibelots et inutilités de toute sorte : cette bonne Joséphine n'a jamais su résister à une tentation ni se priver d'une chose dont elle n'avait pas besoin. Personne n'était plus désordre qu'elle. Elle ne se préoccupait pas de savoir si cela plaisait à son mari, et quand elle eut appris, ce qui ne fut pas long, que le général avait le désordre et les dettes en horreur, elle se garda bien d'essayer de guérir la rage de dépense à laquelle il lui était si doux de se laisser aller. Elle ne se préoccupait pas davantage de savoir comment elle payerait toutes ces folies, mais les marchands savaient bien, eux, qu'ils finiraient toujours par se faire payer. Avec ce système, les mémoires, les notes s'accumulaient; des réclamations arrivaient chaque jour, les fournisseurs, qui abusaient de la facilité de Mme Bonaparte à acheter leurs marchandises, avaient hâte de recevoir le prix de ce qu'ils avaient vendu, et, comme Mme Bonaparte les remettait toujours à plus tard, ils commençaient à se plaindre. Cela faisait mauvais effet dans Paris. M. de Talleyrand, ministre des relations extérieures, dut en parler au Premier Consul.

Bonaparte fut vivement contrarié. Outre son aversion naturelle pour les dettes et le gaspillage, il sentit qu'il fallait moins que jamais, dans les premiers pas du gouvernement dont il était le chef, qu'il s'élevât des plaintes sur les dettes de sa femme et sur le retard apporté à les payer. Aussi dans la pensée délicate d'éviter à Joséphine l'ennui de lui déclarer elle-même le chiffre de ses dettes, qu'il pressentait bien devoir être fort élevé, le général dit à Bourrienne, son secrétaire intime, de lui en demander le chiffre exact. « Qu'elle avoue tout, dit-il, j'en veux finir et ne veux pas recommencer ; mais ne payez pas sans me montrer les mémoires de tous ces coquins-là, c'est un tas de voleurs[1]. »

Bourrienne fut enchanté que M. de Talleyrand l'eût devancé en cette affaire auprès du Premier Consul. Il allait se voir obligé, par suites des réclamations qui lui arrivaient journellement, d'en parler lui-même au général Bonaparte ; mais il avait toujours ajourné cette désagréable révélation. Il alla donc trouver Joséphine et lui dit qu'elle devait être contente, que le Premier Consul lui avait donné l'ordre de lui demander le chiffre de ses dettes et qu'il allait les payer. Mme Bonaparte fut en effet fort satisfaite à la pensée

1. *Mémoires de Bourrienne*, t. IV, p. 30.

que son mari allait lui payer ses dettes; mais elle fut frappée de terreur quand, en y réfléchissant un peu, elle entrevit le total effrayant qu'il lui fallait déclarer. Elle aurait une scène, bien certainement; et puis si le général allait trouver que c'était payer bien cher une femme qui n'avait répondu que par l'indifférence et la trahison à son amour si pur, si désintéressé? La frayeur d'une scène fut peut-être doublée d'une autre crainte : s'il allait revenir à ses idées de divorce, qui étaient les idées de la famille Bonaparte! Car il avait voulu divorcer, c'est positif, à son retour d'Egypte, et sans l'heureuse idée qu'on lui suggéra de faire intervenir Eugène et Hortense et de les jeter à ses pieds, c'en était fait, Bonaparte déposait sa demande en divorce; et Dieu sait s'il y avait toutes les conditions nécessaires pour le faire prononcer. Oh! cette crainte du divorce! la perte de sa position! ce fut son cauchemar jusqu'en 1809. La pauvre femme n'eut un peu de repos que lorsque ce divorce si redouté fut enfin une chose accomplie.

En attendant, cette pensée d'avoir à déclarer le chiffre de ses dettes la jetait dans des angoisses inexprimables. « Non, disait-elle dans son trouble mêlé de terreur, non, je ne peux pas tout avouer; il y en a trop; je n'en dirai que la moitié! » Bourrienne lui fit observer qu'elle aurait tort, qu'il serait plus habile de profiter des bonnes dispositions du général qui paierait tout, quelle que fût la somme.

« Mais il va me faire une scène terrible. J'ai peur, oh! j'ai peur!

— La scène sera la même, madame, pour la moitié que pour le tout. Le Consul a de l'humeur, vous vous en doutez bien, je le vois, et je ne puis vous dire le contraire. Il croit que vous devez une somme considérable; il est disposé à l'acquitter. Vous essuierez de vifs reproches et une scène violente, je n'en doute pas; mais cette scène sera la même pour la somme que vous avouerez que pour une somme plus considérable encore. Si vous dissimulez une grande partie de vos dettes, au bout de quelque temps les murmures recommenceront, les oreilles du Premier Consul en seront encore frappées, et son humeur éclatera plus vive encore. Croyez-moi, avouez tout; les résultats seront les mêmes; vous n'entendrez qu'une seule fois les choses désagréables qu'il veut vous dire; par vos réticences, vous les renouvelleriez sans cesse[1].

— Jamais je ne pourrai me résoudre à lui dire tout. Non, c'est impossible... Je dois, je crois, dans les douze cent mille francs. J'en déclarerai six, ce sera assez pour le moment; je payerai le reste sur mes économies. »

L'idée était charmante, et si Mme Bonaparte a dit vraiment cette jolie parole, on ne peut s'empêcher de rire en la lisant. Les économies de Joséphine! Parler d'économies quand on dépense, par an, un demi-million de plus que son revenu, que son revenu avoué! Elle aurait pu dire ce qu'avait dit la duchesse du Maine : « J'ai le malheur de ne pouvoir me passer des choses dont je n'ai que faire. » Mais combien d'autres sont ainsi!

La pauvre femme discuta encore longtemps, se débattit comme elle put, mais sans pouvoir se décider à l'aveu complet de ses dettes. Bourrienne dut se rendre à ses instances et promettre de ne déclarer que six cent mille francs au Premier Consul.

1. *Mémoires de Bourrienne*, t. IV, p. 31.

« Il est si violent! disait Joséphine; je le connais, je ne pourrais supporter ses violences. »

On eût pu croire, en vérité, que les rôles étaient intervertis; que son mari gaspillait sa fortune à elle, qu'il ne voulait entendre à aucune représentation et qu'elle était une victime.

Les dettes de Mme Bonaparte étaient énormes. Outre les douze cent mille francs qu'elle doit à ses divers fournisseurs, et l'argent alors valait au moins le double de ce qu'il vaut aujourd'hui, « elle a acheté dans le canton de Glabbaix, département de la Dyle, pour 1,195,000 francs de biens nationaux, et elle en doit les deux tiers, — l'autre tiers devant être fourni par sa tante, Mme Renaudin, devenue Mme de Beauharnais, qui n'a pas le premier sou pour les payer[1] ». De plus, la Malmaison, achetée par Mme Bonaparte pendant que son mari était en Égypte, n'est pas encore payée; ci : 225,000 francs.

Et l'on a dit que le général Bonaparte avait épousé la veuve Beauharnais pour sa fortune : mais elle n'avait que des dettes, la malheureuse!

Le Premier Consul paya tout : il paya les grosses dettes et les petites dettes, il paya tous les mémoires, ceux du sellier, du carrossier, du tapissier, ceux du marchand de modes qui mentionnaient *trente-huit* chapeaux neufs en un mois, des *hérons* à dix-huit cents francs, des *esprits* de huit cents francs, etc. Il paya tout, tout, tout. Il garda cependant, et cela se conçoit, une impression pénible de la frivolité ruineuse de Joséphine, et, sous cette impression, il dit un jour à une séance du Conseil d'État : « Les femmes

1. Frédéric Masson, *Napoléon et les femmes.*

ne s'occupent que de plaisirs et de toilettes... » Il est vrai que ses sœurs confirmaient, chez le Premier Consul, l'opinion désavantageuse que Joséphine lui avait fait prendre des femmes.

Les mémoires des fournisseurs de Mme Bonaparte étaient, pour le plus grand nombre, il faut le reconnaître, singulièrement exagérés. Les fournisseurs, qui semblent trop souvent mettre leur honneur à être indélicats, abusaient de la facilité de Joséphine à acheter et à s'endetter, et exerçaient sur la négligente et capricieuse créole un véritable brigandage. Bourrienne, qui fut chargé de régler leurs mémoires, les réduisit de moitié : presque tous les fournisseurs s'en contentèrent, ce qui ne fait pas l'éloge de leur probité; l'un d'eux recevant 35,000 francs au lieu de 80,000 qu'il réclamait, eut l'impudence de dire, en prenant son argent, qu'il y gagnait encore. Le Premier Consul l'avait bien dit : c'était un tas de voleurs. Ont-ils changé depuis?

Mme de Rémusat, qui voit trop Napoléon par les yeux de Joséphine, dont elle était l'amie — et c'est pour cela qu'elle le voit si mal — dit que « Napoléon aimait assez qu'on fît des dettes, parce qu'elles entretenaient la dépendance... et qu'il n'a jamais voulu remettre les affaires de Joséphine en ordre, afin de conserver des occasions de l'inquiéter[1] ». Cela pouvait être la pensée de Joséphine, toujours hantée par le spectre du divorce et la perte de sa position, comme un employé ou fonctionnaire peu zélé qui se voit journellement sous le coup d'une révocation; mais ce n'était pas à cela vraiment, à cette sorte de dépendance pé-

1. *Mémoires de Mme de Rémusat*, t. I, p. 135.

cuniaire que songeait Napoléon pour avoir la paix domestique chez lui; et, sur le chapitre des dépenses insensées de sa femme, il a dit à Sainte-Hélène : « Je me surprenais parfois à trouver que les dépenses de Joséphine dans ses serres ou sa galerie étaient un véritable tort pour mon Jardin des Plantes ou mon Musée de Paris[1]. » Combien d'autres choses a-t-il pensées, à ce sujet, qu'il n'a pas voulu dire!

Joséphine faisait pour ses serres de la Malmaison des dépenses certainement très grandes : elle avait des plantes rares qui étaient d'un prix exorbitant; elle paya jusqu'à quatre mille francs un oignon de tulipe. Elle avait donc la passion des tulipes, comme un bourgeois de Harlem? Point; elle avait la passion de la dépense : on vient lui présenter cet oignon, on lui dit qu'il vaut quatre mille francs. Vite elle l'achète, — et ne s'en occupe plus. Ainsi pour tout. Ses robes? Elle en eut jusqu'à six cents à la fois. L'écrivain allemand n'avait-il pas été prophète quand il disait, sous le Directoire : « Il faut à une Parisienne trois cent soixante-cinq coiffures, autant de paires de souliers, six cents robes et douze chemises[2]. » Il se trompait pour les chemises, du moins chez Mme Bonaparte, car elle en changeait trois fois par jour[3], et douze ne lui eussent pas suffi. Quant à ses robes, elle en eut de bien singulières et qui méritent d'être décrites. En voici une qu'elle porta chez son beau-frère et ennemi Lucien, dans les premiers temps du Consulat : elle était en crêpe blanc entièrement parsemée de petites

1. *Mémorial de Sainte-Hélène* (édition Garnier, 1894), t. I, p. 135.

2. Kotzebue, *Souvenirs de Paris*, t. I.

3. *Mémoires de Mme de Rémusat*, t. II, p. 345.

plumes de toucan; ces plumes étaient cousues au crêpe et une petite perle était attachée à la queue de chaque plume. Mme Bonaparte avait mis en même temps que cette robe une parure complète de rubis. Dans ses cheveux, artistement arrangés par le coiffeur Duplan, qui était mieux payé qu'un général de division, des plumes de toucan entremêlées de perles avaient été disposées en guirlandes et lui donnaient une physionomie singulière. Mais voici une robe plus excentrique encore : elle était également en crêpe blanc et entièrement parsemée de feuilles de roses, mais de feuilles de roses vraies, du rose le plus tendre. Cette garniture, toute printanière, ne pouvait être placée qu'au moment de mettre la robe, et encore ne fallait-il mettre cette singulière robe odorante que chez soi et pour une heure ou deux tout au plus, en se condamnant à demeurer debout jusqu'au moment de se déshabiller; car, fût-on une sylphide, le moyen de s'asseoir sur des feuilles de roses sans les froisser quelque peu? Chose curieuse! c'est la seule robe rose que porta Mme Bonaparte pendant les années du Consulat, et cette robe n'était rose que par les fleurs qui y étaient fixées. Plus tard, elle mettra une robe rose pour la fête de la distribution des croix de la Légion d'honneur. Vers la fin de l'Empire, elle portera souvent du rose pour tâcher de donner un peu de renouveau à son automne : mais la jeunesse, une fois qu'elle est passée, revient-elle jamais?

Quoiqu'elle ne payât guère ses fournisseurs, la pauvre Joséphine n'en était pas plus riche pour cela; souvent même elle se trouvait sans argent, presque sans un sou, au point de ne pouvoir faire face aux menues dépenses de la journée. « J'ai envoyé, écrit, à la date du 8 septembre 1801, le général Auguste

Colbert, j'ai envoyé le plus beau petit chien possible à Mme Bonaparte; elle a donné six francs à mon valet de chambre; ce n'est pas trop; ne rien donner eût montré plus de grandeur et de générosité[1]. »

1. Général THOUMAS, *Les grands cavaliers du Premier Empire : Auguste Colbert*, t. I, p. 315.

CHAPITRE IV

Cérémonie à Notre-Dame pour l'intronisation du Concordat. — Livrée de Mme Bonaparte. — Mme Hulot s'installe dans la tribune réservée à la femme du Premier Consul. — Bon goût et indulgence de Mme Bonaparte. — Une chasse à Mortefontaine. — Préséances en famille. — Scène fâcheuse. — Voyage en Belgique. — Accident. — Enthousiasme sincère des populations. — Cadeau de la ville de Bruxelles à Mme Bonaparte. — Retour. — Jalousie de Joséphine. — Crainte du divorce. — Mlle Duchesnois et Mlle Georges. — Expédition nocturne. — Panique et déroute. — Questions du Premier Consul à Mme de Rémusat. — Mme de Rémusat au camp de Boulogne — Cancans. — Indulgence singulière de Mme Bonaparte. — Mme Bonaparte marie M. de Talleyrand avec sa vieille maîtresse. — Attentat du 3 nivôse. — Joséphine échappe à la mort. — Mme Bonaparte et Fouché. — Elle reçoit de lui une subvention de mille francs par jour pour espionner son mari.

La promulgation du Concordat, au commencement de l'année 1802, donna lieu à une grande cérémonie à Notre-Dame. Un *Te Deum* solennel y fut chanté le jour de Pâques. Il y avait bien des années que l'église était fermée au culte. Sa réouverture fut un des événements de ce temps si fertile en choses extraordinaires. Le Premier Consul avait décidé qu'il assisterait à cette fête de la restauration du culte catholique en France. Tout ce qu'il y avait de hauts fonctionnaires, empressés de faire leur cour à l'homme qui était assez puissant pour se permettre une telle hardiesse, y accoururent en foule. Mme Bonaparte devait assister à la cérémonie : une place d'honneur lui était réservée au centre du jubé L'église de Notre-Dame avait alors un magnifique jubé en vieux chêne admirablement sculpté, mais, comme il commençait à menacer ruine et à tomber de vétusté, on ne tarda pas à le démolir et à le supprimer. Soixante ou quatre-vingts femmes, choisies parmi les femmes des hauts fonctionnaires civils et militaires, furent désignées d'office ou invitées à faire cortège à Mme Bonaparte : ses quatre dames de compagnie n'eussent point formé un cortège en rapport avec les proportions grandioses de l'antique cathédrale.

Le Premier Consul avait recommandé qu'on déployât la plus grande pompe, le plus grand luxe possibles. Ses désirs étaient déjà considérés comme des ordres. Aussi le nombre des équipages élégants était-il fort grand. C'est en ce jour que fut inaugurée la livrée que le Premier Consul fit prendre à sa maison. Elle fut très admirée : les livrées avaient disparu avec la monarchie, et cela parut presque une chose toute nouvelle. On remarqua aussi celles de Mme Murat, de Mme Junot, de Mme Marmont, de Mme Savary. Mme Duroc, fille du banquier Hervas de Menara, avait pour ses gens la livrée du Premier Consul, parce que son mari était le grand-maréchal du palais. Un valet de pied se tenait debout derrière la voiture de chacune de ces dames. Il y en avait deux à la voiture de Mme Bonaparte. C'est à partir de ce jour que l'on commença à rivaliser de luxe dans la petite cour consulaire et à s'essayer à cette représentation extérieure qui devait bientôt n'avoir plus de bornes sous l'Empire.

La femme du Premier Consul avait dans sa voiture sa fille et ses belles-sœurs. Le reste du cortège suivait sans aucune hiérarchie ni étiquette. Arrivée à l'église, Mme Bonaparte s'avança, suivie de toutes les dames désignées pour l'accompagner, et le jubé antique fut bientôt transformé en une véritable corbeille de fleurs vivantes, fraîches et parfumées ; les belles toilettes printanières de toutes ces jeunes femmes, qui n'avaient pas été choisies parmi les plus laides ni les moins élégantes, formaient un ensemble véritablement enchanteur. Les toilettes étaient peut-être trop tapageuses pour le sérieux de la cérémonie et la sainteté du lieu ; mais ces jeunes têtes folles étaient un peu comme des enfants : tout les amusait ; beaucoup d'entre elles considéraient cette solennité comme une fête à toilettes ou une première à l'Opéra. Mme Murat se moqua de son amie Mme Junot, qui avait eu le bon goût de mettre une robe de dentelle noire, costume qu'elle avait jugé plus convenable pour cette grande solennité religieuse. Un léger incident, qui couvrit de ridicule celles qui le causèrent, s'était produit un peu avant l'arrivée de Mme Bonaparte. Mme Hulot, belle-mère du général Moreau, femme impérieuse et jalouse qui, lorsqu'elle prit le titre de belle-mère, crut devoir prendre en même temps les ridicules traditionnels de l'emploi et exercer, comme tant d'autres, mille abus d'autorité en se mêlant toujours de ce qui ne la regardait pas, Mme Hulot était venue avec sa fille à la cérémonie. Le jubé, on le sait, avait été retenu pour la femme du Premier Consul et les dames qui l'accompagnaient. Chaptal, ministre de l'intérieur, avait, pour éviter toute erreur, fait placer un factionnaire à l'entrée. Mme Hulot, voyant toutes les places du jubé inoccupées et trouvant, ce qui était juste, qu'elles étaient les meilleures, en conclut, ce qui était moins juste, qu'elles lui revenaient de droit. N'était-elle pas la belle-mère du général Moreau? Avec ses sottes prétentions et sa jalousie, cette femme avait toujours fomenté la discorde autour de son gendre, et c'est à elle que ce pauvre Moreau a dû de finir d'une façon si lamentable. Son « caporal de belle-mère », comme l'a appelée Napoléon, le menait tambour battant. Moreau aimait sa femme et celle-ci était dominée par sa mère, qui abusait naturellement de la situation pour faire tout marcher comme elle l'entendait; aussi tout marchait-il fort mal. Pour ne pas contrarier sa femme, pour avoir la paix dans sa maison, Moreau, de concession en concession, en était arrivé à ne plus être maître chez lui. Que d'hommes en sont là! Mme Hulot se présenta donc à la porte de la tribune réservée. Le factionnaire voulut faire respecter sa consigne; mais ce soldat, qui n'eût pas bronché devant une charge de cavalerie, n'eut pas l'énergie de repousser une femme et se laissa repousser par elle. La virago força la consigne et alla s'asseoir dans le fauteuil destiné à la femme du premier magistrat de la République. Cette effronterie, qui se retrouve encore de nos jours chez certaines femmes taillées sur le vilain patron de Mme Hulot, est quelque chose d'inconcevable, mais qui se rencontre plus communément qu'on ne croit. Le Premier Consul s'aperçut immédiatement de cet acte de mauvais goût et cela le mit de méchante humeur pendant toute la cérémonie. Mme Bonaparte, elle, eut le bon goût de ne pas s'apercevoir de la présence de Mme Moreau et de sa mère et prit un siège un peu plus loin.

La solennité fut longue : le bruit majestueux du

canon se mêlait avec une harmonieuse grandeur au son des cloches s'envolant du haut des deux vieilles tours, aux chants religieux des prêtres et aux sourds bourdonnements des orgues ; les tambours et les clairons, sonnant et battant aux champs, donnaient la note patriotique, qui vibrait jusqu'au fond des cœurs, tandis que les rayons du soleil passant à travers les vitraux aux mille couleurs éclairaient d'un jour fantastique cette foule d'hommes accumulés dans la nef. Et pendant ce temps, la fumée de l'encens montait en spirales odorantes aux voûtes majestueuses de la vieille cathédrale, se répandait lentement en nuages bleuâtres, à travers la forêt des colonnes de pierre, jusqu'au fond des plus petites chapelles. Toute cette mise en scène parlait à l'âme : les cœurs en ont battu longtemps!

La solennité religieuse fut suivie de la cérémoni publique, et celle-ci d'un simple dîner de famille cheze Joseph Bonaparte. Il n'y eut qu'une voix pour complimenter Mme Bonaparte sur la grâce parfaite avec laquelle elle avait figuré au milieu de son cortège de jeunes femmes et représenté la femme du chef de l'État. Ce fut un de ses plus beaux jours.

Si le Premier Consul avait une agréable habitation de campagne, ses frères en avaient, de leur côté, de fort belles. Lucien avait acquis le Plessis-Chamant, près de Senlis, et Joseph la superbe propriété de Mortefontaine, qui était une des plus belles terres de France. Elle n'était pas très éloignée, du reste, de la propriété de Lucien. On allait assez souvent les uns chez les autres; Malmaison et Mortefontaine voisinaient : on partait le matin, on passait une partie de la journée ensemble et l'on rentrait à Mortefontaine ou à Malmaison après le dîner. Joseph donnait quelquefois des chasses sur ses terres. Un jour, comme il avait une nombreuse réunion de tout ce qui se trouvait à Paris de distingué dans l'armée, dans les lettres, les arts et la politique, il organisa une chasse au renard. Il y avait le général et Mme Murat, Mme Baciocchi, Mme Leclerc, Lucien, le comte de Cobentzel, le poète Casti, Mme de Staël, Stanislas Girardin, le tribun; Brégy Girardin, son frère; Miot, tribun et ami intime de Joseph; Rœderer, homme de lettres érudit doublé d'un homme d'esprit et d'un homme politique; Regnault de Saint-Jean d'Angely, un des hommes les plus capables de son temps; Arnault, le spirituel poète qui écrivit plus tard les *Souvenirs d'un sexagénaire*; Andrieux, Boufflers, Fontanes, Mme de Boufflers, que tout le monde avait connue si bonne et si spirituelle quand elle était encore Mme de Sabran; et puis il y avait Marmont, Chauvelin, Mathieu de Montmorency, qu'on trouvait partout où allait Mme de Staël. Le maître de Mortefontaine, empressé à trouver ce qui pouvait faire passer le temps de la façon la plus agréable à ses hôtes, avait donc organisé une chasse au renard. Mme Bonaparte y était venue à cheval. Pendant que le Premier Consul était dans le bois, le renard chassé passe entre Mme Bonaparte et Rœderer. Quand le Consul revint, elle lui dit : « Bonaparte, j'ai vu le renard, il a passé là — Eh bien, tu n'as pas eu peur, répondit le Consul, Rœderer était là [1]. » Le général Bonaparte faisait ainsi une allusion un peu moqueuse aux frayeurs continuelles que sa femme manifestait à tout propos.

C'est dans une de ces réunions de famille, mais

1. *Mémoires de Rœderer*, t. III, p. 331.

tout intime celle-là, que se passa un incident dont on parla fort peu, puisqu'il n'eut guère pour témoins que les membres de la famille Bonaparte, mais qui montrait que

Déjà Napoléon perçait sous Bonaparte

Joseph Bonaparte avait invité le Premier Consul à venir diner avec sa femme à Mortefontaine. Mme Letizia se trouvait à cette réunion de famille. La journée s'était passée on ne peut mieux, en promenades sous les magnifiques ombrages du parc ; aucun incident fâcheux ne s'était produit, ce qui était toujours à redouter quand la famille Bonaparte se trouvait avec les Beauharnais. Mme Letizia prenait le plus grand soin de ne rien dire qui pût être interprété en mal par sa belle-fille, et Mme Bonaparte, de son côté, montrait pour la mère de son mari tous les égards possibles ; une grande politesse, partant nulle cordialité et une froideur mortelle. Heureusement que la grande faconde de Lucien sauvait la situation. On allait passer dans la salle à manger quand le malheureux incident qu'on craignait à chaque instant de voir se produire éclata. Le maitre de la maison se levant quand on vint annoncer qu'il était servi, dit qu'il allait donner le bras à sa mère pour aller dans la salle à manger, et qu'elle s'asseoirait à sa droite, tandis que Lucien conduirait Mme Bonaparte, qui prendrait place à sa gauche. Le Premier Consul ne crut pas devoir permettre que sa femme, la femme du premier magistrat de la République, n'eût que la seconde place, et il dit à Joseph de mettre leur mère à sa gauche et Joséphine à sa droite. Ce différend était déjà fort fâcheux. Enfin tout le monde se leva. Joseph ne tint pas compte de l'avis ou plutôt de l'ordre de son puissant frère. Il avait déjà pris la main de sa mère et Lucien conduisait Joséphine, lorsque Bonaparte traversa rapidement le salon, arracha Joséphine à Lucien, lui prit le bras, passa devant tout le monde et s'assit à table en la faisant asseoir à son côté. Cette scène avait, on le conçoit, jeté un certain froid. Pour avoir près de lui quelqu'un qui ne fût pas de sa famille, avec qui il pût causer et se donner une contenance, le Premier Consul appela Mme de Rémusat et lui ordonna de s'asseoir à la place vacante à côté de lui. L'entrain et la cordialité ne régnèrent guère, comme on le pense, pendant le dîner, et ce dut être pour chacun, et surtout pour Mme Bonaparte, cause bien involontaire de cet esclandre, un véritable soulagement d'en voir arriver la fin. C'est sans doute à cet acte inconsidéré d'autorité tout à fait déplacée, à ce manque de tact raconté par Mme de Rémusat [1] et dont on ne trouve au reste que trop d'exemples dans la vie de Napoléon, que fait allusion Lucien, dans ses *Mémoires*, quand il dit à propos des préséances de famille, que « le Premier Consul semblait prendre plaisir à faire naître ces occasions de conflits pour bien établir la suprématie de sa femme [2]. »

Le lendemain de cette scène fâcheuse, le Premier Consul partait pour la Belgique. Il emmenait Joséphine; dans leur voiture était un général de la garde consulaire. Cette voiture était précédée de celle de Duroc et des aides de camp, et suivie d'une autre où se trouvaient M. et Mme de Rémusat et Mme de

1. *Mémoires de Mme de Rémusat*, t. I, p. 237.
2. Th. Iung, *Lucien Bonaparte et ses Mémoires*, t. II, p. 442

Talhouët. Tout à coup les chevaux de celle-ci s'emportent et la voiture verse dans le fossé. Toute la caravane s'arrête. Le Premier Consul court à une chaumière où ont été conduites les victimes de l'accident et Mme Bonaparte épouvantée se désole et témoigne pour elles la plus inquiète sollicitude. Enfin on vient la rassurer : personne n'était blessé. Le général offre son bras à Mme de Rémusat encore tout émue et la fait monter dans sa voiture, à côté de sa femme : il les rassure toutes les deux et « les engage gaiement à s'embrasser et à pleurer, parce que, disait-il, cela soulage les femmes [1] ».

Ce voyage fut véritablement un voyage triomphal : partout, dans chaque village, dans chaque ville, la population se portait en foule au-devant de l'homme prodigieux qui, en si peu de temps, avait fait une France nouvelle, puissante et glorieuse, avec les débris qu'il avait trouvés au 18 brumaire ; partout l'enthousiasme était immense et vrai, expansif et sincère. De Paris à Bruxelles, ce ne fut qu'un long cri d'amour et de reconnaissance. Le peuple était heureux et acclamait celui à qui il devait un bonheur qu'il n'avait jamais connu auparavant ; ces acclamations étaient le cri de son cœur, aussi allaient-elles au cœur du Premier Consul dont les yeux se rougirent plus d'une fois, tandis que Mme Bonaparte, émue de sentiments divers, laissait ses larmes couler tant qu'elles voulaient et que Mme de Rémusat ne pouvait retenir les siennes.

A Bruxelles, la municipalité offrit à Mme Bonaparte, au nom de la ville, une magnifique voiture. Les discours, les réceptions, les fêtes de toute sorte, les

1. *Mémoires de Mme de Rémusat*, t. I, p. 239.

solennités militaires, se succédaient au bruit du canon et au son des cloches; et pendant tout le séjour du chef de la République française en Belgique, des honneurs plus grands que ceux que l'on avait jamais décernés à des souverains, lui furent rendus à lui et à sa femme. A l'église métropolitaine de Sainte-Gudule, on leur fit une réception splendide : le clergé alla en pompe recevoir le général Bonaparte, avec le dais, la croix et les bannières, jusqu'au grand portail. Mme Bonaparte devait se trouver aux côtés de son mari, mais le Premier Consul ne le voulut pas et la fit placer dans une tribune.

Pendant les six semaines que dura ce voyage, ce fut une féerie, un enchantement continuels qui laissa des traces profondes tant dans le cœur des voyageurs que dans le souvenir des populations. Bien des années plus tard, Napoléon était à Sainte-Hélène, et l'on parlait encore à Bruxelles, à Liège, à Maëstricht, du génie prestigieux de cet homme dont on était arrivé à regretter la chute, — et de la grâce toute bonne de Mme Bonaparte.

Le Premier Consul aimait beaucoup sa femme, mais cela ne l'empêchait point de se permettre parfois quelques fredaines avec telle ou telle femme qui avait attiré ses regards pour quelques moments ou pour quelques jours. Ces caprices ou plutôt ces fantaisies passagères n'étaient presque jamais ignorées du personnel domestique du palais et étaient, aux Tuileries, comme dans une simple maison bourgeoise, l'important sujet des conversations de l'antichambre ou de l'office. Ces bavardages ne tardaient guère à être connus de Mme Bonaparte; vrais ou faux, on les lui rapportait tous. Une foule de femmes qu'elle avait le tort d'écouter et la faiblesse d'interroger et de soudoyer — c'était devenu chez elle une habitude, un besoin dont elle ne se défit qu'une fois divorcée — lui faisaient des rapports aussi détaillés que possible sur les faits et gestes de son mari et sur ses fugues extra-conjugales.

La jalousie commençait à la prendre. C'était à son tour maintenant d'en ressentir les tourments. Elle s'était jouée, en Italie, de l'amour de son mari et lui avait fait souffrir par le cœur des tourments bien cruels ; pendant qu'il était en Egypte, elle avait profité de cet éloignement pour trahir encore cet amour qui était bien grand, puisqu'il avait pardonné d'impardonnables écarts ; et son mari, averti au delà des mers de ses trahisons nouvelles, avait souffert encore, mais souffert à s'en arracher le cœur. Oh ! oui, Bonaparte les avait connues, les tortures de la jalousie !

Il y a en ce monde une loi inéluctable qui fait qu'on récolte ce qu'on a semé. Par ses légèretés et ses trahisons, Mme Bonaparte avait fait plus qu'il n'en fallait pour détacher d'elle son mari. Tout autre que le général Bonaparte eût fait prononcer la séparation, le divorce... Eh bien, lui, il avait pardonné, il avait conservé pour cette femme une bonne affection, — mais comme il était loin, l'amour éthéré de 1796 ! Il n'avait tenu qu'à Joséphine pourtant de le conserver toujours. Si elle avait aimé son mari comme il l'avait aimée, lui, jamais il n'aurait songé à lui être infidèle ; s'il l'était maintenant, elle pouvait bien se dire : c'est ma faute !

Mais elle n'avait garde de le dire ! Elle était du reste beaucoup trop occupée à épier et faire espionner le Premier Consul pour faire son propre examen de conscience et rechercher si elle n'était pas un peu responsable de cet état de choses. Elle se met donc à aimer son mari, à présent?... Non, ce n'est pas tout à fait cela; elle éprouve seulement pour lui plus d'amitié que lorsqu'il était follement amoureux d'elle, et ce sentiment ira maintenant en se fortifiant d'année en année. Ce qui domine en elle, c'est la crainte de voir son mari s'amouracher pour tout de bon d'une maîtresse dont il aurait un enfant et l'épouser. Toujours cette peur du divorce, toujours cette frayeur de perdre sa situation! Quant à l'amour-propre blessé, au serment de fidélité oublié, à l'amour trahi, elle n'y pense pas. Voyez plutôt ce qu'elle dit à Mme de Rémusat après son retour du camp de Boulogne, où son intimité avec le Premier Consul a été remarquée et, naturellement, rapportée par de bonnes âmes à Mme Bonaparte: elle ne s'en effraie point, parce que Bonaparte ne peut songer à l'épouser.

Quand, affolée par le récit qu'on lui faisait d'une passade de son mari, elle allait l'importuner de ses plaintes :

« Imitez Livie et vous me trouverez Auguste », répondait Bonaparte à sa femme.

« Que veut-il dire avec Livie? demandait la pauvre femme éplorée à Joseph et à Lucien.

— Imitez Livie », répondaient les deux frères.

« On dit qu'elle a suivi notre avis, ajoute Lucien qui rapporte ce trait. C'est ce qu'elle avait de mieux à faire[1]. »

Une scène de larmes était la conclusion ordinaire de ces explications conjugales. Pour achever de se consoler, Mme Bonaparte allait conter ses peines —

1. Th. Iung, *Lucien Bonaparte et ses Mémoires*, t. II.

cela soulage les femmes, a dit Napoléon—à son amie Mme de Rémusat. Une fois qu'elle avait bien épanché son humeur contre son mari, qu'elle ne ménageait guère dans ses confidences, contre ses beaux-frères, contre ses belles-sœurs qu'elle maltraitait tout autant, Mme de Rémusat l'exhortait à laisser passer ce nuage, à se tranquilliser, enfin à reprendre ce calme et cette douceur qui faisaient le charme de son caractère et qui plaisaient tant à son mari. Joséphine se calmait, le nuage se dissipait et le ménage reprenait son allure tout affectueuse.

Le Premier Consul, Bourrienne l'a dit, « couchait avec sa femme ». Pour l'empêcher de perdre cette bonne habitude et pour le préserver de liaisons qui auraient pu jeter le trouble dans le ménage, Joséphine avait persuadé à son mari qu'il y allait de sa sécurité de ne pas faire chambre à part. « Si quelqu'un, disait-elle, parvenait à pénétrer dans la chambre pour te tuer pendant ton sommeil, je me réveillerais immédiatement, moi qui ai le sommeil si léger; je sonnerais, je crierais et on viendrait au secours. » Bonaparte se moquait des craintes de sa femme et conservait ses habitudes. Quand il avait fini son travail, le soir, il allait se coucher et Joséphine, prévenue, l'allait rejoindre.

Cependant l'hiver de 1802 à 1803 était extrêmement brillant. Tous les Mémoires du temps parlent des belles fêtes qui se donnèrent à Paris ; on compta jusqu'à dix mille bals en cette seule saison. Les théâtres aussi attiraient beaucoup de monde. Deux actrices du Théâtre-Français, Mlle Duchesnois et Mlle Georges, se partageaient l'enthousiasme du public, l'une pour son talent, l'autre pour sa beauté. L'engouement pour elles était extrême et divisait

Paris en deux camps. Le général Bonaparte avait pris parti pour la beauté et Mlle Georges, flattée de cette faveur, n'avait pu lui refuser les siennes. Elle était venue quelquefois, le soir, aux Tuileries, et avait été reçue par le Premier Consul dans un petit appartement écarté. Mais rien ne pouvait passer inaperçu dans le palais. Mme Bonaparte fut vite mise au courant de la nouvelle fredaine de son époux. Son émotion fut extrême. Elle fit appeler Mme de Rémusat et, au milieu d'un débordement de larmes et de sanglots, lui confia son infortune.

Encore cette fois, Mme de Rémusat la consola de son mieux ; elle essaya de lui persuader qu'on lui avait fait de faux rapports, qu'il ne fallait pas, parce qu'on avait vu une femme traverser un corridor du palais...

« — Si fait, si fait, je vous dis, Mlle Georges est sûrement là-haut avec lui... et je veux les surprendre. »

Mme de Rémusat essaya de lui faire comprendre que la surprise n'aurait rien d'agréable ni pour eux, ni même pour elle ; elle lui fit voir combien il y aurait peu de convenance à aller ainsi espionner son mari...

« — Je veux y aller, vous dis-je, et vous viendrez avec moi. »

Nouvelle tentative pour lui démontrer que, simple dame du palais, elle ne pouvait, elle, se permettre d'aller ainsi contrôler les actes du maître de la maison, que cela était contraire à toutes les convenances et n'aboutirait, si elle le faisait, à rien de bon.

« — Si, si, je le veux, je le veux absolument. Comment, vous abandonneriez une amie justement quand elle a besoin de vous ? »

Fort ennuyée de cette lubie de sa maîtresse, Mme de Rémusat finit par céder, dans la persuasion qu'on trouverait les portes fermées et qu'on ne pourrait pénétrer jusqu'à l'appartement particulier du Premier Consul.

Il était une heure du matin. Elles allaient, l'une suivant l'autre, à travers ces longs corridors du palais, faiblement éclairés par la lueur douteuse de quelques lampes, et cette vague lumière projetait leurs ombres, démesurément allongées, dans toute l'étendue du corridor. Mme Bonaparte frissonnait. Elles s'engagèrent dans l'escalier dérobé qui conduisait à l'appartement du Premier Consul. Mme de Rémusat portait un flambeau. Tout à coup elles entendirent un léger bruit. « Oh! mon Dieu, dit Mme Bonaparte effrayée, si c'était Roustan, son mameluck! Il est capable de nous couper le cou avec son damas! »

Mme de Rémusat, prise à ces mots d'une peur irréfléchie, tourna aussitôt les talons et s'enfuit en courant, son flambeau à la main. Sans s'inquiéter si Mme Bonaparte la suivait, sans s'apercevoir qu'elle la laissait dans l'obscurité, elle revint, hors d'haleine, au salon. Mme Bonaparte y arriva quelques minutes après, étonnée d'avoir été ainsi abandonnée au moment *du danger*. Mais en voyant le visage effaré de sa dame de compagnie, elle ne put s'empêcher de rire; le rire gagna Mme de Rémusat, et ainsi se termina cette expédition nocturne aussi ridicule que burlesque.

Mais les femmes de service qui espionnaient le Premier Consul pour le compte de Mme Bonaparte n'avaient pas été longues à s'apercevoir de la jalousie de celle-ci, et, véritables trompettes de la renommée, elles la publiaient partout.

Ce fut quelque temps après cet incident que le Premier Consul, résolu à secouer le joug de sa femme et de ses habitudes, décidé aussi à lui déclarer qu'il entendait dorénavant faire chambre à part, garda un soir Mme de Rémusat à dîner en tiers, entre Joséphine et lui, pour se donner du courage dans l'importante révolution intime qu'il méditait.

« Eh bien! madame Rémusat, dit-il, un mari est-il obligé de céder à la fantaisie d'une femme qui voudrait n'avoir jamais d'autre lit que le sien? »

La question était embarrassante, mais la réponse à faire l'était davantage. Si Mme de Rémusat disait que le mari n'est pas obligé de céder à cette fantaisie, elle s'aliénait les bonnes grâces de sa maîtresse; si elle répondait que le mari devait obéir à cette fantaisie de sa femme, elle indisposait Bonaparte contre elle. Elle répondit d'abord à côté de la question, puis évasivement : était-ce bien à elle, toute jeune femme de vingt ans, d'avoir une opinion là-dessus? Serait-il convenable qu'elle en eût une? Était-il même décent qu'elle réfléchît sur ce sujet? — Mais, comme cette discussion amusait prodigieusement le Premier Consul et qu'il insistait pour avoir son avis, Mme de Rémusat, qui était une femme de beaucoup d'esprit, finit par dire : « Je ne sais, en vérité, où doivent s'arrêter les exigences d'une femme et les complaisances d'un mari; mais il me semble que tout ce qui donnerait à croire que le Premier Consul change quelque chose dans sa manière de vivre fera toujours tenir des propos fâcheux, et le moindre mouvement qui arriverait dans le château nous ferait tous beaucoup parler[1]. »

C'était fort bien se tirer de la difficulté. Le Premier Consul se mit à rire et lui tirailla l'oreille en disant :

1. *Mémoires de Mme de Rémusat*, t. I, p. 213.

« Allons, vous êtes femme et vous vous entendez toutes. »

La discussion fut close sur ce mot.

Joséphine, elle, n'avait pas ri, sachant bien ce qui allait arriver. Dès ce jour, le général Bonaparte mit son idée à exécution et habita la nuit un appartement séparé.

Cela n'était pas fait pour apaiser les mécontentements jaloux de Mme Bonaparte qui, sans doute parce que son mari prit ses mesures pour n'être pas surveillé, ne recevait plus de rapports sur les personnes qui pouvaient le venir voir dans son appartement particulier. La pauvre femme se tourmentait précédemment de ce qu'on lui faisait des rapports, elle s'inquiéta maintenant de ce qu'on ne lui en fit plus. Ce silence ne lui disait rien de bon. Enfin le Premier Consul partit pour le camp de Boulogne, et Joséphine fut plus tranquille.

Le général Bonaparte, en se rendant à Boulogne, avait emmené M. de Rémusat. Celui-ci étant tombé très gravement malade, sa femme avait quitté Paris à la hâte et était allée le soigner. Lorsque M. de Rémusat fut entré en convalescence, le Premier Consul manda Mme de Rémusat à la baraque qu'il habitait au Pont-de-Briques et lui demanda comment Joséphine avait pris son parti de ce qu'elle avait pu entendre dire relativement aux quelques visites que lui avait faites Mlle Georges. « Elle se trouble, ajouta-t-il, beaucoup plus qu'il ne faut. Joséphine a toujours peur que je ne devienne sérieusement amoureux; elle ne sait donc pas que l'amour n'est pas fait pour moi? Car, qu'est-ce que l'amour? Une passion qui laisse tout l'univers d'un côté pour ne voir, ne mettre de l'autre que l'objet aimé. Et, assurément, je ne suis point de nature à me livrer à une telle exclusion. Que lui importent donc des distractions dans lesquelles mes affections n'entrent pour rien? Voilà, continua-t-il en la regardant un peu sérieusement, ce qu'il faut que ses amis lui persuadent, et surtout qu'ils ne croient pas augmenter leur crédit sur elle en augmentant ses inquiétudes. » Il y avait dans ces dernières paroles, ajoute Mme de Rémusat, une nuance de défiance et de sévérité que je ne méritais point, et je crois qu'il le savait fort bien[1].

Le Premier Consul, qui aimait la conversation de Mme de Rémusat, avait pris plaisir à lui parler des velléités de jalousie de sa femme. Il l'engagea à revenir le voir. Un désir pareil était un ordre auquel on était trop heureux de se rendre. Et, comme le Premier Consul avait dit que « l'amour n'était pas fait pour lui, » Mme de Rémusat, rassurée apparemment sur ce point, n'hésita pas à se rendre à ses désirs et, chaque jour, durant tout un mois, elle passa ses soirées en tête-à-tête avec le Premier Consul.

On ne sait s'il fut encore question de la jalousie de Joséphine dans ces longues causeries du Pont-de-Briques; toujours est-il qu'elles lui en donnèrent. Les aides de camp du Premier Consul, s'étonnant qu'une jeune et jolie femme de vingt-deux ans passât ainsi ses soirées avec leur général qui n'était plus un jeune homme, si l'on veut, mais qui était encore un homme fort jeune, ne pouvaient s'imaginer qu'ils parlassent métaphysique ensemble, chaque soir, pendant plusieurs heures. Ils se mirent donc à bavarder comme des femmes; ce qui fit que quelques propos médisants tenus à Boulogne s'envolèrent rapidement jusqu'à

1. *Mémoires de Mme de Rémusat*, t. I, p. 265.

Paris et parvinrent aux oreilles de Mme Bonaparte. En vérité, c'était bien la peine de prendre sa dame de compagnie comme confidente de ses craintes jalouses, pour que cette confidente lui donnât presque aussitôt les plus graves motifs de jalousie! Aussi, lorsque Mme de Rémusat revint à Paris, trouva-t-elle sa « jalouse patronne un peu refroidie. »

Elle ne pouvait en deviner le motif. Une de ses compagnes lui fit part alors des bruits qui avaient couru sur son intimité avec le général Bonaparte au camp de Boulogne. Cette révélation lui fit, dit-elle, « l'effet d'une lame froide et tranchante dont on eût tout à coup fait pénétrer la pointe jusqu'à son cœur. »

Mortifiée à la fin de la froideur que lui témoignait Mme Bonaparte, elle ne put un jour comprimer ses sentiments et, prête à pleurer, elle s'écria : « Eh quoi! madame, c'est moi que vous soupçonnez? » Joséphine ne pouvait voir pleurer sans être émue elle-même; elle avait réellement de la bonté dans le caractère et était compatissante. Elle s'approcha de Mme de Rémusat : elle croyait bien qu'elle avait eu avec le Premier Consul les relations les plus intimes; elle l'embrassa cependant en ayant l'air de lui dire qu'elle voulait oublier tout cela, mais qu'il ne fallait plus recommencer. « Mais elle ne me comprit point tout entière, dit Mme de Rémusat; il n'y avait point dans son âme ce qui pouvait entendre la juste indignation de la mienne; et, sans s'embarrasser si mes relations avec son mari à Boulogne avaient pu être telles qu'on le lui donnait à penser, il lui suffit, pour se tranquilliser, de conclure que, dans tous les cas, ces relations n'avaient été que passagères. Elle n'eut pas la moindre idée que je dusse m'affliger longtemps de ce qu'elle ne l'avait pas faite la première. Elle m'avoua qu'elle avait fait à son époux des reproches relatifs à moi et qu'il avait paru s'amuser à la laisser dans l'inquiétude sur mon compte[1]. »

La légèreté presque indifférente sur la question de la fidélité réciproque dans le mariage est, on le voit, très remarquable, malgré une jalousie apparente, chez Mme Bonaparte. Elle traite les incartades de son mari avec une grande sérénité et ne leur accorderait pas plus d'importance qu'elle n'en accordait à ses propres fredaines, si, au bout des infidélités de son mari, elle n'avait vu le divorce et la perte de son rang avec tous les immenses avantages qui y étaient attachés. Voilà ce qui la terrifiait et empoisonnait son existence.

Il ne faut pas plus que Mme Bonaparte essayer d'approfondir le mystère des tête-à-tête du Pont-de-Briques; si le soupçon avait été si désagréable à Mme de Rémusat, elle aurait pris soin de démentir catégoriquement les bruits qui avaient couru sur elle; elle aurait fait comme Mme d'Abrantès qui ne dissimule pas, sans cependant en montrer trop de fierté, que Bonaparte eut pour elle un caprice, en 1803, à la Malmaison, pendant que Joséphine était aux eaux de Plombières, mais qu'elle résista au Premier Consul : et elle rapporte tout au long cet épisode qui n'est pas un des moins intéressants de ses *Mémoires*.

Mme Bonaparte aimait, comme on l'a déjà vu, à marier les gens. Elle ne fut pas étrangère au mariage de Moreau, elle maria Lavalette (il est vrai que c'était pour lui faire épouser sa nièce Emilie de Beauharnais) elle voulut marier Méneval, qui ne se laissa pas faire et prit un peu plus tard une femme de son choix.

1. *Mémoires de Mme de Rémusat*, t. I, p. 281.

Tout cela n'était pas en soi bien extraordinaire. Ce qui le fut, c'est qu'elle voulut marier M. de Talleyrand et qu'elle réussit. Elle lui offrit sans doute une des plus riches héritières de France, puisque l'argent était presque tout pour lui ? Point : cette femme n'avait pas le sou. C'était alors une jeune fille appartenant, comme lui, à la plus haute noblesse du pays ? Non : c'était la fille d'un matelot de Batavia, ancienne danseuse au théâtre de Calcutta. Ses qualités morales, alors...? Il n'était question ni de qualités ni de morale en cette affaire. Mme Bonaparte lui fit épouser sa vieille maîtresse, Mme Grant, « qui avait été la maîtresse de vingt autres »; elle la lui fit épouser lorsqu'il n'y avait plus en elle trace de beauté ni de jeunesse. Elle était donc d'une intelligence supérieure ? C'était une sotte.

Mme de Rémusat, rapportant les « pétoffes » de ce temps, dit que Napoléon avait trouvé un malin plaisir à faire marier l'ancien évêque d'Autun et qu'il était secrètement charmé de cette occasion de le flétrir [1] pour achever de le déconsidérer et le rendre impuissant à nuire. Mais c'est là une erreur. Si le Premier Consul s'est mêlé de ce mariage, c'est qu'il céda aux instances de sa femme [2]. Il est certain que Mme Bonaparte, « sur laquelle les larmes avaient toujours un extrême empire, usa de tout son crédit auprès de son époux pour le rendre favorable à Mme Grant [3]. » Un témoin autorisé, Méneval, le confirme. « L'impératrice Joséphine, amie de Mme Grant dit-il, servait celle-ci de tout son crédit sur l'esprit de l'empereur; mais Napoléon demeurait sourd à ses

1. *Mémoires de Mme de Rémusat*, t. II, p. 177.
2. *Mémoires du duc de Rovigo*, t. I, p. 427.
3. *Mémoires de Mme de Rémusat*, t. II, p. 177.

instances. Quelquefois Joséphine montait par le petit escalier qui faisait communiquer son appartement avec le cabinet et venait frapper à la porte. Un jour, me trouvant seul, j'allai lui ouvrir; c'était pour prévenir « *Bonaparte* » que Mme Grant était là et pour le supplier d'écouter cette dernière un instant. Napoléon consentit enfin à se laisser séduire [1] ». La vieille maîtresse du ministre des relations extérieures était amie en même temps, c'est Méneval qui le dit, de Mme Bonaparte; l'indulgence de celle-ci dans le choix de ses amitiés contribua à sa réputation de bonté : mais avait-elle le droit de se montrer sévère? En tout cas, elle n'en n'eut jamais l'intention. Enfin, le Premier Consul descendit chez elle, y trouva Mme Grant. La maîtresse du ministre se jeta à ses genoux, se répandit en larmes et en supplications et finit par obtenir sinon l'appui, du moins la neutralité du du Premier Consul. Lorsqu'elle quitta la Malmaison, Bonaparte dit que « cette femme venait de lui montrer à quel point la volonté de satisfaire un désir passionné pouvait donner de l'éloquence même à la plus sotte [2] ». Sans Joséphine, Mme Grant n'aurait pu régulariser sa liaison avec le futur prince de Bénévent. Quant à celui-ci, qui savait se tirer avec esprit de toute situation difficile, il justifia son choix, ou plutôt son manque absolu de caractère et de sens moral, en disant : « Une femme spirituelle compromet souvent son mari, tandis qu'une femme bête ne compromet qu'elle-même [3]. » C'était prendre spirituellement son mal, ou du moins sa femme, en patience.

1. *Mémoires pour servir à l'histoire de Napoléon Ier* (Dentu, 1894), t. II, p. 415.
2. *Mémoires du chancelier Pasquier*, t. I, p. 251.
3. PICHOT, *Souvenirs intimes de M. de Talleyrand*, p. 28.

Quant au public, il se divertit fort de ce sot mariage et l'épigramme suivante courut tout Paris :

Blanchette a quarante ans, le teint pâle et plombé,
Blanchette cependant épouse un noble abbé.
Pourquoi s'en étonner? Quand chacun la délaisse,
Toute catin se range et devient mère abbesse.

L'hiver était commencé. Le Premier Consul et Mme Bonaparte étaient rentrés à Paris après avoir passé une bonne partie de l'été à la Malmaison. Ils étaient à peine réinstallés aux Tuileries qu'on parlait encore, mais vaguement, de nouvelles conspirations contre la vie du Premier Consul, et Mme Bonaparte, que ses femmes mettaient au courant de tous les bruits qui circulaient en ville, se laissait de nouveau aller à des transes.

Le 3 nivôse, l'Opéra devait donner *la Création*, d'Haydn; Garat devait en chanter l'oratorio avec Mme Barbier-Valbonne, et Steibelt en avait spécialement arrangé toutes les parties pour l'orchestre de l'Opéra. La salle était comble; le Tout-Paris de l'an VIII s'y était donné rendez-vous. Seule, la loge du Premier Consul était vide. On attendait l'arrivée du général Bonaparte et de sa famille pour commencer. Tout à coup, une forte détonation, semblable à celle d'un coup de canon, met la salle en émoi. Tandis que les hommes courent aux nouvelles, la loge du Premier Consul s'ouvre et lui-même parait suivi des généraux Lannes, Bessières, Lauriston et Duroc. Pendant qu'il saluait en souriant pour répondre aux acclamations délirantes de la foule, Mme Bonaparte entrait à son tour, accompagnée de sa fille, du colonel Rapp et de Mme Murat, qui était grosse de près de neuf mois.

Tous venaient d'échapper à la mort.

Voici ce qui s'était passé. Le général Bonaparte était monté en voiture avec les généraux Lannes et Bessières et l'aide de camp Lebrun, fils du second consul, pour se rendre à l'Opéra. Mme Bonaparte descendait déjà l'escalier pour monter dans la voiture, qui devait suivre immédiatement celle du Premier Consul, lorsque le colonel Rapp, qui, s'il s'occupait des femmes[1], n'avait pas l'habitude de s'occuper de leurs vêtements, s'avisa pourtant de trouver que le châle de Mme Bonaparte, un magnifique châle qu'elle avait reçu de Constantinople et qu'elle mettait pour la première fois, n'était pas mis avec cette grâce habituelle. Mme Bonaparte demanda alors à Rapp de le ployer à la manière des dames égyptiennes. Le temps qu'il fallut pour cette petite opération fut ce qui les sauva, elle, sa fille, Mme Murat et Rapp. La voiture du Premier Consul était partie aussitôt que la portière avait été fermée et le baril de poudre placé sur la charrette, dans la rue Saint-Nicaise, avait fait explosion après le passage de la première voiture et avant l'arrivée de la seconde[2].

La nouvelle de cet horrible attentat fut immédiatement connue de toute la salle. Aussitôt tous les regards se dirigèrent vers le Premier Consul et des acclamations frénétiques saluèrent celui qui venait d'échapper à la mort. Il se mêlait presque, a dit un témoin[3], des cris d'amour à ces applaudissements. Si Mme Bonaparte n'avait point perdu tout

1. Voir *Mémoires de Mlle Avrillon*, t. I, p. 42.

2. Duchesse D'ABRANTÈS, *Les Salons de Paris*, t. III, p. 56. — *Mémoires du général Rapp*, Paris, 1823, p. 20. — *Mémorial de Sainte-Hélène*, t. I, p. 301-302.

3. *Mémoires de la duchesse d'Abrantès*, t. III, p. 93.

sang-froid, elle eût pu voir et savourer avec bonheur, comme son mari, comme Mme Murat, l'immense attachement que tout Paris avait alors pour le Premier Consul. Mais elle ne semblait pas maîtresse d'elle-même et avait failli s'évanouir en voiture; ses traits étaient bouleversés, ses mouvements avaient perdu le gracieux qui les caractérisait : la pauvre femme n'était pas faite pour dominer les situations difficiles; elle pleurait.

Le lendemain, le Premier Consul, qui avait déjà eu la veille, à l'Opéra même, un entretien avec le ministre de la police, le mandait aux Tuileries. Fouché, qui venait d'apprendre l'arrestation du petit François (Carbon), lui dépêcha aussitôt M. Réal[1] pour la lui apprendre. Le Premier Consul avait la conviction que l'attentat de la veille était l'œuvre de ceux qu'il appelait les Jacobins, tandis que Fouché était persuadé que les royalistes étaient les coupables. La suite prouva que Fouché avait raison. Mais Mme Bonaparte, qui patronnait Fouché, qui même « l'aimait tendrement[2] » et craignait qu'en cette affaire il ne perdît sa place, le protégea de tout son pouvoir auprès de son mari.

Le soir, il y eut beaucoup de monde aux Tuileries; entre autres personnes on voyait Rœderer, Portalis, Regnault de Saint-Jean d'Angely. Mme Bonaparte était au salon, entourée de femmes, parmi lesquelles Mme de Crény, Mme Miot, etc. Comme Rœderer rejetait la responsabilité du crime de la veille sur l'imprévoyance du ministre de la police, qui *aurait dû* être informé, Mme Bonaparte se plaignit, après son départ, de ce qu'il attaquait son ami Fouché, et elle dit avec humeur, en

1. *Bourrienne et ses erreurs*, t. II, p. 70.
2. *Mémoires de la duchesse d'Abrantès*, t. III, p. 123.

visant Rœderer, « que les gens dangereux étaient les *flagorneurs* qui avaient conseillé à Bonaparte de s'attribuer un pouvoir extraordinaire et avaient voulu le faire divorcer. » Mme Bonaparte, en parlant ainsi, obéissait à ses tendances de restauration royaliste, à son affection, intéressée, il est vrai, pour Fouché, et à sa crainte perpétuelle de voir pousser son mari au divorce. Qu'eût-elle donc dit si elle avait su que M. de Talleyrand conseillait au Premier Consul de faire arrêter Fouché, comme le bruit en a couru, et de le fusiller, lui le régicide, comme un simple Bourbon ? Ses paroles furent rapportées le lendemain à Rœderer, et elles le visaient certainement, bien qu'elles ne lui pussent être appliquées. Il s'en formalisa et s'abstint de reparaitre aux Tuileries. Enfin, sur les instances du Premier Consul, qui ignorait cet incident mais s'étonnait de voir que Rœderer déclinait toute invitation, il ne put se dispenser de se rendre à un diner, le 19 nivôse, et il y entendit, au cours du diner, Bonaparte dire ces mots, qu'il nota soigneusement le soir même en rentrant chez lui : « Les États sont perdus quand les femmes gouvernent les affaires publiques. La France a péri par la reine... Voyez l'Espagne : c'est la reine qui gouverne. Pour moi, il suffirait que ma femme voulût une chose pour que je fisse le contraire[1] ». Et Mme Bonaparte était à portée d'entendre

1. *Mémoires de Rœderer*, t. III, p. 366. — « Un point sur lequel il revenait souvent, ce sont les inconvénients qui résultaient pour la chose publique de l'influence que les femmes exerçaient en France sur les affaires et du désordre que leur luxe amenait dans l'économie domestique. « Les femmes, disait- « il, sont l'âme de toutes les intrigues ; on devrait les reléguer « dans leur ménage ; les salons du gouvernement devraient leur « être fermés. On devrait leur défendre de paraître en public « autrement qu'avec la jupe noire et le voile, autrement qu'avec

ces paroles qui pouvaient lui rappeler que son mari voulait qu'elle ne se mêlât point de la politique, et qui pouvaient aussi montrer à Rœderer que les amitiés de Mme Bonaparte n'étaient pas prises par lui en considération lorsqu'il s'agissait des affaires du pays.

Joséphine, comme on l'a vu, avait pris avec chaleur, dans son salon, la défense de Fouché. Ce n'était pas pour se mêler aux affaires politiques, pour lesquelles elle n'avait aucun goût et qui l'ennuyaient; ce n'était pas non plus par inclination amoureuse pour Fouché, qui n'était plus jeune et n'avait jamais été beau; ce n'était pas non plus par un sentiment d'amitié, qui ne pouvait guère exister entre deux êtres si dissemblables. Elle avait donc une autre sorte d'intérêt à défendre ce personnage devant son mari, et l'ardeur avec laquelle elle avait pris parti pour lui lorsque Rœderer parla de son imprévoyance, justifie assez le bruit qui courait alors, à savoir, qu'elle recevait une rétribution, provenant des maisons de jeu, et que Fouché lui donnait cet argent de la main à la main[1] ou le lui faisait tenir par Mme de Copons[2], veuve d'un magistrat de Perpignan et quelque peu tante de Mme Bonaparte[3].

Toujours à court d'argent, malgré une fort belle pension que lui faisait son mari, toujours débordée par la marée montante de ses dettes, Mme Bonaparte,

« le *mezzaro* comme à Gênes et à Venise ». (ARNAULT, *Souvenirs d'un sexagénaire*, t. IV, p. 104). Napoléon, en disant ces paroles, pensait sans doute aux dépenses insensées de sa femme pour la toilette; avec une jupe noire et un voile, elle lui eût certainement coûté moins cher à entretenir.

1. Th. IUNG, *Lucien Bonaparte et ses Mémoires*, t. II, p. 291.

2. Léonce PINGAUD, *Un agent secret sous la Révolution et l'Empire : Le comte d'Antraigues*, p. 267.

3. *Id.*, p. 253.

qui empruntait à Ouvrard[1], — on sait, et Ouvrard ne l'ignorait pas, ce qu'emprunter voulait dire avec elle, - Mme Bonaparte recevait en effet de Fouché *mille* francs par jour pour le tenir au courant de ce qui se passait dans l'intérieur du château[2].

Est-ce qu'elle ne faisait pas aussi argent de son crédit sous le Directoire, pendant que son mari était en Égypte[3]? Elle aimait tant les belles robes, les beaux chapeaux, le désordre, le gaspillage! Et pourtant elle aimait si peu les remontrances, les reproches et les scènes de son mari, quand les instances des fournisseurs, qui voulaient être payés, l'obligeaient à parler à Bonaparte de ses dettes et de ses dépenses insensées, — dettes et dépenses dont elle ne voulait jamais avouer qu'une partie! Malgré tout cela, elle n'arrivait pas à être à la hauteur de ses affaires.

Fouché, qui n'était pas homme à donner rien pour rien, trouvait son avantage à subventionner Joséphine, qu'il faisait parler et à laquelle il savait faire dire tout ce qu'il voulait savoir. C'était une singulière situation pour Joséphine que d'être le principal agent d'espionnage de Fouché. Ah! si le Premier Consul avait connu cet inconcevable abaissement moral de « l'adorable » Joséphine!... Si l'on objecte que cette chose était impossible, que Fouché n'était pas assez riche pour subventionner ainsi la femme du Premier Consul, et qu'il ne pouvait guère faire de virements de fonds, puisque le budget de son ministère passait sous l'œil vigilant de Bonaparte, il faut se rappeler que M. Dubois, qui était préfet de police sous le Consulat et le fut jusqu'en 1810, qui était un homme

1. *Mémoires de Bourrienne*, t. VII, p. 97.
2. *Mémoires de Fouché*, t. I, p. 177.
3. *Mémoires de Mme de Rémusat*, t. I, p. 178.

vanté pour « ses précieuses qualités[1] », recevait du fermier des jeux une somme mensuelle de cinq mille francs à titre de pot-de-vin sans que personne le sût[2]. Fouché, qui n'était pas en effet, mais bien ministre de la police, avait, à n'en pas douter, des ressources analogues et inavouables, qui lui permettaient de rémunérer les services de renseignements particuliers, police et espionnage, services également inavouables, bien dignes d'être payés par cet argent malpropre et qu'il ne faisait pas figurer avec détails sur ses états de dépenses. Mais avoir à ses gages Mme Bonaparte, pour espionner le Premier Consul et sa maison, était un coup de maître chez ce policier émérite qui avait embrigadé en même temps Bourrienne aux gages de 25,000 francs par mois. « De cette façon, dit Fouché, je pus contrôler mutuellement les informations du secrétaire par celles de Joséphine, et celles-ci par les rapports du secrétaire;... par là, je fus très exactement renseigné[3]. »

Le Premier Consul n'avait pas voulu maintenir Fouché à la tête de la police, après l'attentat qu'il n'avait pas su prévenir. Mme Bonaparte n'apprit qu'avec le public la disgrâce du ministre : personne n'en fut plus affligé qu'elle[4]. Elle avait pour cela une raison, qui était la suppression certaine de la rétribution que Fouché lui allouait. Enfin, pour le consoler dans sa disgrâce, elle lui envoya en présent quelques moutons mérinos qu'elle avait reçus elle-même et dont elle ne savait que faire à la ferme de la Malmaison.

1. *Mémoires de la duchesse d'Abrantès*, t. III, p. 54.
2. *Mémoires du chancelier Pasquier*, t. I, p. 429.
3. *Mémoires de Fouché*, t. I, p. 189.
4. *Mémoires de Bourrienne*, t. V, p. 39. Bourrienne en devait être tout aussi fâché.

Fouché n'en montra pas une bien grande reconnaissance; il ne conserva aucun attachement pour elle, et, une année après, il ne se gênait pas pour dire : « Il serait à souhaiter que l'Impératrice vînt à mourir, cela lèverait bien des difficultés[1]. » En 1809, c'est lui qui sera le principal agent du divorce.

1. *Mémoires de Bourrienne*, t. VI, p. 206.

CHAPITRE V

Bonaparte consul à vie. — Chagrin de Joséphine et joie de la famille Bonaparte. — Inquiétudes égoïstes de Joséphine. — Stérilité de Joséphine et question de l'hérédité. — Aigreurs et tiraillements de famille. — « Toute vérité n'est pas bonne à dire. » — Conversation risquée. — Joséphine et Lucien. — Nouveau voyage à Plombières. — La politique et les robes de soie. — Modes. — Arrestation du duc d'Enghien. — Inquiétude de Joséphine. — Elle parle en faveur du duc d'Enghien. — Nouvelles tentatives. — Murat. — Larmes de Joséphine en apprenant la mort du dernier des Condé. — Tristesse à la Malmaison. — « Il faut vieillir cet événement. » — Joie de Joséphine. — Lucien épouse Mme Jouberthon. — Chagrin de Bonaparte. — Joséphine le console. — Cancans.

Le jour où le général Bonaparte fut proclamé consul à vie fut un jour qui marqua, mais douloureusement, dans l'existence de Joséphine. Les grands appartements des Tuileries avaient pris un air de fête et d'apparat; une foule de généraux, d'officiers, de hauts fonctionnaires y circulaient en échangeant leurs vœux pour la durée de l'état de choses établi et se félicitaient de voir pour toujours à la tête de la France l'homme qui l'avait, en si peu de temps, relevée de ses ruines et couronnée de gloire. Tous les membres de la famille Bonaparte exultaient de bonheur. Seule, Joséphine ne semblait point participer à la joie générale, et M. Thiers a dit : « Au sein de cette famille, Mme Bonaparte était plus digne d'intérêt, parce qu'elle n'éprouvait pas toutes ces ardeurs ambitieuses et les redoutait. » Oui, elle les redoutait, mais le motif pour lequel elle les redoutait ne mérite ni l'intérêt que lui donne M. Thiers ni les éloges qu'il lui accorde. Joséphine craignait, non pas que l'ambition de son mari étouffât la République pour y substituer, sous un nom ou sous un autre, son pouvoir absolu, elle ne craignait pas pour la France : non, elle craignait pour elle-même, pour sa position ; elle craignait que son mari, las d'une femme qui ne lui donnait pas d'enfants à qui transmettre son héritage de gloire et qui lui permissent de fonder une dynastie, maintenant que le consulat à vie, « gros de l'hérédité, » comme on l'a dit[1], lui conférait le droit de choisir son successeur, et familiarisait le pays avec l'idée de dynastie, — elle craignait que son mari ne divorçât pour se remarier. Voilà pourquoi Joséphine ne partageait pas l'allégresse de toute la famille Bonaparte ; ce n'était pas, comme on le voit, par abnégation et effacement de l'ambition personnelle devant l'intérêt majeur de la France. Elle ne cessait de voir, comme l'a dit Bourrienne, dans chaque pas que le Premier Consul faisait vers le trône, un pas qui l'éloignait d'elle[2] ; et alors, adieu sa position, adieu ses folles dépenses, ses toilettes, ses belles robes, ses beaux chapeaux, adieu la vie sans le souci du lendemain ! C'est bien terre à terre, c'est bien peu sentimental, c'est bien étroitement égoïste, mais c'était

1. Stanislas GIRARDIN, *Journal et Souvenirs*, t. I, p. 271
2. *Mémoires de Bourrienne*, t. V, p. 116.

là la pensée de cette malheureuse femme. Elle avait jusqu'alors espéré que son mari, puisqu'elle ne lui donnait pas d'enfants, pourrait adopter son beau-fils Eugène ou le petit Napoléon, fils d'Hortense : le consulat à vie détruisait cette illusion et le spectre du divorce venait grimacer de nouveau devant ses yeux. La joie exubérante de ses beaux-frères, de ses belles-sœurs, de toute la famille de son mari n'en était-elle pas la triste annonce?

Le Premier Consul, devant la stérilité de sa femme, ne savait s'il devait en attribuer la cause à elle ou à lui-même. Il avait eu plusieurs maîtresses, notamment cette jolie Pauline Fourès, qu'il avait enlevée à son mari, capitaine de chasseurs à cheval, en Egypte, cette jeune femme que l'état-major appelait *Bellilotte* (son nom de jeune fille était Bellisle) et que l'armée désignait sous le sobriquet de *Notre-Dame de l'Orient.* Cette femme, après une longue vie d'aventures, mourut à Paris, fort âgée, il n'y a pas bien longtemps; elle était devenue, nous apprend M. Frédéric Masson[1] l'amie de Mlle Rosa Bonheur. Il n'était pas résulté d'enfant de cette liaison. Aussi Bonaparte n'était-il pas loin de se croire impuissant. Ce sentiment était généralement partagé par ses frères. Mme Bonaparte ne cherchait pas, cela se conçoit, à détruire une opinion qui lui était favorable; mais ses belles-sœurs, qui n'avaient pas là-dessus la même manière de voir que leurs frères, sans doute parce qu'elles ignoraient la liaison du général Bonaparte avec Mme Fourès, sachant en outre que Joséphine n'aimait pas à voir mettre cette question sur le tapis, se

1. *Napoléon et les femmes.*

faisaient un malin plaisir de la discuter devant elle assez fréquemment. Joséphine en était d'autant plus impatientée qu'elle saisissait fort bien l'intention méchante qui faisait choisir ce sujet de conversation, et ces sortes d'aménités n'étaient pas faites pour calmer ses perpétuelles craintes de divorce. Un jour, comme les bonnes pièces avaient encore parlé de sa stérilité si fâcheuse et qu'elles semblaient la lui reprocher : « Mais vous oubliez, dit-elle, que j'ai déjà eu des enfants ; Eugène et Hortense ne sont-ils pas mes enfants ? » Et Mme Baciocchi, « la femme la plus désagréablement pointue[1] » qu'on ait jamais vue, de répondre charitablement : « Mais, ma sœur, vous étiez jeune alors[2] ! ».

Élisa était dans le vrai en disant cela : Joséphine avait été jeune autrefois ; elle ne l'était plus. Mais la réponse d'Élisa, qui montre le degré d'affection et donne la note de la cordialité des rapports qui existaient entre les Bonaparte et les Beauharnais, était en même temps aussi inconvenante que méchante. Sa belle-sœur lui en sut tout le gré qu'elle méritait, et, comme elle pleurait facilement, elle ne put retenir ses larmes. A ce moment arriva le Premier Consul. « Qu'est-ce donc ? Pourquoi pleures-tu ? » Joséphine, en sanglotant, le mit au courant de ce qui s'était passé. Alors le général, pour arranger les choses : « Imprudente que vous êtes, dit-il à sa sœur, ne savez-vous pas que toute vérité n'est pas bonne à

1. *Mémoires de la duchesse d'Abrantès*, t. II, p. 82.

2. « Qu'eût donc dit Mme Baciocchi, si elle avait su que Joséphine avait eu une grossesse en 1788, pendant qu'elle était séparée de son mari et qu'elle était allée faire ses couches à la Martinique ? Joséphine avait eu alors une fille qu'elle maria en 1805, à un officier. (Voir, dans la *Revue de Paris*, une étude de M. Frédéric Masson sur *Joséphine avant Bonaparte*.)

dire? » La consolation conjugale, ajoute Lucien qui rapporte cet incident[1], parut à Mme Bonaparte pire que le mal.

Enfin, la stérilité de Joséphine devenait une question, une affaire d'État; il y avait la question d'hérédité absolument comme si le régime politique eût déjà été monarchique. Dans sa famille, le Premier Consul en parlait souvent et sans y mettre les formes qu'il est d'usage d'employer dans la bonne compagnie lorsqu'on parle de ces choses tout intimes. « Je n'ai pas d'enfants, disait-il un jour; vous dites, vous autres (et il désignait ses frères et sa famille par cette expression familière toute corse), vous dites, vous autres, que je ne puis en procréer. Joséphine, malgré toute la bonne volonté qui lui est restée, n'en aura plus, je crois, à son âge, quand même elle voudrait s'en laisser faire par d'autres. »

Le Premier Consul disait tout cela « moitié riant, moitié plaisantant, devant Joséphine elle-même, et cela sans se gêner le moins du monde, en présence de Murat, Davout, Lannes, Duroc, Savary et peut-être quelques autres[2]. »

Lucien Bonaparte, alors, s'adressant à Joséphine: « Allons, ma sœur, dit-il, prouvez au consul qu'il se trompe et donnez-nous vite un petit césarien. »

Mme Bonaparte riait de temps en temps, pendant cette conversation assez scabreuse: elle aimait les propos un peu lestes, les contes gras, et le cardinal Maury, qui le savait, « se permettait avec elle des mots qui la faisaient rire aux larmes[3]. » Toujours

1. Th. Jung, *Lucien Bonaparte et ses Mémoires*, t. II, p. 69.
2. *Ibid.*, t. II, p. 131.
3. Duchesse d'Abrantès, *Histoire des salons de Paris*, t. III, p. 77.

est-il qu'elle sut quelque gré à son ennemi Lucien pour son aimable sinon spirituelle boutade.

C'est sans doute cette petite scène, très simple malgré les paroles quelque peu risquées du Premier Consul, que Joséphine travestit complètement comme elle ne se gênait nullement pour le faire, toute bonne qu'on la disait, quand elle l'alla rapporter à son ami Bourrienne.

Bourrienne, avant de la raconter lui-même, aurait dû se rappeler que Joséphine, on l'a déjà vu plus d'une fois, « mentait comme elle voulait[1] ». Voici son récit : « Deux ou trois jours avant son départ pour Plombières, Mme Bonaparte me fit demander et je la trouvai fondant en larmes. « — Quel homme ! quel homme que Lucien ! s'écriait-elle dans son désespoir. Si vous saviez, mon ami, les honteuses propositions qu'il a osé me faire !... Vous allez aux eaux, me dit-il, *il faut avoir un enfant d'un autre, puisqu'il ne peut pas vous en faire un.* » — Jugez avec quelle indignation j'ai reçu un tel conseil. — « *Eh bien*, reprit-il, *si vous ne voulez pas ou si vous ne pouvez pas, il faut que Bonaparte ait un enfant d'une autre femme et que vous l'adoptiez, car il faut assurer l'hérédité ; c'est dans votre intérêt, vous devez savoir pourquoi.* — Quoi, Monsieur, lui ai-je dit, vous croyez que la nation souffrira qu'un bâtard la gouverne ! Lucien ! Lucien ! vous perdez votre frère ! Cela est affreux ! Je serais bien malheureuse si vous me soupçonniez seulement d'être capable d'écouter sans horreur votre infâme proposition ! Vos pensées sont envenimées, vos paroles horribles ! — *Eh bien*, reprit-il, *que voulez-vous, Madame*,

1. *Mémoires de la duchesse d'Abrantès*, t. II, p. 118.

que je puisse dire à cela, si ce n'est que je vous plains bien[1]. »

Il est évident que la scène, rapportée de cette façon par Joséphine à Bourrienne, est la même que celle qui est rapportée plus simplement et plus naturellement par Lucien, et c'est celle-ci à laquelle il faut ajouter foi. La question de l'hérédité avait été soulevée[2]. Joséphine, qui ne pouvait donner d'héritier à son mari, pour faire passer sa mauvaise humeur, médisait de ses beaux-frères, et plus particulièrement de Lucien, qu'elle détestait; elle inventait sur lui les plus abominables calomnies[3]. Elle ne se gênera pas, un peu plus tard, pour en inventer de plus odieuses encore sur Napoléon et ses sœurs, particulièrement sur Pauline, à l'époque du couronnement. Ces choses ont été dites certainement, puisque des témoins dignes de foi les ont entendues, mais par qui ont-elles été dites? Par Joséphine. Or, on sait par la duchesse d'Abrantès le peu de foi qu'il fallait ajouter à ses allégations. Et quand ont-elles été lancées, ces accusations? Sous l'empire de la jalousie, de la haine, de la colère. Est-il possible d'ajouter la moindre créance à ces

1. *Mémoires de Bourrienne*, t. V, p. 22.

2. « Il n'y a que trois moyens de la réaliser :

« Le premier, d'avoir un enfant.

« Le deuxième, de répudier sa femme si elle ne peut plus en faire;

« Le troisième d'en adopter un.

« Mme Bonaparte rend impossible le premier de ces moyens; elle paraît ne pas redouter le deuxième; elle est donc sûre qu'il prendra le troisième.

« On croit effectivement que l'intention du Consul est d'adopter un fils d'Hortense. » (Stanislas GIRARDIN, *Journal et Souvenirs*, t. I, p. 271.)

3. Voir plus haut, pages 210 et 211.

détestables boutades d'une femme sans scrupules ?

... Notumque furens quid femina possit.

a dit Virgile ; il ne faut jamais oublier ces mots, quand on entend ou qu'on lit les propos d'une femme en colère.

Si le public s'occupait ainsi de la question d'hérédité, c'est que cette question avait été soumise au Conseil d'État qui avait adopté la loi qui lui était soumise par une majorité de dix voix contre sept ; mais au Sénat le Premier Consul avait subi une espèce d'échec sur la même question : aussi avait-il ajourné à plus tard l'exécution de ses projets sur ce point.

Tandis que la famille Bonaparte, le Premier Consul, les pouvoirs publics cherchaient à parer aux inconvénients de la stérilité de Joséphine, celle-ci s'efforçait, de son côté, de rendre toutes ces précautions inutiles, en demandant à la science de lui donner une seconde fécondité. Le docteur Corvisart, consulté, avait dit qu'il répondait de lui rendre les signes d'une fécondité qui avait cessé de se manifester, mais il disait aussi que tout s'arrêterait là et qu'il n'en résulterait rien. Joséphine se prêta de bonne grâce à tout ce que Corvisart lui prescrivit, et, un matin, Bonaparte entra dans son cabinet de travail l'œil plein de joie, mais d'une joie rayonnante, d'une joie de triomphe : « Eh bien ! Bourrienne, dit-il, ma femme a enfin ses... »

Mais pour ne négliger aucun des moyens que fournit la science médicale pour stimuler les fécondités paresseuses, Corvisart envoya Mme Bonaparte à Plombières. Après le départ du général Bonaparte pour l'Égypte, elle y avait déjà fait une saison d'eaux, immédiatement suivie d'une saison d'amour avec

M. Charles à la Malmaison, sans qu'il en fût rien résulté, si ce n'est beaucoup de bavardages dans Paris et la terrible scène qui faillit amener le divorce, au retour du général Bonaparte. Aussi ne devait-elle pas avoir grande confiance dans un traitement qui n'avait été couronné d'aucun succès, alors qu'elle était de trois ans plus jeune : elle alla cependant à Plombières, autant pour acquit de conscience que pour faire voir qu'elle faisait tout ce qui dépendait d'elle pour donner satisfaction aux vœux si légitimes de son mari. Celui-ci, en attendant le départ de sa femme, se livrait à de faciles et graveleuses plaisanteries, quoique ce ne fût pas son genre[1], sur « l'inutilité de faire des voyages aux différentes eaux minérales en réputation de faire faire des enfants[2] » aux femmes qui n'en ont pas.

Mme Bonaparte partit pour Plombières avec Mme Bonaparte mère, dont le sérieux se trouva fort dépaysé en la joyeuse compagnie qui la suivait, et avec quelques-unes des dames de sa cour naissante ; Lavalette et Rapp étaient aussi du voyage. Bourrienne fait erreur en disant qu'Hortense en était : Hortense était demeurée à la Malmaison pour en faire les honneurs et rendre possible le séjour de plusieurs dames au château, ce qui n'eût pu avoir lieu sans une maîtresse de maison.

Bonaparte s'occupait souvent de la toilette de sa femme[3] ; mais, en 1803, il s'occupait encore davantage d'encourager nos manufactures, principale-

1. Duchesse d'Abrantès, *Histoire des salons de Paris*, t. III, p. 77.
2. Th. Jung, *Lucien Bonaparte et ses Mémoires*, t. II.
3. *Mémoires de Bourrienne*, t. III, p. 289.

ment celles de Lyon, à lutter contre les manufactures anglaises. La mode était alors de porter des étoffes dites mousseline de l'Inde, et les belles étoffes de soie, produits de l'industrie lyonnaise, ne se vendaient presque pas. Le Premier Consul s'enthousiasma pour ces superbes taffetas, pour ces beaux satins de soie et déclara qu'il aimait infiniment mieux voir porter aux femmes des vêtements de couleur, amplement étoffés, que ces costumes à la grecque en mousseline de l'Inde, si disgracieux, si étriqués, lorsqu'une femme n'était pas faite à la perfection, et qui rendaient la France tributaire de l'Angleterre. Comme Joséphine prenait la défense des tissus anglais, il y eut entre elle et son mari une discussion dont la conclusion fut que le Premier Consul exigea que sa femme ne mît plus à l'avenir la robe qu'elle avait en ce moment et qui était en mousseline des Indes. Il ajouta qu'il désirait que, pour la prochaine réception des ambassadeurs, elle mît une robe de satin de soie. Ce fut un gros chagrin pour la pauvre femme : elle se jeta sur un canapé, ses larmes jaillirent et elle dut cacher son visage derrière un mouchoir.

Le général Bonaparte n'était plus l'amoureux de 1796, de l'armée d'Italie. Cette fois, les larmes de sa femme n'eurent pas la puissance de l'émouvoir ; au contraire, elles l'agacèrent et il sortit, impatienté, en disant : « Allons, fais ce tu voudras, mais souviens-toi que tu n'as plus quinze, ni même trente ans pour faire ainsi l'enfant ! [1] »

Ces mots n'étaient que l'expression de son impatience de voir sa femme faire la petite fille et ne pas se rendre compte de l'intérêt majeur qu'il y avait

1. Th. Jung, *Lucien Bonaparte et ses Mémoires*, t. II, p. 369.

pour l'industrie française à ce que les femmes portassent des robes de soie; mais ils augmentèrent le chagrin de Joséphine, qui pleura de plus belle et d'autant plus amèrement que sa jeune belle sœur, cette petite peste de Pauline, qui ne la supportait pas, avait été présente à cette scène et n'était pas femme à ne pas tirer quelque malin plaisir de la voir ainsi mortifiée. Enfin Hortense arriva et consola sa pauvre maman de sa douleur enfantine.

Si le Premier Consul avait en aversion les robes à la grecque, il faut aussi l'attribuer quelque peu à l'aversion qu'il avait depuis son mariage pour Mme Tallien. Il avait des raisons certainement sérieuses pour ne pas permettre que Joséphine continuât à voir Mme Tallien, à qui il devait une certaine reconnaissance pour la protection qu'elle lui avait accordée en 1795, avant Vendémiaire. Aussi, comme Mme Tallien, depuis que le Premier Consul avait réformé l'entourage de sa femme, n'allait pas aux Tuileries (du moins ouvertement, car Joséphine n'obéit jamais complètement aux ordres de son mari), elle ne se conforma point, par esprit d'opposition, à la mode des étoffes de soie que le Premier Consul voulait faire prendre à Paris. Les femmes qui n'allaient pas aux Tuileries et qui étaient assez belles pour porter les robes à la grecque n'en abandonnèrent pas la mode. Le faubourg Saint-Germain, en les conservant aussi, trouvait une occasion, qu'il n'avait garde de laisser échapper, pour manifester ouvertement son hostilité au gouvernement; mais les femmes trop maigres ou trop grasses, trop petites ou trop grandes, et celles dont la taille était plus ou moins défectueuse ne tardèrent pas à adopter la soie et le satin. Avec ces étoffes, on employait une foule de garnitures en rubans, en fleurs, en plumes, en dentelles, etc., qui se prêtent merveilleusement à dissimuler les défauts physiques que la mode spartiate soulignait trop impoliment. Aussi, au bout de très peu de temps, en dépit de la politique, il n'y eut plus une femme dans Paris à porter des robes ou des tuniques grecques, et Joséphine ne pleura plus pour mettre une robe de soie.

L'année 1804 s'annonçait sous des présages menaçants. De sinistres événements semblaient devoir bouleverser de nouveau la France, qui pourtant n'avait jamais été dans un si grand état de prospérité. On ne parlait que de conspirations ; on se disait tout bas qu'il y avait des complots tramés contre la vie du Premier Consul et que les mesures des assassins étaient si bien prises qu'il ne pourrait, cette fois, échapper à la mort. Le général Murat venait de remplacer le général Junot au gouvernement de Paris et une surveillance plus étroite que jamais était exercée, non seulement dans Paris, mais sur toute l'étendue du territoire.

Tout à coup l'on apprend le débarquement mystérieux au pied de la falaise de Biville, en Normandie, d'un petit bâtiment anglais monté par les principaux conspirateurs. Deux jours après, on sait, à n'en pas douter, qu'il y a entente entre ces conjurés et un personnage qu'on ne connaît pas encore, mais qu'on présume être du rang le plus élevé : on pensa que ce pouvait être le duc d'Enghien.

Personne n'ignore comment le général Moreau fut arrêté ; Pichegru le fut quatorze jours après, et le 9 mars avait lieu la dramatique arrestation de George. Les événements se succédaient avec une rapidité qu'on avait peine à suivre. Paris était dans la stupeur.

La veille de l'arrestation de Moreau, le Premier Consul avait dit à Joséphine qu'il venait de donner l'ordre d'arrêter ce général. Il n'avait pu fermer l'œil de la nuit ; il ne s'était pas couché et s'était promené, fort agité, dans sa chambre. La situation, en effet, était grave et les esprits très montés. Le lendemain matin, Joséphine, qui n'avait pas plus dormi que son mari et qui, de plus, avait pleuré, se leva avec les yeux tout rouges. Bonaparte lui prit le menton et, lui soulevant un peu la tête : « Allons, dit-il, tout le monde n'a pas une bonne femme comme moi ! Tu pleures, Joséphine ? Eh ! pourquoi ? As-tu peur ? — Non, mais je n'aime pas ce qu'on va dire. — Que veux-tu y faire[1] ? »

L'arrestation de M. de Polignac, de M. de Rivière, de M. d'Hozier et de quelques autres fit voir au public surexcité par des passions et des sentiments divers, que la conspiration était royaliste.

La justice n'avait pas encore terminé l'instruction de cette grosse affaire que, le 18 mars, après la messe des Tuileries, le Premier Consul et sa femme allèrent à la Malmaison. Ils devaient y passer toute la semaine. Mme Bonaparte en fut fort satisfaite, car Paris, où les esprits s'échauffaient sur ces événements extraordinaires, tant dans la population que dans l'armée, lui « faisait peur ». Elle n'avait auprès d'elle, dans sa voiture, que Mme de Rémusat. Comme elle ne disait rien et avait l'air soucieux, attristé même, Mme de Rémusat lui en témoigna de l'inquiétude : c'est elle, du reste, qui a raconté ce qui se passa à la Malmaison durant ces quelques journées si tristes. Joséphine la regarda quelques instants comme si elle hésitait à

1. *Mémoires de Mme de Rémusat*, t. I, p. 302.

parler, puis elle lui dit : « Je vais vous confier un grand secret. Ce matin, Bonaparte m'a appris qu'il avait envoyé sur nos frontières M. de Caulaincourt pour s'y saisir du duc d'Enghien. On va le ramener ici. — Ah! mon Dieu! s'écria Mme de Rémusat, et qu'en veut-on faire? — Mais il me paraît qu'il le fera juger[1]. »

L'idée qu'un prince de la maison de Bourbon allait être arrêté et jugé consterna Mme de Rémusat, et elle ne put s'empêcher de penser au sort de Louis XVI: les complots soudoyés par le comte d'Artois pour faire assassiner le Premier Consul, l'exaspération des esprits, la violation d'un territoire étranger pour se saisir du prince ne laissaient point espérer que la modération présiderait à cette affaire. Mme Bonaparte voyant sa dame de compagnie pâlir, comme prête à se trouver mal, baissa aussitôt avec beaucoup de bonté les glaces de la voiture pour lui donner de l'air. « J'ai fait ce que j'ai pu, disait-elle en même temps, pour obtenir de Bonaparte la promesse que ce prince ne périrait point; mais je crains fort que son parti ne soit pris. — Quoi donc! Vous pensez qu'il le fera mourir? — Je le crains[2]. »

Mme de Rémusat se mit alors à pleurer. Elle voyait le Premier Consul, pour lequel elle avait une admiration sans bornes, un vrai culte, prêt à souiller sa gloire d'une tache de sang, du sang d'un Condé! Elle vit les haines des partis se raviver sur ce cadavre, elle vit des désastres de toute sorte comme conséquences de cette exécution... Et tout ce qu'elle entrevit ainsi dans l'avenir, elle le dit à la femme du Pre-

1. *Mémoires de Mme de Remusat*, t. I.
2. *Ibid.*

mier Consul. Joséphine, qui n'avait vu, dans ce que lui avait dit son mari, que l'arrestation d'un conspirateur plus élevé que les autres, fut frappée des paroles de Mme de Rémusat et de ses larmes sincères; elle s'effraya, avec sa facilité à subir les impressions de son entourage, des conséquences possibles qui venaient de lui être dévoilées et qui avaient dépassé la portée de ce que son esprit assez étroit pouvait concevoir. Quand elle descendit de voiture, à la Malmaison, elle était aussi bouleversée que sa dame de compagnie.

Aussitôt arrivée, celle-ci courut se renfermer dans sa chambre; Mme Bonaparte lui avait recommandé de la façon la plus instante de ne rien laisser paraître devant le Premier Consul de la confidence qu'elle venait de lui faire. De son côté, elle tenterait une démarche auprès de son mari pour l'engager à la clémence. Elle fit cette démarche, mais sans succès. « Les femmes, avait dit Bonaparte, doivent demeurer étrangères à ces sortes d'affaires; ma politique demande ce coup d'État. » Mme Bonaparte crut alors devoir lui dire combien il avait eu la main peu heureuse en choisissant M. de Caulaincourt pour la direction de cette affaire[1]. Ignorait-il donc que les Caulaincourt étaient autrefois attachés à la maison de Condé? — « Je ne le savais point, dit Bonaparte; et puis, qu'importe? S'il est compromis, il ne m'en servira que mieux... »

1. M. de Caulaincourt n'avait été, dans la main de Bonaparte, qu'un agent inconscient du rôle qu'on lui faisait jouer. Il n'a rien à se reprocher en cette affaire. Il s'est justifié d'ailleurs d'une façon concluante et la place de grand écuyer qu'il accepta plus tard ne fut nullement la récompense de sa mission en Bavière.

Ce fut une triste et longue journée pour Mme Bonaparte. Tout ce que lui disait Mme de Rémusat la bouleversait et les refus de son mari la désolaient. Ne sachant comment employer son temps, elle était descendue dans son parc et s'occupait à faire transporter un cyprès dans un endroit qu'elle avait désigné. Un cyprès! une fosse pour le recevoir! C'était bien lugubre, et ce fut complet quand, les racines de l'arbre étant dans la fosse, Mme Bonaparte jeta quelques pelletées de terre afin de pouvoir dire qu'elle avait planté cet arbre elle-même. « Mon Dieu, madame, lui dit Mme de Rémusat qui la regardait faire, c'est bien l'arbre qui convient à une pareille journée!

Cependant Mme Bonaparte, chez qui les impressions ne duraient pas, surtout lorsqu'elles étaient désagréables, allait oublier le duc d'Enghien et son arrestation; mais Mme de Rémusat, elle, ne l'oubliait pas. Elle s'efforça de renouveler les terreurs de sa maîtresse sur les suites déplorables qu'aurait l'exécution d'un tel prisonnier; elle supplia, elle pleura, et Mme Bonaparte promit de faire encore une tentative auprès du Premier Consul.

Elle tint parole; « elle se fit, presque de force, ouvrir la porte »; c'est un acte énergique, un effort dont sa nature indolente l'eût fait croire incapable et dont l'histoire doit lui savoir gré; il y eut entre elle et son mari la scène la plus vive; il ne fit d'autre réponse à ses supplications que celle-ci : « Allez-vous-en, vous êtes une enfant; vous n'entendez rien aux devoirs de la politique[1]. — Eh bien! lui dit Joséphine en se retirant, eh bien! Bonaparte, si tu fais tuer ton prisonnier, tu seras guillotiné toi-même, comme mon

[1] *Mémoires du chancelier Pasquier*, t. I, p. 191.

premier mari et moi, cette fois, par compagnie avec toi[1]. »

Elle retrouva Mme de Rémusat le lendemain matin, 20 mars : « Tout est inutile, lui dit-elle ; le duc d'Enghien arrive ce soir. Il sera conduit à Vincennes et jugé cette nuit. Murat se charge de tout. Il est odieux dans cette affaire. C'est lui qui pousse Bonaparte ; il répète qu'on prendrait sa clémence pour de la faiblesse et que les Jacobins seraient furieux. Il y a un parti qui trouve mauvais qu'on n'ait pas eu égard à l'ancienne gloire de Moreau et qui demanderait pourquoi on ménagerait davantage un Bourbon. Il m'a parlé de vous, ajouta-t-elle ensuite ; je lui ai avoué que je vous avais tout dit ; il avait été frappé de votre tristesse. Tâchez de vous contraindre. »

Il n'était pas exact, ainsi que le disait Mme Bonaparte, que Murat poussât le Premier Consul et fut odieux en cette affaire. Murat, au contraire, n'agissait qu'à contre-cœur ; il refusa d'obéir au premier ordre qu'il reçut de son beau-frère, et il lui échappa de dire devant ses intimes : « Voudrait-on salir mon habit ? Je ne le souffrirai pas[2]. » La bonne entente qui avait existé entre Mme Bonaparte et le général et Mme Murat après leur mariage, mariage auquel on a vu qu'elle n'avait pas été étrangère, n'avait pas duré bien longtemps. Mme Murat détestait sa belle-sœur, et Murat, dominé par sa femme, était obligé de marcher dans son sillon : on gardait cependant, à cause du Premier Consul, à cause du monde, les apparences de la cordialité ; mais Joséphine, qui était passablement mauvaise langue, malgré sa réputation de bonté, ne per-

1. Th. Jung, *Lucien Bonaparte et ses Mémoires*, t. II, p. 431
2. *Mémoires du chancelier Pasquier*, t. I, p. 192.

dait pas une occasion, on le voit, de médire des Murat. Il est si peu vrai que Murat fut « odieux en cette affaire » que, se rendant parfaitement compte de la vilaine besogne qu'allait faire son beau-frère, il eut soin d'empêcher un jeune homme plein d'honneur, son ancien aide-de-camp, le colonel Auguste Colbert, de se trouver dans la pénible alternative de siéger dans la commission militaire, pour laquelle il savait qu'il serait désigné, ou d'encourir par son refus une punition disciplinaire ; il le fit, en effet, prévenir le 20 mars « de ne pas rentrer chez lui et de ne pas dire où on pourrait le trouver [1]. » Colbert suivit cet avis sans en connaître le motif et fut ensuite très reconnaissant à Murat de le lui avoir fait parvenir.

Mme de Rémusat, qui poussait Mme Bonaparte à intervenir auprès de son mari en faveur du prince, et à qui revient presque tout le mérite de cette intervention, fut si triste de l'échec de sa complaisante et presque inconsciente patronne, mais si triste, que celle-ci ne put s'empêcher de le remarquer avec une sorte d'étonnement. « Mais calmez-vous, disait-elle ; calmez donc cette grande douleur... » Et Mme de Rémusat de répéter : « Ah ! madame, vous ne me comprenez pas ! »

L'heure du dîner arriva. Il ne pouvait être que froid, triste et contraint dans cette circonstance solennelle où l'ombre d'un homme, qui allait dans quelques heures n'être plus qu'un cadavre, venait, par avance, se placer devant les convives.

Quand on se leva de table, le Premier Consul se mit à jouer au salon avec le petit Napoléon, fils de

1. *Traditions et souvenirs touchant le temps du général Auguste Colbert*, par le marquis DE COLBERT-CHABANAIS, t. II, p. 150.

Louis et d'Hortense. Joséphine, rassurée par la bonne humeur que montrait son mari, le considérait avec satisfaction et regardait ensuite Mme de Rémusat d'un air qui semblait vouloir dire : « Vous voyez bien qu'il n'est pas si méchant que vous le pensez; ayez confiance, tout ceci se terminera bien. »

Le visage de Mme de Rémusat demeurait cependant altéré. Le Premier Consul le remarqua et lui dit : « Pourquoi n'avez-vous pas de rouge? Vous êtes trop pâle. » Et comme la jeune femme répondait qu'elle avait oublié d'en mettre : « Comment! dit-il en riant, une femme qui oublie son rouge! Cela ne t'arriverait jamais, à toi, Joséphine. » Et il ajouta : « Les femmes ont deux choses qui leur vont fort bien : le rouge et les larmes. »

Après avoir fait ce compliment indirect à sa femme, qui faisait un égal abus du rouge et des larmes, Bonaparte se mit à « jouer avec elle avec plus de liberté que de décence », comme s'il n'y eût eu personne en tiers. Et l'on alla se coucher.

Sur les cinq heures du matin, le Premier Consul, se réveillant, dit à sa femme couchée à côté de lui : « A l'heure qu'il est, le duc d'Enghien a cessé de vivre. » Elle poussa les hauts cris, versa beaucoup de larmes, et eut encore pour toute réponse : « Allons, tâche de dormir, tu n'es qu'une enfant[1]. »

Dans la matinée, le général Savary entrait dans le salon de la Malmaison. Mme de Rémusat, qui y vint presque aussitôt que lui, le trouva pâle, le visage décomposé. Aucune parole ne fut prononcée de part et d'autre : sa patronne lui avait appris la fatale nouvelle. A ce moment arrivait Mme Bonaparte. « Eh bien,

1. *Mémoires du chancelier Pasquier*, t. I, p. 194.

c'en est donc fait, dit-elle tristement, en laissant tomber ses bras. — Oui, madame, reprit-il, il est mort ce matin et, je suis forcé d'en convenir, avec un beau courage. »

Mme Bonaparte demanda alors des détails sur la mort du prince. Savary lui en fit le récit en quelques paroles émues; il lui montra un anneau, des cheveux et une lettre que la victime avait confiés à l'officier préposé à sa garde en lui recommandant instamment de faire parvenir ces objets et cette lettre, ouverte du reste, à la princesse de Rohan-Rochefort[1].

Peu à peu, les visiteurs arrivèrent à la Malmaison. Ce fut d'abord Eugène de Beauharnais qui apprit, en descendant de voiture, « tout à la fois l'arrestation, le jugement et l'exécution du prince. Ma mère, dit-il, était tout en larmes et adressait les plus vifs reproches au Premier Consul, qui l'écoutait en silence. Elle lui dit que c'était une action atroce dont il ne pourrait jamais se laver, qu'il avait cédé aux conseils perfides de ses propres ennemis, enchantés de pouvoir ternir l'histoire de sa vie par une page si horrible. Le Premier Consul se retira dans son cabinet et, peu d'instants après, arriva Caulaincourt qui revenait de Strasbourg. Il fut étonné de la douleur de ma mère qui se hâta de lui en apprendre le sujet. A cette fatale nouvelle, Caulaincourt se frappa le front et s'arracha les cheveux en s'écriant : « Ah ! « pourquoi faut-il que j'aie été mêlé dans cette funeste « expédition[2]. »

1. Mme Bonaparte mère se chargea de faire parvenir à la princesse de Rohan les derniers souvenirs du dernier des Condé. (*Revue historique*, 1879, mai et juin; Baron LARREY, *Madame Mère*, t. I, p. 340).

2. *Mémoires du prince Eugène*, t. I, p. 91.

Ensuite vinrent des généraux qui, enchantés de ce qu'un conspirateur contre le gouvernement du Premier Consul eût été exécuté, témoignaient hautement leur satisfaction. La conversation devint des plus animées et des plus bruyantes. La pauvre Mme Bonaparte qui, jusqu'à présent, croyait qu'il fallait être triste parce qu'elle avait vu la douleur de Mme de Rémusat, celle de Caulaincourt et la réserve d'Eugène, ne savait plus quelle contenance il lui fallait prendre et « crut devoir s'excuser de sa tristesse en répétant cette phrase si complètement déplacée : « Je suis une « femme, moi, et j'avoue que cela me donne envie de « pleurer [1]. » Hortense arrivant à ce moment changea un peu les idées de sa mère qui ne pensa plus à pleurer de la journée. Malgré tout, la Malmaison était plongée dans une tristesse lugubre. La soirée fut également triste. Après le dîner auquel s'étaient trouvés Louis et sa femme, Eugène, Caulaincourt, Méneval et le général Hulin, un des tristes acteurs du drame, on passa dans le salon de Mme Bonaparte. Le Premier Consul, pensif, était debout, présentant le dos à la cheminée ; il écoutait ou paraissait écouter M. de Fontanes qui lui faisait une lecture. Mme Bonaparte, assise à l'extrémité d'un canapé, ne disait rien, ne semblait penser à rien, mais devait trouver que depuis quelques jours on s'ennuyait bien à la Malmaison : elle avait encore les yeux rouges des larmes du matin et des jours précédents. Les quelques personnes qui étaient venues à la Malmaison s'étaient retirées dans la galerie et s'y entretenaient à voix basse, comme dans la maison d'un mort.

Le Premier Consul, devant les rapports qui lui par-

1. *Mémoires de Mme de Rémusat*, t. I, p. 330.

venaient, sentait qu'il fallait faire oublier le plus tôt possible au public l'événement de Vincennes. Quand il rentra à Paris, il crut s'apercevoir qu'en effet l'enthousiasme pour lui n'était plus tout à fait le même. Il comprit qu'il était nécessaire de brusquer l'opinion comme il savait, sur le champ de bataille, brusquer la victoire paresseuse, en démasquant subitement une batterie irrésistible. On lui fit des représentations, on l'engagea à laisser faire le temps. « Non, dit-il, il faut à tout prix vieillir cet événement. » Et il décida qu'il irait à l'Opéra comme par le passé. Mais, écoutons un témoin oculaire de cette scène : « Ce jour-là, dit Mme de Rémusat, j'accompagnais Mme Bonaparte. Sa voiture suivait immédiatement celle de son époux. Ordinairement il avait coutume de ne point attendre qu'elle fût arrivée pour franchir rapidement les escaliers et se montrer dans sa loge; mais, cette fois, il s'arrêta dans un petit salon qui la précédait et donna à Mme Bonaparte le temps de le rejoindre. Elle était fort tremblante, et lui, très pâle; il nous regardait tous et semblait interroger nos regards pour savoir comment nous pensions qu'il serait reçu. Il s'avança enfin de l'air de quelqu'un qui marche au feu d'une batterie. On l'accueillit comme de coutume, soit que sa vue produisît son effet accoutumé, soit que la police eût pris d'avance quelques précautions. Je craignais fort qu'il ne fût pas applaudi, et lorsque je vis qu'il l'était, j'éprouvai cependant un serrement de cœur[1]. » Il est fort bien ce récit de Mme de Rémusat, et ces derniers mots sont empreints d'un sentiment exquis.

Le Premier Consul avait donc, c'est incontestable,

1. *Mémoires de Mme de Rémusat*, t. I, p. 347.

été applaudi. Les royalistes cependant prétendaient que le public l'avait accueilli froidement, et une des amies de Joséphine, qui ne se gênait pas pour abuser de la confiance avec laquelle celle-ci la recevait aux Tuileries et pour l'espionner auprès d'un agent royaliste à l'étranger, écrivait qu'à la sortie d'un théâtre où le général Bonaparte et sa femme avaient été accueillis par un silence glacial, Joséphine avait dit : « Je ne sais pourquoi le public nous boude, car ceci est une querelle particulière entre nous et les Bourbons[1]. » Cette correspondante de l'émigré d'Antraigues qualifie cette phrase de « mot malheureux ». Pas si malheureux que cela puisque, en le disant, Joséphine réduisait l'exécution du malheureux prince au simple dénouement d'une *vendetta* ordinaire. Le général Bonaparte n'était il pas Corse ? Il est, du reste, un fait avéré, c'est que les royalistes n'attribuèrent pas à l'exécution du duc d'Enghien toute l'importance qu'ils lui donnèrent après la Restauration.

Trois jours après ce lugubre drame, eut lieu à Saint-Cloud une diversion aux pénibles impressions des jours précédents. C'était le baptême du premier enfant de Louis et d'Hortense, qui fut appelé Napoléon-Louis. Il était né le 18 vendémiaire an XI (10 octobre 1802). On avait donc attendu un an et demi pour faire la cérémonie du baptême. On se rappelle les bruits calomnieux qu'on avait fait courir sur Hortense. Joséphine en avait été très affectée, et, sans croire à ces odieuses inventions de la haine des partis, elle ne voyait pas sans une secrète appréhension approcher le moment de la délivrance de sa fille.

1. Léonce Pingaud, *Un agent secret sous la Révolution et l'Empire : Le comte d'Antraigues*, p. 281.

Si sa grossesse allait être plus courte qu'une grossesse normale? Quel triomphe pour ses ennemis qui y verraient la preuve de leurs dires outrageants! La date de la naissance de l'enfant, rapprochée de la date de la célébration du mariage, fit tomber tous ces bruits; mais il n'en est pas moins vrai que l'affection de Joséphine pour sa fille, qui n'avait jamais été excessive, reçut une certaine atteinte des propos qui étaient parvenus à ses oreilles et qu'elle savait bien pourtant être faux. Elle s'en était entretenue avec le Premier Consul qui lui avait répondu que ces bruits avaient leur origine dans les vœux que formait la France de lui voir des enfants [1]. Ce n'était pas une consolation pour la malheureuse femme. Sa frayeur du divorce lui revenait plus grande que jamais, et ces divers soucis la préoccupaient au point — et c'est son ami dévoué qui le dit, — qu'elle en était devenue pour ainsi dire indifférente aux couches de sa fille [2].

Le Premier Consul avait déjà effleuré plus d'une fois cette question de son divorce. Mais elle entraînait de graves conséquences. Aussi, soit par un reste d'attachement pour Joséphine, soit « par des circonstances qui lui rendaient cette femme plus agréable [3] », soit qu'il ne se jugeât pas encore en situation d'obtenir, une fois divorcé, la main d'une princesse de l'une des maisons régnantes de l'Europe, soit qu'il n'y en eût point à cette époque qui pussent lui convenir, il manifesta l'intention d'adopter le petit Napoléon-Louis. Ce fut une grande joie pour Joséphine de voir son mari former ce projet, qui était le plus d'accord avec ses craintes et avec ses espérances, et qui

1. *Mémoires de Bourrienne*, t. V, p. 42.
2. *Id.*, p. 51.
3. CHAPTAL, *Mes souvenirs sur Napoléon*, t. V, p. 42.

devait, en faisant du fils de sa fille Hortense le continuateur de la dynastie nouvelle, chasser pour toujours de devant ses yeux le spectre menaçant du divorce.

Ce projet apporta donc quelque accalmie dans ses inquiétudes. Mais il semblait écrit qu'elle n'aurait jamais, dans son intérieur, une paix complète et durable. Le mariage de Lucien avec Mme Jouberthon troubla la tranquillité qui semblait s'établir dans la famille Bonaparte. Lucien avait perdu sa première femme, la bonne et douce Christine Boyer : Joséphine n'avait pas craint de dire que c'était son mari qui l'avait empoisonnée pour s'en défaire : la bonne Joséphine n'était pas bonne pour ceux qu'elle n'aimait pas : elle avait souffert de la calomnie lancée contre sa fille Hortense ; elle n'avait pas le cœur assez haut pour dédaigner d'employer des moyens aussi vils contre ses ennemis. Le Premier Consul avait songé à donner à son frère Lucien une autre femme, et il pensait la trouver dans une famille princière de l'Allemagne. Mais comme Lucien venait à peine d'enterrer sa pauvre Christine et qu'il ne s'occupait que du mausolée qu'il voulait élever à sa mémoire, Bonaparte ne se hâta point. Cependant Lucien cherchait des distractions à sa profonde douleur. Il fut invité un jour à une partie fine chez M. Alexandre de Laborde, à son château de Méréville. Il y avait là nombreuse compagnie. Il y rencontra une jeune et jolie femme, Mme Jouberthon, qui n'était pas veuve, mais qui, comme Lucien, cherchait des distractions. C'était la femme divorcée d'un agent d'affaires qui avait fait faillite et qu'on avait réussi à envoyer aux colonies, où il ne devait pas tarder à mourir.

Mme Jouberthon, qui était fort riche, était intimement liée avec le tribun Chabot et était l'amie de Mme Chabot; elle se lia intimement, dès ce jour, avec Lucien et devint sa maitresse. Étant, presque en même temps, devenue veuve, elle songea à faire régulariser par le mariage sa situation auprès de M. Lucien Bonaparte. Elle était fort jolie et Lucien fort amoureux : il promit tout ce qu'elle lui demanda. Mais Lucien ne pouvait se marier sans l'autorisation de son puissant frère, et celui-ci montra qu'il n'était pas disposé à la lui donner. Que fit alors Lucien? Il épousa sa maitresse secrètement. Pas si secrètement cependant que la chose ne parvint aux oreilles du Premier Consul. C'est à Saint-Cloud, à la fin d'une soirée de musique, que la nouvelle lui en fut donnée. Sa colère fut terrible. Mme Bonaparte, voyant son mari dans un si grand emportement, craignit qu'il ne fût arrivé quelque grand malheur, et c'est d'un visage tout décomposé sous la couche de blanc, de rouge et même de bleu qui le recouvrait, qu'elle en demanda le motif. Quand elle le sut, elle poussa un soupir de soulagement et sembla dire : « Quoi! ce n'est que cela?... Et tu nous as fait cette peur[1]! »

Le Premier Consul avait ses raisons pour manifester du mécontentement. Outre la peine réelle que lui causait cette « mésalliance », à lui qui avait à un si haut degré l'esprit de famille et de solidarité dans la famille, et qui s'apercevait que son frère ne l'avait pas, il voyait lui échapper un moyen de commencer, à bref délai, le système des alliances princières qu'il rêvait pour les siens, alliances qui devaient dorénavant faire partie de ses vastes plans de domination de l'Europe. Il fit faire par Murat, par Cambacérès,

1. Th. Jung, *Lucien Bonaparte et ses Mémoires*, t. II, p. 315.

des démarches pour résoudre son frère à briser un mariage qu'il ne considérait pas comme valable. Lucien, qu'on regarda comme un caractère indépendant, parce qu'au lieu d'être dépendant de son frère il le fut d'une femme, résista à tout, aux séductions comme aux menaces. Napoléon voulut alors avoir un entretien avec lui. Lucien se rendit à Saint-Cloud, et les deux frères eurent une longue conférence qui se termina vers minuit. Bonaparte en sortit tout abattu : son frère n'avait pas voulu céder. Il se laissa tomber sur un fauteuil et prit sa tête dans ses mains, en proie à une très sincère douleur. Joséphine essayait de le consoler. « Tu es une bonne femme, lui dit-il, de plaider pour Lucien. » Il se leva, alla à elle et, lui entourant la taille de son bras gauche, Joséphine posa d'elle-même sa tête sur son épaule ; son mari, pendant ce temps, lui caressait les cheveux. Là, Joséphine était dans son véritable rôle de femme, son rôle de consolatrice, de sécheuse de larmes, et elle s'en acquittait avec toute la grâce dont elle était capable : elle consolait une douleur causée par son ennemi, et c'était une revanche en même temps qu'une habileté que de bien déployer toute sa bonté. Bonaparte conta alors son entretien avec Lucien. « Il est dur, ajouta-t-il en terminant, de trouver dans sa famille une pareille résistance à de si grands intérêts. Il faudra donc que je m'isole de tout le monde, que je ne compte que sur moi seul ? Eh bien ! je me suffirai à moi-même, et toi, Joséphine, tu me consoleras de tout[1]. » Et comme il se laissait aller à dire sur Mme Jouberthon des paroles injurieuses, Joséphine lui

1. *Mémoires de Mme de Rémusat*, t. I.

dit avec les intonations caressantes de sa douce voix : « Mon ami, songe que c'est une femme[1]. »

Joséphine, à en croire Lucien, n'était pas trop fâchée du départ de son beau-frère et de sa nouvelle belle-sœur Alexandrine, veuve Jouberthon. « Si Alexandrine, dit-il, eût été moins belle, et c'était là surtout l'opinion de maman, Mme Joséphine aurait insisté davantage, et plus sincèrement surtout, auprès de son mari, pour qu'il empêchât mon départ ». C'est possible, et ce sentiment de jalousie, à vrai dire, est assez naturel aux femmes pour que Lucien, afin de flatter l'amour-propre d'Alexandrine et sa propre vanité d'avoir une femme assez belle pour rendre jalouse la belle Joséphine, se donne la maligne satisfaction de le lui prêter ; mais il y avait autour de Joséphine, sans compter ses belles-sœurs Caroline et Pauline, Pauline qu'on a appelée la plus belle femme de son temps[2], sans compter non plus Mme de Rémusat dont elle avait fait son amie, bien assez de jeunes et jolies femmes pour provoquer sa jalousie s'il eût été dans sa nature d'être jalouse. Mais elle ne l'était pas et Lucien lui décoche une autre aménité de sa façon, comme si elle avait pu la lire, en écrivant : « Je ne sais trop pourquoi elle était jalouse, car elle aurait pu être la mère d'Alexandrine[3] ».

Lucien revient à plus d'une reprise sur cette prétendue jalousie de sa belle-sœur. Le consul Lebrun, ayant fait plusieurs fois devant elle l'éloge de Mme Lucien, Joséphine, dit-il, accusa le bonhomme d'en être amoureux. Quant à Chaptal, qui remplaça Lucien au ministère de l'Intérieur, il dit un jour à Joséphine,

1. *Mémoires de la duchesse d'Abrantès*, t. VII, p. 105.
2. *Mémoires du chancelier Pasquier*, t. I, p. 403.
3. Th. Jung, *Lucien Bonaparte et ses Mémoires*, t. II, p. 444.

paraît-il, pour se faire bien venir d'elle, que Mme Joubertbon « devait être une fière intrigante pour avoir su fixer un cœur aussi inconstant que celui de Lucien Bonaparte ». Le consul Lebrun, présent à ces petits cancans et à ces médisants commérages, prit la défense de la belle veuve et répondit avec chaleur « qu'il avait des raisons particulières de penser que cette jeune femme avait l'âme aussi belle que la figure[1] ». On ne sait quelles étaient les raisons de Lebrun pour avoir cette opinion sur une femme dont le passé devait faire redouter l'avenir, mais la suite prouva qu'il avait eu raison. Une fois mariée avec Lucien Bonaparte, Mme Jouberthon ne fit en aucune façon parler d'elle; elle fut une bonne femme pour son mari, qu'elle dominait, et une bonne mère pour ses nombreux enfants[2].

1. Th. Jung, *Lucien Bonaparte et ses Mémoires*, t. II, p. 95.
2. Cet ouvrage sera complété par un volume sur l'*Impératrice Joséphine*, actuellement sous presse.

FIN

TABLE DES MATIÈRES

LIVRE PREMIER

LA CITOYENNE BONAPARTE

CHAPITRE PREMIER

CHAPITRE II

CHAPITRE III

CHAPITRE IV

CHAPITRE V

CHAPITRE VI

LIVRE DEUXIÈME

LA FEMME DU PREMIER CONSUL

CHAPITRE PREMIER

CHAPITRE II

CHAPITRE III

CHAPITRE IV

CHAPITRE V

Paris. — Imprimerie PAUL DUPONT, 4, rue du Bouloi. (Cl.). 60.10.03.

www.ingramcontent.com/pod-product-compliance
Ingram Content Group UK Ltd.
Pitfield, Milton Keynes, MK11 3LW, UK
UKHW010231240726
13926UKWH00013B/2198

9 782019 206376